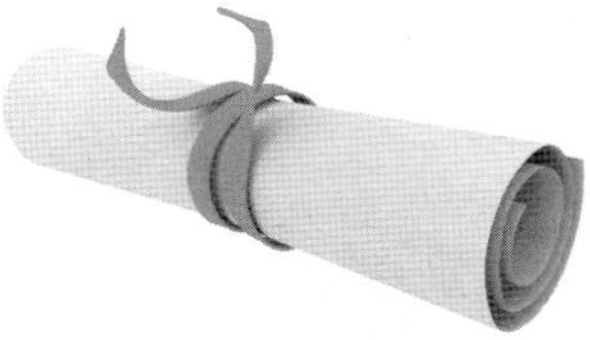

黄埔风云榜
Huangpu Popularity Ranking List

HUANGPU POPULARITY RANKING LIST

戴笠反共反人民，被目为“杀人魔王”，“刽子手”，“酷吏”，“怪物”，“中国的盖世太保”，“魔窟”制造者。的确，“四•一二”、“七•一五”、上饶集中营、雨花台、渣滓洞、白公馆那些受刑受难者的哀恸是永远不能被忘却的。他的双手沾满了革命者的鲜血，沾满了共产党人的鲜血。

他保家卫国，被称为“民族英雄”，“特工王”，“抗日名将”，“谍战奇才”，“蒋介石的配剑”，“中国最神秘人物”，“智深勇沉，外圆内方”。的确，在北伐一统中原中，在抗日战争中，在世界反法西斯战争中，在民国特工体系建设上，他都作出了重大的贡献，也是永远不能被忘却的。

黄埔名将戴笠

HUANGPU POPULARITY RANKING LIST

吴焕娇◎著

人民东方出版传媒
東方出版社

责任编辑：孙兴民
装帧设计：史宪罡
版式设计：东昌文化
责任校对：张　彦

图书在版编目（CIP）数据

黄埔名将戴笠 / 吴焕娇著 . – 北京：东方出版社，2014.1
（黄埔风云榜系列）
ISBN 978 – 7 – 5060 – 5549 – 9

I. ①黄…　II. ①吴…　III. ①戴笠（1897 ~ 1946）– 生平事迹　IV. ① K827=6

中国版本图书馆 CIP 数据核字（2012）第 250842 号

黄埔名将戴笠
HUANGPU MINGJIANG DAILI

吴焕娇　著

东方出版社　出版发行
（100706　北京市东城区隆福寺街 99 号）

保定市北方胶印有限公司印刷　新华书店经销

2014 年 1 月第 1 版　2014 年 1 月北京第 1 次印刷
开本：710 毫米 ×1000 毫米 1/16　印张：19.75　字数：269 千字

ISBN 978 – 7 – 5060 – 5549 – 9　定价：38.00 元

邮购地址 100706　北京市东城区隆福寺街 99 号
人民东方图书销售中心　电话（010）65250042　65289539
发行电话（010）65210059　65210060　65210062　65210063

黄埔名将戴笠
HUANGPU MINGJIANG DAILI

目录
CONTENTS

绪论
乱世行春秋事

戴笠其人

抗日战争时，一位日本军事评论家说："日军的失败，就在于中国军队有20万黄埔军官的指挥。"是否真有20万黄埔军官这个待考，但是他的这个评价在一定意义上说明了黄埔名将们在抗日战争中的作用。

在一系列赫赫有名的黄埔名将名单中，冷不丁看到一个令人汗毛直竖的名字——戴笠。年近三十的戴笠1926年考上黄埔军校，成为黄埔六期生。

进入黄埔，是戴笠平淡前半生的一个重大转折。没有黄埔生的经历，也就没有后来声名显赫的戴笠。和大多数黄埔名将不同，戴笠不是通过率军打仗、屡建战功而获得声名的，这也是后人质疑他为黄埔名将的一个理由。

戴笠发迹于搞情报。从最初被黄埔老师胡靖安看中成为秘密特工开始，到参加蒋介石的"密查组"成为实习特工，再到加入黄埔系精英组织的力行社，当上特务处处长，最后被授意成立军事委员会调查统计局（简称军统），成为大老板，戴笠被人期望的全部威力来自于他无与伦比的情报能力以及他所组建与指挥的无处不在的情报网络。这种能力和网络，不仅使戴笠帮助校长蒋介石铲除了内乱，还使蒋介石的反共力量得到强化。戴笠为蒋反共、迫害民主人士，不遗余力。20世纪30年代，戴笠一手策划了许多谋杀、恐吓事件，成为民众、共产党眼中有名的凶残毒辣之人。这种能力以及对领袖的忠诚，使戴笠备受蒋介石信任。

戴笠——“中国的希姆莱”，军统——“屠杀无辜者的魔窟”，当戴笠和军统被贴上这两个令人毛骨悚然的标签之后，他们的行为被外界描述得神秘莫测而又令人胆颤心惊。

抗战后期在重庆成立了中美特种技术合作所，由戴笠任主任。这个“中美合作所”更是成为后人指控戴笠杀人如麻、满手鲜血的罪证。

妖魔或英雄?

偏隅台湾地区的国民党总是将戴笠的所作所为看成理所当然的正义之举，用满怀敬意的笔调娓娓道来。他们称他为“戴将军”，用戴笠的名字命名小学、马路，于是台北有了雨农小学、雨农路。在国民党内的人眼里，戴笠是个不折不扣的英雄，是将中国从凶狠的日本人手中拯救回来的民族英雄。

这种形象的偏差，对于在中华人民共和国成立后出生的几代人来说，是会感到相当不解和困惑的。

如何评价戴笠？让我们只就事论事，用沉淀了六十多年的平静情绪，客观地看待那个年代的功过是非。

1937年战争爆发，戴笠在党内一片消极情绪中，毅然主张坚决抗日：“哀兵必胜，猪吃饱了等人家过年，是等不来独立平等的。”这句话给其他国民党人震动很大，后来成了军统对于抗日的经典创见。1937年淞沪会战期间，戴笠和杜月笙一起成立了“苏浙行动委员会”，主要培养干部和征募民兵，抵抗日军。之后，戴笠又在松江和青浦办起了培训支队队长的特训班培养情报人员。不久又成立行动队，召集了上海社会各界人士，招募商店店员、帮会地痞流氓、国民党溃兵、失业工人和工会成员等进行抗日作战。上海大撤退后，别动队的万余官兵在抗战中牺牲八千多人。

之后，别动队改名为“忠义救国军”，活动于沪宁杭敌后沦陷区，吸收了大量的地方武装和抗日民众，一度填补了无建制武装部队的空白，形成了一定的抗日局面。

抗战时期，戴笠军统对投降日军的汉奸，绝不手软，进行了多次暗杀活动。早在1933年戴笠就组织了对北洋军阀张敬尧的暗杀。此后，随着抗战全面爆发，军统对日伪的暗杀更是层出不穷。在重金悬赏和忠义救国思想的感召下，一批批军统特务投身到了这一风险极高的行动中。他们进行了多次震惊当时的暗杀活动，成功地打击了日军的嚣张气焰，例如斧砍伪上海市市长傅筱庵、暗杀投日遗老唐绍仪、枪杀上海黑帮大亨张啸林等等。

抗战期间，戴笠加紧组建了自己的情报网络，当时军统的势力范围扩展到东南亚地区，更延伸至美国。

同时对日情报破译密码工作也从无到有，渐渐进入佳境。最成功的代表作便是破译日电和侦译日本将轰炸珍珠港的密电。珍珠港事件后，美国海军加大了同戴笠军统的情报合作项目。于是，中美特种合作技术所成立。中美合作所并不像著名小说中描述的那样是个杀人“魔窟”。真实的中美合作所是二战时期中美两国用来加强抗日作战，获取情报的。但是不可否认的一点是，由于美军方面负责人梅乐斯和戴笠的反共情绪，这个合作所所配备的美式武器和训练的特工，在抗战胜利后被利用成为反共的“利器”和“刽子手”。

模棱两可的多面人

经过了这么多描述，对问题刨根问底的人还是会很迷惑地问道：“戴笠，他到底是好人还是坏人？”

一面是军统魔头、杀人如麻的戴笠，一面是黄埔名将、斩敌万千的戴笠，到底哪种形象才是真正的戴笠？

1946年3月，戴笠坠机后，章士钊曾用一首挽联祭奠戴笠，博得了一致好评：

生为国家，死为国家，平生具侠义风，功罪盖棺犹未定；
誉满天下，谤满天下，乱世行春秋事，是非留待后人评。

“乱世行春秋事”一句击中了历史上所有奸雄乱臣的痛处。自古乱世自有一套行为标准，而后人却要用太平盛世的观点去评价，自然得不到公允对待。然而，不论盛世还是乱世，评价一个总是处于悬崖边上的人来说总是困难的命题。美国著名汉学家、深入研究过戴笠的魏斐德还是一语道破了要害：“人们可以佩服他的勇气和能力，或者对他既能周旋蒋介石叵测的政坛险滩之中，又能博得部下敬仰的本领表示尊敬。但是，在道义上，他永远是一个模棱两可的人——甚至对委员长本人来说他都是个谜。”

这是一部全面描述戴笠一生的通俗读物，希望能对读者真正认清这个复杂的军统人物、黄埔名将有一些帮助，爱而知其恶，恶而知其美，既了解戴笠为抗日战争作过的贡献，又要明确他是坚定站在蒋介石南京国民政府的立场上，不遗余力地反共，可谓屠杀共产党人的“刽子手”，是缔造军统“魔窟”的始作俑者。读者在阅读本书时，要注意全面客观地来认识传主的复杂性与多面性。

第一章
“混”世浪子

第一节 寒门“贫”子

戴氏家族

戴笠，人称“蒋介石佩在身边的一把犀利的匕首”，出生于浙江省一个偏远的小县城——江山。从江山到奉化，虽然相隔很远，但是戴笠这个和蒋介石同乡的浙江籍身份，也是日后蒋介石重用戴笠的一个重要因素。

江山县地处浙、闽、赣三省的交汇处，群山环抱，山灵水秀。算来戴笠的家族谱系在江山也是小有来头的。据说，江山戴家是西汉时期（前206—24）戴圣的后代。不过，江山当地的学者根据族谱分析，戴家有案可籍的祖宗可能追溯到晋朝（265—419）的戴安道。戴安道的后裔分散在江苏、两湖、安徽和浙江。而现居江山的戴家原来是在安徽休宁，14世纪时，当时任元朝高官的戴安德将戴氏家族迁到了浙江龙游。再后来，这一支家族的首领戴天熊把家迁到了江山仙霞岭的龙井。

在戴笠的曾祖父戴启明之前的戴家，世代扎根于乡村，虽然也算是耕读传家，但家业到底还是败落了。可谁曾想到，一场席卷半个中国的太平天国起义给戴家带来了改变社会地位的契机。戴启明在当地镇压太平天国军的战斗中，立了战功，被封为武德左射骑。虽然是个小官，但是戴家靠此小官，当起了地主和高利贷者，戴家也慢慢发展成了小康之家。

戴笠故居

戴笠故居建于1943年，坐落于仙霞岭下保安乡街中段西侧。为戴笠亲自设计，其弟戴云霖督造。建筑面积近千平方米。故居是一四合院，坐西朝东。大门之内，中铺细卵石小径，小径两侧各一花坛，坛边厢房为警卫用房（现已改建）。二门左边为客房，右边为账房。三道门内才是故居主建筑，系一幢依地势高低而建的前二层后三层的别致楼房。

到戴笠祖父戴顺旺的时候，戴家虽然不富裕，但因为戴顺旺勤俭持家，善于积蓄，家中除了几十亩耕地外，还有一块山地，出产竹木。

不过，俗话说得好，富不过三代，到了戴笠父亲戴冠英时，戴家生活水平已经到了可以用“拮据”一词来形容的程度了。戴冠英生性放荡不羁，不求上进，不事生产。到1903年他去世时，戴家的土地缩减到20亩，不仅不够日常开支，有时还需要戴笠母亲替人缝缝补补以赚取家用。

可以说，到戴笠出生时，戴家的风光日子已经过去，家道中落。戴笠生于1897年5月28日，家谱上的名字叫戴春风。母亲蓝氏出生书香门第，很会持家理财，但毕竟是孤儿寡母，经常被长工捣乱，地痞讹诈，加上官府的明征暗夺，戴家迅速地成为家道艰难的破落户，家中依靠戴母的克勤克俭，才勉强支撑下去。

过目不忘的本领

戴家虽然家道中落了，但是在戴母的坚持下，戴笠的学业教育一点也没被耽搁。戴笠7岁时，母亲就替他在当地的私塾里报名上学。9岁时，在私塾老师毛逢乙的指点下，他通读了“四书”。10岁，戴笠便开始写习作，初学作文便以一篇解“见贤思齐”之义，表现出与同龄人不一般的敏捷才思，深得老师的赞赏。在读私塾的这几年里，他轻松地把《三字经》、《千家诗》、《朱子家训》等启蒙类的古书读得倒背如流。

戴笠幼时才思敏捷，成绩比别的小孩好全凭他的聪明，但实际上他对读书所下的真功夫并不多。别人苦读时，他常常偷跑出去游玩、嬉戏，或者在一旁观望。考试时靠着天资聪明，记忆能力强，只需要复习一两遍便能牢记不忘。

后来证明，戴笠的这项特殊技能，成就了一个特工“教父”的传奇生涯。曾与戴笠共过事的人都称其头脑清晰，反应灵敏，对于很多复杂问题，顷刻之间便能体察入微，洞见利弊，其记忆力之超强，更属少见。在军统内，凡属中级以上干部，只要和他谈过话的，即使相隔很长时间，他还是能一见面便说出其姓名、出身与工作成绩。据说有一次他突然要查阅国民党很久前发过的一件密令，因为年代久远，主管人员早已忘记了，遍寻无着。戴笠

戴笠故居正厅

一楼设有前后客厅、书房、客房、餐室等；二、三楼为戴家老小居住的卧室、起居室、书房、小客厅。楼房设计精巧、新颖。

无奈，只好亲自告知这个主管密令放在哪个文卷里，是谁所写，还拼写出写密令人的姓名。主管人员一查，果如其言。当时戴笠已经人到中年，记忆力还如此之强，可见他小时必记忆超群。

到 12 岁时，私塾老师毛逢乙觉得已经倾尽所学，再也没有什么可以教给戴笠的了，于是极力推荐戴笠去当地新式小学堂就读。当时，家中亲戚朋友都认为戴家既然没有主心骨了，家道又中落，应该去学门实际的手艺，以便尽快承担起养家糊口的重任。而戴笠母亲蓝氏却坚持让戴笠接受完全的教育，以期望他能通过读书来光大门楣。在母亲的鼓励和殷切期望之下，戴笠不仅读完了初小，还以十分优异的成绩考进了江山县独一无二的文溪高小。

热血的“老大”

戴笠报考文溪高小之时，学校的作文试题为“试各言尔志”。他不假思索，挥毫成篇，其主题和结论是“希圣、希贤、希豪杰”。文溪的老师和校长见他小小年纪便有如此之见解、如此之雄心，非常赏识他，随即录取，并且委任其为班长。文溪高小是住宿制学校，这意味着戴笠即将离开母亲，离开管束。后来戴笠在回忆中，仍念念不忘母亲的严格和坚持，“我六岁便丧父，自那时起直到十四岁离开家庭，整整受了十年严格的母教，数百次痛苦的笞楚。”

在文溪高小的日子里，戴笠犹如脱缰的野马，本性暴露无遗。他后来被同学们形容成为一个敢想敢干、雷厉风行、锄强扶弱的“老大”。当时在校的住读生很多，而且年龄相差悬殊，大的有二十多岁，小的只有十一二岁。由于朝夕相处，同学之间难免发生冲突，而且每次情况都是以大欺小，以强欺弱。每逢此时，也就是戴笠大出风头之际。他身强力壮，又能言善辩，常常以“保护神”的姿态出现，为弱者打抱不平。许多大龄学生讲理讲不过他，打架也打不过他，于是，他渐渐成了许多同学崇拜的“老大”。对此，戴笠十分得意。

风华正茂的戴笠

为了进一步拉拢同学，戴笠每月从家里拿到不多的零花钱后，总是邀一大帮同学去下饭馆，而且总是他抢着掏钱买单。时间长了，他与县城里的饭馆老板们都混熟了，以至于他囊空如洗时，也常常可以赊账请客。对此，学校的老师和一些循规蹈矩的同学均对他嗤之以鼻，讥称他为“江山浪子”。但令他们费解的是，在崇拜戴笠的同学中，居然有许多是品学兼优、性格文静的优秀生。这些学生中包括了以后成为戴笠忠实的部下的周念行、姜绍谟、毛人凤等人。

戴笠不仅在同学关系上如鱼得水，还积极活跃在学校组织中。戴笠在学校时组织了一个“青年社”，自任社长，宣传男子剪发，女子放足。戴笠经常组织青年社的学生们在假期到各地宣传、演讲，号召破除封建传统，解放思想。青年社的同学都非常佩服戴笠。

“江山浪子”

1914年，在这一年戴笠完成了事业和人生的两件大事。第一是他以优异的成绩考上了杭州省立第一中学。对于一直居住在浙江偏僻山区的江山人来说，这个好消息是一件轰动的事情——终于有位进入省城的秀才了！并且，对于戴笠的母亲来说，这更是一件扬眉吐气的好事，寡母拉扯长大的孩子终于没有让她失望。于是，戴笠母亲在他离家上学前，决定为他娶门媳妇，了却终身大事。

戴笠与母亲的合影

新娘毛秀从，也是江山本地人，年方19岁，比戴笠年长两岁。戴母觉得她非常端庄贤惠，能干温柔，十分喜欢她。戴笠一生很少回家，自然这位妻子承担了照应老母和抚育小孩的责任，好在毛秀从温柔体贴、贤惠善良，自始至终一心在家服侍年迈的戴母。可是戴笠发达后，却认为这个妻子是个粗野的“乡下人”，虽待她客客气气，却相敬如“冰”。

戴笠在省立高中继续“老大”习性：到处交朋结友，逞强好胜。入学三个月后，戴笠卷入一起考试作弊以及作弄舍监的事件中，因为不肯服输认错，随即被学校强行开除。

失学后的戴笠因为无脸回家，便在杭州的一家豆腐作坊里干了一段时间。戴笠倒是学会了夹着尾巴做人。这个时候，戴笠遇见了文溪高小的挚友姜绍谟、周念行。姜绍谟低戴笠两届，现在已在衢州八中就读两年了，接着准备报考北大预科班。而周念行则准备留学日本，雄心勃勃地想做一番惊天动地的大事业。昔日同窗好友如今一个个心怀大志、前途无量，而自己却落得一个失学离家的可怜下场，戴笠心中不免有些愤愤不平。于是，在爱面子的驱使下，他又跑到衢州去报考衢州师范，希望通过读书来获得功名。1919 年，他居然以第二名的好成绩考上了衢州师范。

戴笠的这个决定并不是经过理智思考的结果，因此在上学后，他不断地质疑、苦思自己的选择。那时有句俗话，“家有三斗，不当孩儿王”，像就读衢州这样的师范学校，出来后无非就是去当一个“孩子王”，教书育人，两袖清风。这在盛世，确实是一份高尚而有地位的职业，但是在乱世，教书匠注定是平庸的角色。看当时的军阀割据、群起争强，哪个飞黄腾达的不是行伍出身呢？

这时，由潘国纲指挥、总部设在宁波的浙江陆军一师开始招学员兵。戴笠毫不犹豫地前去投奔。可是不久之后，戴笠发现这支部队并不像想象中的那样，他们不过就是由一群散兵游勇、乌合之众组成的队伍，既没有整齐的装备，也没有系统的训练。军官们除了每日对学员进行 4 个小时的训练外，其余时间不是聚众赌博，就是宿醉嫖妓。戴笠的心情又一次低落下去，乘着训练空隙，他再次逃离了所谓的“通达捷径”，回乡侍母。

第二节　闯荡上海滩

寄人篱下的日子

戴笠之所以后来能够成为蒋介石身边的“间谍之王”，原因之一不外乎他的能屈能伸，善于蛰伏。日子一久，乡下的平淡日子让戴笠再也坐不住了，于是他只身来到上海，指望在十里洋场寻找飞黄腾达之路。

20世纪初的上海，被誉为"东方不夜城"，这里混迹着政客、黑帮、流氓、妓女等三教九流，充斥着钞票、欲望、权力、人性的黑暗，这里沉醉在一片纸醉金迷的气象中。

老上海街道

戴笠只身来到上海，从一个小混混开始了他的发迹之路。

1921年冬，戴笠初到上海，人生地不熟，饥寒交迫，不得不投靠在上海供职的表兄张冠夫。虽然在商务印刷馆工作的张冠夫租了一间小阁楼与妻子一同居住，生活也十分拮据，但他还是接待了戴笠，让戴笠睡在夫妻床边的地板上。戴笠大概住了快一年，仍旧找不到一份正经像样的工作，于是张家太太开始渐渐对戴笠产生不满，关系一下子紧张起来。

在张家生活的这一年，戴笠日后始终是铭记在心的。在他扬眉吐气后，不忘安排对他有恩的张冠夫进入情报系统工作。1931年张冠夫成了他联络组的一员，1937年，张升为中将特务并且成为军统财务处副处长，而后又在苏浙行动委员会经理处任主管，可谓平步青云。而对于那位让他受了气的表嫂，戴笠十分鄙视，管她叫"黄脸婆"，不断怂恿表兄纳妾以羞辱她。

青帮头目杜月笙

戴笠那时在上海，经常光顾上海小东门那儿的十六铺一带，他在那里到处交朋结友，依靠广结人缘，在流氓中小有名气。

杜月笙

十六铺是上海一个十分混乱的商业地带，像杜月笙这样的黑道大亨就出道于此，戴笠想在十六铺寻找机会，认识些头脸人物。于是机缘巧合，他认识了青云直上的黑帮大亨杜月笙，而这个大名鼎鼎的帮会头子也巧识戴笠，看出那个年纪很轻的混混是个难得的“人才”。

杜月笙是当时上海帮会头目。原名月生，后章太炎改其名镛。他 1888 年 8 月 22 日生于上海浦东高桥镇一个商人家庭。青少年时做小混混为生，当过学徒，后加入上海青帮。曾与上海帮会头目黄金荣、张啸林结拜为把兄弟，并开设贩卖毒品的三鑫公司；不仅黑道上独当一面，杜月笙还在政界有些名望，他曾任法租界商会总联合会主席兼纳税华人会监察。像这样的黑白两道都吃得开的大亨，戴笠自然是倾尽所有与之结交，为后来在上海滩建立情报网络打好了人脉基础。

对于戴笠和杜月笙到底是何时相识的，还存在很多说法，但是，戴笠和杜月笙关系亲密，对于这一点已经是无可置疑的了。戴笠还同杜月笙结成了拜把兄弟。从杜月笙女儿杜美如的回忆来看，他们之间的关系不仅仅是权力之间的依靠，还有很多的兄弟情谊。杜美如说：

“他偶尔来看我父亲。一个电话打来了，所有的人都得关起门来，他见我父亲，我们都得待在屋里，不能出来的。有一天他问：‘你的女儿怎么样？’我父亲把我叫出去了。我看见他，我真是抖啊，他那两个眼睛，眼珠子都是黑的，像水一样的，好像一看就看到后脑勺，很害怕的。他杀气好重。后来，我叫他一声戴伯伯。他说：'你好吗？你在哪里念书呀？'他就问这些话。然后，我说了一声'我很好'，就赶紧跑开了。"

戴笠每次去上海见杜月笙都得和他私聊很久，旁边不能有其他人。而且戴笠对杜月笙吸鸦片烟的习惯十分不满，时常管束他，每次见到杜抽烟都会皱起眉头说："你怎么又抽啦？"为此，戴笠要来杜月笙家前，杜月笙都要费好大一阵工夫掩饰，将抽鸦片的烟具藏到床底下，用湿毛巾不断地擦脸以及用香水不停地喷在身上，以掩盖身上的烟味儿。做完这些，杜还不放心，便让家人或者仆人闻他身上检查是否还有烟味儿。杜美如回忆起旧事也不得其解："其实，他也怕我父亲，我父亲也怕他。很奇怪的两个人。等到他过世，我父亲听到这个消息，精神分裂症了，一下子不认识人了。我们住七楼，他就开窗子往下跳啊。他很伤心，他说：'完了，完了，完了！'"

初遇"领袖"蒋介石

如果说与杜月笙的相识是找到了经济上的靠山，那么，这一时期他还为未来寻找到了一个政治上的大靠山——蒋介石。用戴笠自己的话来说，他和蒋介石的会面，就是天意。当时蒋介石正同包括戴季陶、陈果夫在内的一帮朋友在上海经营股票贸易生意，为孙中山的革命事业集资。一次偶然的机会，戴笠认识了这些人，并且成为为他们跑腿的"小瘪三"。

这个"小瘪三"为他们端茶倒水、跑腿办事，干得拼命卖力，又不卑不亢，逐渐就引起了戴季陶的注意。于是戴季陶主动和戴笠攀谈，问他有什么奋斗目标。戴笠一开始还很不好意

戴季陶

思地回答戴季陶说，只要有饭吃，自己什么都能干。等到逐渐和戴季陶熟悉了，他向这位亦师亦友的长者透露出了自己渴望“干一番轰轰烈烈的事业”的愿望，对戴季陶的称呼也由“戴先生”转变为了“戴叔叔”。蒋介石注意到戴季陶对戴笠这么好，也开始注意起这个年轻人来，于是交给他一些事去办。

浪子回头

在上海“打流”的日子始终不是戴笠的“正途”，于是，他又一次回乡蛰居起来。

20 世纪 20 年代中期的中国政坛瞬息万变，风雨飘摇。在北方，一会是冯玉祥冲进北京，直系军阀下台，总统曹锟被囚禁；一会又是段祺瑞执政，皖系得势；不久，奉系军阀张作霖又率兵入关，一直打到北京。

而南中国，在那里升起了一股熊熊燃烧的革命烈火。1924 年，孙中山在广东改组国民党，提出“联俄、联共，扶助农工”三大政策，重新诠释了三民主义，联合共产党，在苏联的帮助下建立了广东国民革命根据地，并创办了培育革命军队的黄埔军校。接着黄埔师生粉碎了商团叛乱、出征广东军阀陈炯明，取得了第一次东征的胜利。

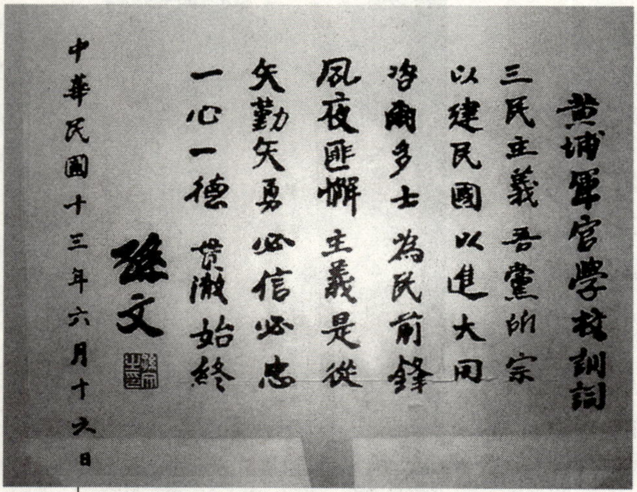

黄埔军校校训

戴笠虽然身居乡野，但还是在积极打听、关心国家政局。对于孙中山在广东建立革命政权之事，他早有耳闻，且听说同窗好友姜超岳已经偷偷地跑到了广州，报考黄埔军校去了，于是戴笠也打算去投奔广州，但是，对于广东国民革命政权到底能坚持多久，能否取得全面胜利？戴笠一直还心存疑问，也就不敢贸然下赌注。

有一种说法是让戴笠下定决心去报考黄埔军校的人是毛人凤。

毛人凤

毛人凤(1896—1956)，与戴笠是老乡，又是戴笠文溪高小和浙江省第一师范学校的同班同学。毛毕业后，在嘉湖高小当了一阵教师后考上了复旦大学。1925年他考进了黄埔军校潮州分校，毕业后，在黄埔军校学生训练处当秘书。1926年毛的父亲去世，他回江山参加葬礼，那时戴笠也在江山。

由于与戴笠既是同乡又是旧识，毛人凤看见意气消沉的戴笠后，极力推荐他报考黄埔军校。后来证明，这是个英明的做法，为毛人凤以后的事业赢得了一次巨大的机会。毛人凤虽然是黄埔第五期学员，但是机遇不好，一直混得不尽人意。戴笠成立军统之后，随即提拔了一系列深得他信任的心腹，其中便包括毛人凤。毛人凤为人也十分低调，一心埋头工作，绝口不提与戴笠十几年的友谊。戴笠对此十分赏识，多次对人说："人凤兄很给我露脸，这样的同乡，我多用几个，又何错之有？"于是，一纸调令，将毛人凤从西北调到军统局本部，担任他的机要秘书，成为军统的内当家，也成为他名副其实的第一心腹。毛人凤就这样开始进入军统的核心层。

据说，当时两人在县城一个客栈巧遇，一番寒暄之后就开始聊起了各自的生活经历。戴笠乘机向毛人凤打听了黄埔军校的情况和前景，毛立刻充满壮志豪情，大力称赞黄埔军校并适时地宣传了孙中山的建校思想："……我们今天要开办这个学校，是有什么希望呢？就是要从今天起，把革命的事业重新来创造，要用这个学校内的学生做根本，成立革命军。诸位学生就是将来革命军的骨干。有了这种好骨干，成立了革命军，我们的革命事业便可以成功，……”戴笠在毛人凤的激情感召和这番慷慨陈词之下，当即决定报考黄埔军校。

至此，戴笠的一生就从这一巧遇中有了重大的转机。

第二章
从黄埔起飞

第一节　中国的“西点军校”

铁血教训与远见之举

在距广州市区东南20公里处，有一座名叫长洲岛的小海岛。这里四面环水，树木丛生，自然风光非常优美。不过如果仅把这里当做一个旅游胜地那可就大错特错了，长洲岛自古以来就是南中国一个具有战略意义的军事要塞：由海上进入广州的第二道门户（虎门为第一道门户）。因此岛上筑有很多炮台等军事设施，隔江与鱼珠、沙路炮台并峙。清末年间，广东陆军学校和广东海军学校曾建址在此。因此，长洲岛不仅从自然地理位置还是历史社会条件上来讲，都是开办军事学校的一个绝好的位置。

20世纪20年代，孙中山在经历了军阀混战、陈炯明叛变等长期的革命斗争后，开始慢慢觉悟：只有掌握枪杆子才是获胜的王道。他认为，“始终没有自己的军队，只是拉拢、依靠一派军阀去攻打另一派军阀，最终充当了骄兵悍将争夺地盘的工具”，由此“深感必须有自己的军队才有出路”。同时，这时期苏联红色革命的胜利也促使孙中山想要拥有自己的革命武力，以取得民主革命的最后胜利。

经过几年的努力后，1924年6月，孙中山等人终于在长洲岛上的军事旧址创办了一所陆军军官学校，这是中国现代史上第一所培养革命军队干部的军事学校，因为长洲岛在广州黄埔区，军

黄埔军校

1924年6月创办于广州，至1949年底迁往台湾高雄县凤山市，在大陆共办了23期，在台续办至今已78期。在大陆时期其毕业生有41386人，名将辈出，扬威中外，影响深远，在中国近现代史上占有显赫地位。而黄埔军校旧址于1988年被国家列为第三批全国重点文物保护单位。

校又称为“黄埔军校”。当时，中国黄埔军校被列为世界四大军事名校之一，与苏联伏龙芝军事学院、美国西点军校、英国桑赫斯特皇家军事学院齐名。

黄埔军校一出生，便彰显了它无与伦比的政治优势，并以此为号召聚集起当时全中国最优秀的人才和力量，使得黄埔军校一时间众星云集、熠熠生辉，成为复兴中华的希望之源。首先黄埔军校校本部直属于国民党中央执行委员会。校本部设校总理、校长以及党代表，分别由国民党中执委的几位最高领导人孙中山、蒋介石和廖仲恺担任。其次，校本部下设政治、教授、训练、管理、军需、军医六部，这六部负责人也分别由当时国共两党精英分子担任，如政治部先后由戴季陶、周恩来、汪精卫、邵力子、熊雄等人为主任，聂荣臻曾为秘书，胡汉民、萧楚女、张秋人、安体诚等人为政治教官；教授部由王柏龄做主任，叶剑英为副主任；训练部由李济深为主任，邓演达为副主任；何应钦为军事总教官。不仅如此，廖仲恺和蒋介石还从保定军校、云南、广东、浙江的陆军讲武堂、江西海陆军讲武堂、日本士官学校中挑选出众多有经验的学员来军校任教，如顾祝同、刘峙、钱大钧、陈诚、严重、陈继承等。

另外，共产国际和苏联政府对孙中山创办黄埔军校也给予了大力支持，苏联人鲍罗廷成为黄埔军校总顾问，加仑将军等几十名苏联红军干部担任顾问或教员，指导黄埔军校的军事训练。

面对如此豪华的阵容，当时中国有志青年纷纷奔走相告，振奋万分，考取黄埔军校一时间成为青年学生此生最大的愿望之一。1924 年初，军校开始在全国 19 个省展开招生考试。由于当时全国许多省份尚在军阀统治之下，无法正常公开报考，因此招生需要依靠各地党组织及参加国民党“一大”的代表秘密物色。尽管如此，报名人数仍然超过预定计划招生人数的 3 倍多。

军校学习主要分军事学科以及术科两大类，其中军事学科主要包括步兵操典、射击教范、战术学、兵器学、交通学、筑城学、军制学等课程内容；术科主要包括制式教练、战斗教练、实弹射击、野外演习等课程内容。当时，原本规定需要 3 年才能完成所有课程，但鉴于北伐近在眼前，革命形势严峻以及时间紧迫，于是将课程时间改为半年至两年半不等。

黄埔军校的教学训练课程也是经历了从无到有、从简到繁的变化过程。第一期时，学员的训练还比较简陋，只有步兵训练；但接下来的第二期，训练慢慢开始走上正轨，开始分步兵、炮兵、工兵、辎重兵和宪兵五科分别训练。从第三期起，学生实行入伍生制度，新生必须经过 3 个月的入伍教育，再进行资格考试，考试及格后才能正式成为学生。第四期时，又增设政治、骑兵、交通和无线电等科目，此后又增设英、德、法、日等外语教授班。

除了对学员进行军事训练外，军校还对学员进行政治教育，即进行爱国主义和革命英雄主义教育。教学方式是以讲授政治课为主，同时定期举办政治讲演会、政治讨论会、政治问答等，这些讲演会经常聘请国共两党及社会著名人士如谭延闿、张静江、毛泽东、刘少奇、鲁迅等到校讲演。军校还为加强对师生和群众的宣传教育，大量出版期刊、专刊、文集、丛书等，并向校内外发行。

乱世造就黄埔豪杰

黄埔军校开办之初，师生们便在统一广东革命根据地和北伐战争中起到了模范作用，大大振奋了军校士气。

1924 年 10 月，广州商团叛乱，军校师生英勇出击，在一天内就彻底打垮了叛军，镇压了叛乱。1925 年初，孙中山北上，广东军阀陈炯明见广州国民政府群龙无首，乘机发兵叛乱。以黄埔学生为主力的“东征联军”迅速集结，东征讨伐。恰好这时，驻广州的桂军首领杨希闵、刘震寰乘革命军东征之际，在广州举兵叛乱，一时广州国民政府岌岌可危。在这千钧一发之时，黄埔学生军速战速决打败陈炯明，后迅速回师平乱，击溃叛军，保卫了广州国民政府。而陈炯明见有机可乘，又卷土重来。黄埔学生军扩编为国民革命第 1 军，成为东征军主力，于同年 10 月再次东征。在攻克号称“天险”的惠州城后，东征军分三路直捣陈炯明大本营东江，11 月收复东江，平定了盘踞广东最久、最凶顽的军阀陈炯明。

陈炯明

经此一役，黄埔师生士气大振，并在接下来的北伐中显示出了强大的实力和顽强的战斗力。1926 年 7 月，在国民政府出师北伐之际，黄埔学生组成了北伐军中最重要的力量，许多优秀师生担任了北伐军中的骨干领导。例如，在叶挺独立团中担任参谋长的周士第、团参谋董仲明、营长曹渊、许继慎、连长卢德铭和袁也烈等都是黄埔军校第一、二期毕业生。该团是北伐军中的先锋队，在汀泗桥、贺胜桥的关键性战役中立下奇功，成为北伐部队中战斗力最强、牺牲最大、贡献也最大的一支部队，被誉为“铁军”。经过黄埔师生的浴血奋战，北伐军在半年内长驱直进，直插北洋各军阀心脏。

黄埔军校从来都不是一所纸上谈兵的学校，黄埔师生的军事经验完完全全都是从一场场残酷、艰难的战斗中获取、提炼的，因此黄埔师生注定成为今后中国军事政坛中的实干者。从 1924 年 5 月创办至 1927 年 7 月，短短 3 年间，黄埔军校共招收了 6 期学生，培养了 1 万多名军事骨干。除去在蒋介石公开叛变革命后毕业的第五、六期学员，其余第一到第四期共 4981 人，都是国共合作时毕业的。这些人大都成了国民革命军的中坚力量，后来还有很多人成为中国共产党中的军事家和政治家，在抗日战争以及解放战争中彰显了巨大力量。抗战时期，国民党方面，有近 40 名黄埔师生被授予上将军衔。共产党方面，十大元帅中有黄埔背景的占了 5 位，十名大将中黄埔占了 3 位，在 1955 年授衔时 57 名上将中有黄埔师生 9 人。无论是国民党还是共产党，其将领如此密集地出自同一军校，在世界军事教育史上可以说是绝无仅有的。

绝无仅有的更在于黄埔军校为中国革命培养的大批军政人才——代表着中国未来与希望的年轻军官，也成为国共双方都努力争取的对象。国共合作亲密无间时，黄埔军校许多学员同时加入了国民党和共产党。无论党派和倾向，黄埔同学共同经历东征北伐的残酷考验，培养出了默契，但随着“中山舰事件”的发生，以及“四·一二”反革命政变，国共两党分道扬镳，黄埔军校师生不得不重新选择自己的政治信仰，不同的取舍让他们或成为同志或成为敌人。从 1924 年一直到 1950 年，黄埔师生断断续续相互对峙交战了 26 年。

抗日战争成就了黄埔师生的“第二次合作”，也成就了他们军人生涯中最辉煌的一页。1937年8月，黄埔四期生林彪在山西取得“平型关大捷”；1939年底，黄埔一期生杜聿明在广西昆仑关大败日军板垣征四郎师团，获得“昆仑关大捷”。在国家和民族存亡面前，黄埔军人都表现出革命军人视死如归、民族精神高于一切的爱国精神，血洒疆场。

第二节　投身黄埔

早期黄埔的末班车

在第一次国共合作期间，黄埔军校一共办了六期，戴笠是第六期招生期间考入的，这一期黄埔军校共招收了4400多学生。

进入黄埔，是戴笠一生中的第一个重大转折。可以说，没有当过黄埔生的经历，也就没有后来显赫一时的戴笠。戴笠后来回忆进入黄埔这一件事时总说，“要说我倒霉吗？也不算倒霉。要说我不倒霉吗？论黄埔资历总不如人而倒霉了。”这些话听起来颇有些无厘头，其实说穿了，说倒霉，是指进入黄埔的时间太晚，没有成为军校前几期的老大哥（黄埔第一、二期学员在以后的抗战中，在国共双方都是十分受尊敬的）；说不倒霉，是指假如没有选择入黄埔这一条道路，那就有可能什么也谈不上了，毕竟黄埔军校学员是民国军政两届的绝对主力。虽然是早期黄埔的一趟末班车，但幸运的是有了这趟末班车，才有了以后的政治资本。

黄埔军校第一期
第四队学生胡宗南

戴笠考入黄埔军校后，被编入入伍生第1团第17连。在待人处事上，他显得游刃有余。他不吸烟，却随身带着火柴、纸烟之类；他能喝酒，也因此常请人同桌对饮，推杯换盏。对于身边的每个学员老师，戴笠都认真观察，对其谈话都铭记在心，对其性格也透彻分析，因此能投其所好，结交为友。戴笠也积极参加学校组织的各种活动，对出差、跑跑腿一类的杂事很主动。

当时，由1926年3月中山舰事件引发的国共两党之间的生死斗争，到戴笠入校时，在黄埔军校的师生中已经愈演愈烈，有时几乎到了剑拔弩张的程度，并很快在黄埔六期学生中反映出来。学生们三三两两地议论，争论问题，形成不同的小圈子。但戴笠为人谨慎，从不谈论有关政治和国共两党之间明争暗斗之类的敏感问题。据说戴笠在军事训练间隙，开始认真研读《曾文正公家书》、《曾胡治兵语录》和《俾斯麦传》。因为他听说清末镇压太平天国起义的曾国藩、胡林翼以及19世纪德国宰相俾斯麦是校长蒋介石最佩服的三位风云人物，并且他尤其爱读曾国藩的著作，由此可以揣摩得出，戴笠也许想通过读这些书来慢慢地与蒋介石的思想理念靠拢。

不过，戴笠并未把自已的想法表露出来。因为当时，共产党和国民党右派势力的斗争在黄埔学生中反映得非常激烈，以共产党人为主的青年军人联合会和以国民党右派为主的孙文主义学会一直存在着严重的对峙与冲突。

戴笠虽然没有加入任何组织，但是，其实他心里有自己的一套想法。他崇拜蒋介石，认为继承孙中山遗志的蒋介石才是结束中国混乱局面的实际领导者，尽管不知道他当时看没看过戴季陶所写的《国民革命与中国国民党》这个小册子，但他实际上内心是支持这个在戴季陶的理论指导下成立的孙文主义学会。或许他也仅仅只是出于自己的私人情感，对那个在上海认识的、叫自己为“小瘪三”斯文和善的戴叔叔总是感到很亲切，所以倾向于孙文主义学会。

埋在黄埔的秘密眼线

在黄埔，初期戴笠还只是个默默无闻的小兵、一个单单纯纯的黄埔学员，可他是怎么与蒋介石的情报系统搭上关系的呢？

有一种说法，是戴笠通过戴季陶的引荐信，才成为蒋介石埋在黄埔的秘密眼线之一。这种说法至今尚未得到黄埔历史资料的证实。可以说，戴季陶是蒋介石乃至国民党的理论权威。早在日本留学的时候，戴季陶就与蒋介石相识。蒋介石是浙江奉化人，而戴季陶祖籍浙江湖州府吴兴县，蒋介石向来注重宗族思想、同乡观念，何况在异国他乡，两人很快热络起来，并且有相见恨晚之感，于是结拜为兄弟。蒋介石后来凭借戴季陶的引荐，才成为孙中山不可缺少的左膀右臂。两人关系不论公与私都是十分密切的，因此如果得到戴季陶的推荐，那么成为蒋介石的手下应该是十分容易的。

另一种说的比较多的是，通过时任黄埔军校孙文主义学会的骨干胡靖安，戴笠才得以进入这个秘密组织。胡靖安，1924年秋考入黄埔军校第二期步科第二队学习，毕业后加入孙文主义学会，为骨干分子，任黄埔军校国民党特别区党部候补干事，黄埔同学会办公处主任。

胡靖安

胡靖安是蒋介石的手下，除了公开在黄埔军校任教外，他私下里还秘密帮助校长蒋介石搜集情报，掌握学生的思想动向。当时蒋介石对于掺杂有共产党的军校政治教育十分担心，在率北伐军挥戈北上之后，他也带走了一批搞政治宣传的学员，因此他总担心共产党乘机掌握他苦心经营的黄埔军校。蒋介石为此曾一度把思想左倾的教育长邓演达调往前线，改派以服从命令为天职、易于驾驭的军人方鼎英为教育长。不过，方鼎英毕竟是个忠厚之人，对于学生，无论是共产党人还是国民党人，都一视同仁，不分亲疏。于是蒋介石在北伐军到达武汉之后，立即派自己信任的下属胡靖安、陈超等人返回广州，暗中联络军校内非共产党学生，派他们监视共产党在军校的活动，了解学生动向。

胡靖安接受任务后，一直在寻找合适的安插在黄埔学生中的人选，这时他发现了城府颇深的戴笠。他暗中送给戴笠一本戴季陶的《国民革命与中国国民党》，叮嘱他不要让其他同学看见，并让他暗中注意连队里共产党人的活动，发现异常情况及时向他密报。现在我们无从得知戴笠当时态度的转变，只知道他后来接受了胡靖安派给他的任务，秘密监视同学们的动态。

戴笠的任务主要是汇报学生中的思想状况，胡靖安让他尤其注意以共产党人为主的青年军人联合会，及时报告那些成员的思想和举动。其次，监视学校的军官，汇报他们的个人生活状况，以及他们是否存在个人腐化问题。

新生三个月的入伍训练结束后，戴笠被分配到骑兵三科。这个时期的戴笠，和入伍时相比，明显地发生了变化，从低调随和的新兵，变成了一个沉默寡言、城府高深的“老”兵。

据他的骑兵教练许振亚后来回忆：“（戴笠）许多时间都不在黄埔军校，而去广州珠江上游与政治要人交结。这位比烈马还难驯服的学生，他学骑兵，是三天打鱼两天晒网，高兴就请假往上跑，自习时就写信，大家很怀疑他，怎么那么多信要写？以后才了解他是跑上头，通天到校长那里，写信也是送校长。来头大，谁敢惹？”

戴笠这时就表现出了特殊的情报能力，据当时同为胡靖安手下的情报人员乔家才回忆，“供给情报最多的，就是戴笠。每天都交给我很厚的一封信封……假如没有他帮忙，胡靖安每天的报告恐怕就成问题，无法交卷了。”

第三节　四一二政变中的黄埔

发动反革命政变

1927 年 4 月 12 日，南国广州还处在暴风雨来临前的宁静当中，而上海，已经上演了一场惊心动魄的血腥镇压。蓄谋反共的蒋介石在 4 月 11 日发出“已克复的各省一致实行清党”的密令，上海的形势骤变。

4 月 12 日凌晨，青洪帮流氓打手，臂缠白布黑“工”字袖标，冒充工人，向闸北、南市、沪西、吴淞、浦东等 14 处工人纠察队发起袭击，工人纠察队奋起抵抗。双方正在激战时，国民革命军第26军以调解“工人内讧”为名，收缴工人纠察队武装，1700多支枪被缴，300多名纠察队员被打死打伤。事件发生后，上海工人和各界群众举行总罢工和示威游行，抗议蒋介石反动派的血腥暴行。

四一二反革命政变

4月13日上午，十万群众参加上海总工会在闸北青云路广场召开的群众大会。会后，群众冒雨游行，赴第26军第2师司令部请愿，要求释放被捕工人，交还纠察队枪械。游行队伍行进不久便遭到已经埋伏好的一群士兵的袭击。他们向群众开枪扫射，当场打死100多人，伤者不知其数，宝山路上一时血流成河。

当天下午，军队立即占领了上海总工会和工人纠察队总指挥处。接着，查封或解散革命组织和进步团体，对共产党人和革命群众进行疯狂的搜捕和屠杀。

血洗黄埔共产党人

1927年4月15日，“清党”行动蔓延到广州。宁静的黄埔校园也将迎来一场血雨腥风。

这天的清晨，起床号像往常一样划破寂静的校园，黄埔学员们像往常一样迅速跑步到操场集合。

当他们来到操场时，发现周围的山头和公路都布满了武装部队，所有教官异常的严肃。一个纵队的团长用低沉并且冷酷的声音宣布：“共产党阴谋暴动，现奉校长命令，逮捕共产党。凡共产党员者，向前三步！”

操场上顿时死一般寂静。大多数学员都被这突如其来的情况搞蒙了，面面相觑。除了一个有精神病的湖北学生以外，没有一个人站出来自认是共产党。据第三纵队的一个学员回忆说：“教官们让共产党员向前三步站出来，没有人站出来，而我们也拒绝指认谁是共产党员，于是教官就警告我们说：‘反正我手里有名单，要是你们自己不主动，那我就要点名了。如果你们自动站出来，会大有好处。'”最后，在不断的施压和威胁下，共产党学员们逐渐被孤立出来。在其他学员被带回宿舍后，被识别出来的共产党员立即被逮捕了。

于是，黄埔军校内的很多共产党学生要么自己站出来，要么被其他人孤立出来，大部分没有逃脱被逮捕的厄运，但也有小部分相当幸运地逃过此劫，例如当时的三个纵队，第一纵队只认出8名共产党员，而第二纵队有150多名共产党员被捕，第三纵队至少有200多名共产党员被捕。

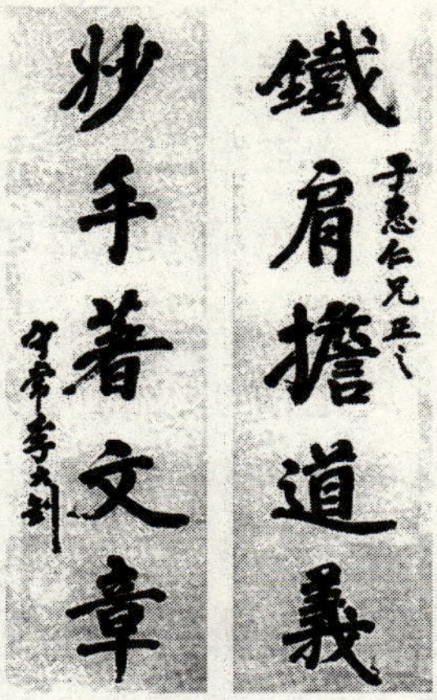

李大钊书法作品

据戴笠自己后来回忆道，他提供了一共有75名共产党员学生的名单交给校长。可以说，戴笠一出道，双手就沾满了共产党人的鲜血。

“清党”行动不久之后，戴笠所在的骑兵营也奉蒋介石之命开往苏州集训，离开了黄埔。在苏州时，戴笠得知老上司胡靖安在上海筹建“密查组”，于是又来到上海寻求加入。

第四节　君臣相初定

加入“密查组”

自从四一二反革命政变发生以及南京国民政府成立以后，蒋介石遇到了严重的政治危机。一方面，有汪精卫在武汉成立的汪记国民政府与之对峙，形成宁汉对立的局面。7月15日，汪精卫也开始反共清共，主动提出宁汉合作，但蒋介石拒绝合作，由此引起国民党内部各派政治力量的不满，蒋介石顿时处于被动地位；另一方面，南京政府内部也不太平，也不是铁板一块。蒋介石与新桂系李宗仁、白崇禧、黄绍竑的矛盾全面爆发。李宗仁、白崇禧加紧联合各派势力反蒋。

面对如此复杂的政治形势，蒋介石决定加强情报工作。1927年7月底，他在国民革命军总司令部成立密查组，侍从副官胡靖安为组长。经胡靖安的保荐，戴笠等人成为该组成员。表面上，密查组的任务是调查各级部队的军容风纪情况，实际上主要是调查新桂系、各方反蒋势力的动向以及嫡系部队各级将官的忠诚情况。密查组是蒋介石成立最早的一个准特务组织。

在黄埔军校时期，由于胡靖安的劝说，戴笠才开始从事收集情报的秘密工作。现在戴笠又在胡靖安的领导下重操旧业，虽然这只是很初级的情报搜集工作。戴笠后来回忆，这个时期是他最窝火的时期。因为缺乏经费和系统训练，也不了解高层意图，他搜集的大多数情报都是一些花边新闻或者不起眼的小事，即使偶尔找到有价值的情报，也是挂在胡靖安的名下，可谓是寄人篱下，费力不讨好。为了讨好胡靖安，戴笠时常跑到胡家帮忙做一些杂事，给胡靖安抱孩子等。

直通蒋介石

不过在密查组经过一段时间的磨练后，戴笠很快脱颖而出，成为密查组的情报能手。这时的戴笠，不甘心屈居于胡靖安之下，开始尝试越过胡，直接向蒋介石报告重要情报。据说，为了能等到蒋介石，他常常守候在国民革命军总司令部或中央军校官邸门口。一看到蒋介石的汽车远远开来，戴笠就先立正敬礼，等到汽车开进门口时，他就快速冲上前去，毕恭毕敬地把材料递过去。蒋介

发表讲话的蒋介石

石往往扫一眼就把材料丢到一边，因为他见多了这种越级汇报的事情，心里很是反感。也许因为戴笠拦车的次数多起来，蒋介石渐渐注意到这个坚持不懈给他递情报的青年军官，也许是因为蒋介石渐渐发现这些不起眼的材料比较真实可靠，总之蒋介石对这个人和这些情报开始重视起来。这算是戴笠留给蒋介石的第一个深刻印象。

登泰山

可是好景不长，1927 年 8 月，迫于严峻的政治形势，蒋介石不得不宣布下野，以退为进，退到奉化溪口老家。蒋介石在离开南京赴上海前夕，指令胡靖安领导密查组人员继续秘密活动，搜集各方面情报，直接送交他本人。这个时期，胡靖安让戴笠负责向蒋介石传送情报，于是戴笠多次秘密来往于南京、上海、杭州、溪口之间，亲自向蒋介石递送情报，两人关系进一步密切。戴笠也利用这些难得的机会，极力向蒋介石证明自己的忠心和能力。这次蒋介石的下野，使黄埔系各师生的地位一落千丈，昔日的黄埔骄子一度成为别人奚落嘲笑的对象。戴笠见蒋介石很在意黄埔系学生的思想状况，他就从多方面搜集关于黄埔系学生的消息，比如他就曾多次向蒋介石反映黄埔系如今在朝在野的尴尬地位和凄凉处境，戴笠甚至还把黄埔要求蒋介石复出和请示机宜的反映呈递给蒋介石。蒋介石看后很重视，并要求密查组继续搜集这方面的情况。

1927 年 9 月 20 日，蒋介石根据戴笠等人调查的情况以及各地黄埔学生的来人来函，发表《告黄埔同学书》，要求黄埔同学反省失败原因，停止无意义的同室操戈，团结起来，忍受失败和挫折，努力工作，勇于拼搏等等。

不久之后，蒋介石东渡日本，为了免授人以口实，他在出国之前下令解散密查组。于是，戴笠又一次失业了。不过，这次更加郁闷的事是由于久不归校，读不完规定的课程，他毕不了业，只能是第六期肄业生。后来他发达了，蒋介石怜惜他的功劳，命军校颁给他一张黄埔军校第六期毕业证书，这是后话。离开密查组后，戴笠流浪上海，一心等待蒋介石归来，寻求自己的出头之日。

第三章
秘密“喉舌”

第一节 实习特工

贵人胡宗南

可能平时与人为善，懂得结交朋友，戴笠在人生中的一次次低谷时，总会有贵人相助。他第二次踏上上海滩，落魄之时，旧时好友却一个个官运亨通，前途不可小视。

据戴笠回忆，他还在杭州读书时，有一天在灵隐寺附近的湖里游泳，正好有位老师领着一队学生走过来，那些学生调皮，见戴笠人在河里，便将他放在岸上的衣服和鞋子捡起来拿走。这时戴笠看见了，一边大声呼叫一边又着急地在水中直跳，让他们把衣服放下来。学生们不听，这位老师见戴笠光着身子游泳，急得上岸也不是，不上岸也不是，于是哈哈大笑了一番，喝令学生们不要淘气，将衣服原地放下。戴笠这才安下心来，尴尬地朝岸上那位老师轻轻地点了下头，表示谢意。等他们走远后，戴笠急忙上岸穿上衣服。后来戴笠得知，这位老师在附近小学教书，便找机会过去感谢他。

那位老师便是胡宗南，二人由此相识。但是不久之后，胡宗南便离开了杭州，考取黄埔军校，成为黄埔军校一期生。论起黄埔一期学员这个身份，可以说是资历深厚。他们算是和校长蒋介石关系最为密切的一帮人，被称为“天子门生”。胡宗南一生也战功卓著，是黄埔学生在国军中的第一个军长，第一个兵团总指挥，

“西北王”胡宗南

第一个集团军总司令，第一个战区司令长官，第一个也是唯一一个在离开大陆以前获得第三颗将星的人，被称为“西北王”。

不过胡宗南考黄埔时还经历了一番曲折。因为他身高不足1.6米，虽然成绩过线但还是没资格复试。后来他一哭一闹意外地得到当时在黄埔军校任国民党党代表、被誉为“黄埔慈母”的廖仲恺的特许便条才有资格参加复试。胡宗南进入军校后，努力奋进，在北伐前他已经被提拔为营长，而当时的戴笠还不过是黄埔学员而已。

1928年，北伐军重新集结，胡宗南又升为第1师第2旅少将旅长。于是戴笠就投奔到旧识胡宗南门下，成为他一名小小的护卫官。之后，胡宗南又将戴笠推荐到黄埔校友会毕业学生调查处。说起这个黄埔校友会，它的前身就是当年黄埔军校校本部的孙文主义研究会。孙文主义学会在1926年6月北伐前夕，已经有300个成员，是国民党右派掌握的学会，十分反共。1927年，四一二政变后，学会解散。而后，学会成员又组织起了黄埔校友会，蒋介石任会长。1930年校友会解散，只保留黄埔校友会调查处，这个调查处成为后来的中央各军事学校毕业生调查处的核心部分。通过在黄埔校友会调查处工作，戴笠与一批没有工作的黄埔毕业生有了较多的接触。他也适时地拉拢了一批毕业生，这些人只要能见到钱，便乐得为戴笠收集、提供情报。

“调查科”与“联络组”

在戴笠着手组建布置自己情报网络的同时，他未来的主子蒋介石也由下台、逼宫，步步为营，慢慢转危为安。蒋介石东渡日本，为迎娶宋美龄做准备，成功地赢得了上海望族的支持。之后，他翘首等着国民党各派系之间的火拼厮杀，终于在汪精卫、胡汉民、新桂系等斗得筋疲力尽之时，他开始翻手为云，重新登台。1928年1月，在各派的支持下，蒋介石复出。不到3个月的时间，他先后当上了国民党中央执行委员会常委、国民党中央组织部长、中央政治会议主席、国民党中央军事委员会主席、国民革命军总司令，集党、政、军大权于一身。

掌权后，蒋介石鉴于情报工作的重要性，开始筹划组建一支正式的特工组织。在蒋介石被国民党中常委推选为组织部长后，他在组织部下新建了一个部门——国民党中央组织部调查科，成为国民政府的第一个正式的特工组织。

陈立夫

首任科主任由陈果夫之弟陈立夫担任。在戴笠这个“秘密武器”还未觉醒之前，陈立夫一直担任着蒋介石情报网络的头目。陈立夫并不是黄埔军校的“天子门生”，如此受到蒋的信任，原因也不外乎二点：关系和实力。陈立夫是浙江吴兴人，和蒋介石是同乡，在注重省籍关系的国民党派系中，老乡意味着可以收为已用。同时陈立夫又是蒋介石故人的后辈，是辛亥革命的著名领袖、蒋介石的导师和密友陈其美之侄。在能力方面，陈立夫出身科班，标准的留学生。他 20 世纪 20 年代初毕业于天津北洋大学冶金系，后留学美国，获得工学硕士。

蒋介石不仅掌握公开的特工组织“调查科”，同时也开始在私下发展自己的情报网络“联络组”。他提拔了一系列的黄埔生担任侍从副官和联络参谋，其任务就是搜集各部队的情况和各级部队长官的政治倾向、思想动态、主要活动等，直接向蒋介石本人报告。戴笠经过胡宗南的推荐，顺利成为联络组的上尉联络参谋，直接受蒋介石的领导。

第二节 “南征北伐”

为北伐搞情报

因为受蒋介石的直接领导，戴笠的工作都是直接服务于蒋介石。他目睹了蒋介石控制、整顿嫡系第1军、剪除异己军阀、统一混乱局面的整个过程，对蒋介石无比佩服。同时蒋介石也对戴笠的情报组织能力印象深刻，还亲自书写了“艰苦卓绝”四个字，表彰戴笠的情报搜集工作。

戴笠的情报工作是和蒋介石南征北伐的路线一致的。首先1927年11月，蒋介石任命戴笠为徐州戒严司令部少校副官，派驻到徐州前线，严密监视嫡系第1军的动向，调查和掌握第1军的将领和士兵思想倾向，特别是第1军师、旅长以上高级将领对蒋的忠诚度，以便帮助蒋牢牢控制住第1军。经过戴笠的一番秘密调查，蒋介石发现何应钦的离心倾向，于1928年2月亲赴徐州，以军队废弛为由，撤销了何应钦的总指挥职务，之后他又将第1军整编为第1集团军，自己兼任总司令，让第1集团军彻底成为掌握在他手中的嫡系军队。

之后，北伐战争临近，戴笠又被派到郑州、汉口、太原等地，调查了解冯玉祥、李宗仁、阎锡山等地方军阀的北伐动向。当时，蒋介石嫡系的第1集团军沿津浦铁路、冯玉祥的第2集团军沿京汉铁路、阎锡山的第3集团军沿郑太铁路分途北上剪除军阀。在三路北伐军发出战争集结号角后，戴笠又立即北上，潜入敌境，刺探敌情。

戴笠进入敌境山东后，又自济南、保定、天津、北平一线，一路北上。为了探听张宗昌、孙传芳、张作霖等各个军阀的虚实，戴笠使出浑身解数，虽然如此，但他心里还是对这些军阀颇没个底。不过见到奉系军阀及北洋军阀的各级将领大多都是文盲、大老粗后，戴笠又暗自窃喜，他利用这些将领的弱点，如缺乏政治头脑，没有常识，轻信谣言，贪图小便宜，讲江湖义气等，成功拉拢、收买，跑遍了华北各省，收集到了大量有价值的情报，为二次北伐的胜利，做出了一定贡献。北伐后，戴更加受到蒋的器重。

情报网络向北延伸

1929年冬，曾帮助蒋氏夺权、后又被蒋赶下台的军阀唐生智，不满蒋介石的见利忘义，与石友三、李宗仁、白崇禧一道宣布组成反蒋拥汪的“护党救国军”。于是，蒋介石火速派遣戴笠潜入开封、郑州等地，调查了解唐生智的兵力部署和内部状况，准备进行策反收买。

李宗仁

戴笠在河南等地收集情报，进行策反活动。他利用自己的黄埔生身份，成功策反了唐生智司令部军警稽查处处长周伟龙。从这位黄埔二期生周伟龙的手里，戴笠获得了许多宝贵的敌军资料。而周后来也成为了戴笠手下众多资深大特务之一。

接着，1930年中原大战爆发。冯玉祥、阎锡山、李宗仁、白崇禧等各实力派军阀决定邀请国民党副总裁汪精卫北上，联合国民党内的改组派和西山派，组成新的联合阵线，共同对付蒋介石。蒋介石得到消息后，立刻派戴笠和他的情报助手王孔安一起赴北平秘密参加汪精卫于8月召开的中国国民党中央党部扩大会议。戴笠通过各种途径了解到与会各方的政治态度，随时向蒋介石通报，同时制定各种安抚收买的策略供蒋介石参考。

9月，奉系军阀张学良宣布拥蒋，东北军入关。之后，戴笠在蒋介石的命令下，在反蒋联军内部开展策反工作。经过戴笠等人的动之以情晓之以理，恩威并施，很快“倒戈将军”石友三奔逃投奔张学良名下，反蒋联合阵线开始发生动摇。自石友三投奔后，这个联盟军各派系将领也都相继倒戈，其他杂牌军更是迅速易帜，掉转枪头向反蒋联军开火。结果，反蒋联盟与蒋介石较量了几个月后，终于在蒋介石的内外夹击下彻底失败。

在中原大战结束后，这时已深受蒋介石信任的戴笠，被派往北平与张学良联系。戴笠即把自己的情报网络又发展到了东北军之中。戴笠靠着自己的踏实诚恳的外表以及三寸不烂之舌，迅速获得了张学良的好感。

据说，戴笠虽然是蒋介石的秘密代表，却并不张扬。他到北平之后，首先与张学良的警卫旅团长、拜把兄弟吴泰勋搭上关系，经过引荐后，才得以和张学良接触。戴笠表现出来的喜欢结交朋友、为人义气的个性，正与吴泰勋、张学良这两个东北人一拍即合，于是三人结拜兄弟。吴泰勋后来和戴笠关系很密切，他向戴笠推荐了很多人到特务处，而戴笠也从吴泰勋手中获得了东北军内部许多情报。而张学良也因为和戴笠的友情，为日后“西安事变”发生后的处境增添了一道安全保障。

第三节　戴氏情报班底

组建“十人团”核心班底

蒋介石的器重和情报网络的扩大，让戴笠在那些黄埔前几期老大哥面前渐渐有了底气。以前戴笠地位不高，只是个上尉联络参谋，人微言轻。而蒋介石周围到处都是少校副官，他几乎只是个跑腿小兵，而且还是个黄埔六期肄业生，处境艰难。现在，校长开始器重自己了，情报系统也渐渐壮大了，戴笠开始拉拢和自己同期的同学，组建自己的戴家班底。

目标人物之一——唐纵。此人虽然和戴笠同是黄埔军校第六期学员，但是没有资料显示，他们在学校时就已经认识。1929 年，唐纵毕业后回到南京，自己创办了《文化日报》，后改名为《建业日报》。这份报纸当时在一片叫骂蒋介石等军阀混战的革命报纸中独树一帜，一直在为蒋摇旗呐喊。戴笠得知后，立即打起了自己的小算盘：要是能拉拢这个文化人，不仅可以以他记者和文化人的身份获取情报，还能帮校长在文化界树立形象，真是一举两得。戴笠就利用校友身份，多方拉拢唐纵。唐纵虽然黄埔毕业几年了，但也极力想靠拢校长蒋介石，于是两人一拍即合。事实证明，戴笠的这个选择真是一把双刃剑，一方面让唐纵帮其剪除敌手，另一方面唐纵这把“剑”也刺向了他，不过这是后话了。

军统“智多星”唐纵

很快，以黄埔生为主的团队建立起来，有王天木、唐纵、张炎元、徐亮、胡天秋、周伟龙、黄雍、马策及郑锡麟，称为“十人团”，正式名称为“调查通讯小组”。这个小团体虽然是在密查组的领导下工作的，但因为得到蒋介石的认可，实际上是可以自己单独运行的。当时“十人团”的大本营在南京鸡鹅巷53号，后来这个地方成为戴笠特务处的办公地点。

卫星情报组织

1931年九一八事变后，全国人民的爱国热情高涨，掀起了抗日救亡运动的高潮。蒋介石奉行的“攘外必先安内”的主张遭到国内外有识之士的群起抨击，蒋介石声望一时骤跌。同时，在军事上蒋氏又内外受敌，一方面面对日军的步步紧逼，下令“不抵抗”，以致日军侵占大片河山；另一方面中共的根据地蓬勃发展，对中共的三次围剿战争均以失败告终。迫不得已，蒋介石开始思索新的解决手段，恰好这个时期法西斯理论风靡全球，蒋介石吸收这一理论，也走上了一条更加集权的独裁统治，他对内加强政府控制和镇压中共，对外加紧备战。

在这个背景下，1932年3月，蒋介石这位黄埔校长组织了一个以黄埔系精英军人为核心组成的带有情报性质的军事性质团

黄埔军校学生列队训练

体——复兴社。

复兴社的核心成员是贺衷寒、桂永清、肖赞育、滕杰、康泽、戴笠、郑介民、邱开基、潘佑强等13人组成，被人称之为复兴社“十三太保”。十三太保的具体成员说法不一，至少有两个版本。一说是贺衷寒、邓文仪、康泽、桂永清、刘健群、潘佑强、郑介民、葛武棨、梁干乔、肖赞育、滕杰、杜心如、胡宗南这13个人；一说是刘健群、贺衷寒、邓文仪、康泽、桂永清、酆悌、郑介民、曾扩情、梁干乔、肖赞育、滕杰、戴笠、胡宗南这13个人。

当时，复兴社要招募成员时，一度引发了报名热潮，仅当年在南京就有270多名军校学生报名参加。这些学员经过一段“特别训练班”的训练之后，被派到各个下级组织执行任务：有被派到由康泽任社长的《中国日报》去工作的；有被下放到到复兴社各级组织中去的；也有被派到南京附近各军事学校去担任政训工作的；另外也有被派到复兴社的财政贸易组织——“厚生消费合作社”去的；而剩余的人则全派到“豫鄂皖剿匪总司令部”去做政训工作。

这一时期，蒋介石直接领导的还有一个叫“力行社”的核心情报组织。关于力行社和复兴社的关系，有许多人不太清楚。其实力行社是复兴社的核心组织，成员基本上全部是黄埔精英，“天子门生”，他们大多毕业于黄埔军校一至六期，并且要么是出国留洋过，要么是年轻军官。实际上，复兴社的“十三太保”就是力行社的核心成员。这些人十分拥护蒋介石，蒋介石也对他们很信任。他们在广州黄埔军校大多已经是孙文主义学会的活跃分子了，后来又成为以蒋为会长的“黄埔校友会”的骨干，并且很多人都担任过蒋的侍从秘书、侍从参谋、侍从副官等职务，蒋介石对他们十分熟悉。

在组织结构上，力行社下设书记处，书记滕杰，助理书记侯志明、林培琛；总务处，处长李一民，助理何日纲；组织处，处长萧赞育，助理胡轨、李新俊；宣传处，处长康泽，助理梁干乔；特务处，处长桂永清，旋改为戴笠，助理郑介民；军事处，杜心如任处长。不久，又设立检查会，由肖赞育、周复等人历任该职。

复兴社和力行社到底是处于怎样的一种位置呢？其实，它们是被包含在一个三层机构的金字塔式的情报网络组织中的。在主要领导层，即最高层，是力行社，由上述少数黄埔精英组成；中层，即金字塔二层，是由革命青年同志会和革命军人同志会组成。革命青年同志会吸收机关科局长以上干部和一般知识分子参加。革命军人同志会则主要吸收军队中的高级军官；最外层，即金字塔的最底层，则是复兴社，这些成员主要来自于军队的下层、学生和政府机关。复兴社也叫蓝衣社，因为成员统一穿蓝色服装而得名。

康泽（中）与军统骨干合影

这三个组织对人员的要求是各不一样的。以力行社最为苛刻，它只吸收国民党内的精英，而且需要蒋介石亲自批准才有资格加入；革命青年同志

桂永清

周复与母亲、妻子、弟弟、长子、长女合影

复兴社成立时的成员合影

会和革命军人同志会的成员要求次之，是在科局级以上官员或者高级军官中挑选。这两个二级组织加上力行社的中心成员，最多不超过300人。而复兴社，则可以说是人员混杂，既吸收一般青年和知识分子，也吸收帮会分子等社会渣滓，全盛时期，复兴社总人数曾达到50万之众。

第四章 锦衣卫君网

第一节 戴氏情报组织的“发迹”

钦定的特务处处长

力行社下设特务处，蒋介石亲自下令让戴笠担任处长。戴笠从此跳出密查组，开始公开组建自己的情报班底。特务处可以算做是戴笠“发迹”的大本营，从这里，戴笠赚尽了政治资本。

特务处依靠力行社在各省、市和部门的分支，将特务安插在其中任干事，给予特权：力行社各分支社的干事会和书记，都无权过问特务干事的活动。而力行社中的每一成员却有全力协助特务处一切活动的义务。可见戴笠的特务系统，是依靠力行社的网络和组织日益发展起来的，1937 年戴笠特务系统的全部干部，至少有 1/3 以上是由力行社的组织关系而来的。

蒋介石对特务处的工作有三项要求：一是搜集国内外的军事、政治、经济、社会、文化等方面的情报；二是策反敌方人物，瓦解敌对组织，潜伏于敌方组织伺机进行破坏；三是绑架、暗杀、逮捕和警卫，监视和镇压革命活动，破坏革命组织，监禁和屠杀革命人士。

鸡鹅巷 53 号和洪公祠 1 号

南京鸡鹅巷 53 号是特务处的大本营，也是对外联络地点。在外人看来，鸡鹅巷只是一条普通的小巷子，53 号更没有什么特点——一幢旧式平房，前后两个院子，没有挂任何牌子，也不设任何岗哨。但根据军统特务邓葆光的说法，这里其实别有洞天："里面有 20 多个房间，戴笠常常在里面办公。门内有带枪的便衣人员看门，不时有小汽车、卡车出出进进。来往的人员，有衣冠楚楚的上流人物，有气势汹汹的彪形大汉，使人猜不透这究竟是机关，还是什么公馆。这所看来幽静的庭院，却是一个以杀人而闻名于南京的魔窟。"后来特务处发展了，又在附近的四条巷盖了几栋房子。

而洪公祠 1 号也是特务处大本营，不过不同的是它是张学良的房产，而且是一幢独立的有着大片花园的平房。戴笠与张学良交情很好，张学良看戴笠特务处十分寒碜简陋，于是将这座独立的占地约 60 亩的老式花园平房给他做办公地点。据邓葆光回忆，这里有两个大厅和大小 100 多个房间，另有东西两个大广场，北边大门是唯一可以进入的通道，东面为明瓦廊，南面为秣陵路，西面为丰富路，北为洪公祠小巷，四面有高高的围墙团团围住，成为一座与世隔绝的谍报机构。

 特务处大本营洪公祠遗址

洪公祠1号不是任何人都能出入的，外勤人员一般只能到鸡鹅巷53号接洽，由内勤人员打电话到洪公祠1号报告，之后再由那边派人过来谈。包裹信件之类的东西，都是统一寄到鸡鹅巷53号，再内部转交给洪公祠。

因此，洪公祠1号不但外人不知，就是连特务处大多数人也只知道53号，不知有1号。

进入鸡鹅巷53号和洪公祠1号都必须要持有严格的证件，而且这个证件只发给内勤人员。出入证每年更换一次，封面只有“出入证”和一行号码数字，打开来里面有照片、姓名、工作科室、职级等，却没有工作机关名称。而且出入证只能作为出入凭证，不准作其他用途。特务们出门时必须将证件交到登记室，等到回来时再取回。有时，特务们出去后因故不能及时返回，登记室又下班，无处领证件，于是连大门都进不了，但纪律规定特务们不准外宿，搞得特务们一阵头大。一些特务常常私下自嘲：“我们都是一些榜上无名的黑货。”戴笠听到后，非但不生气反而鼓励大家：这是一种“无名英雄”的作为。

特殊经费

在密查组时，戴笠的特务经费主要是蒋介石从特别费用中支付。因为数额大，要求的人太多，蒋介石并不能完全满足他的需求，所以因为经费原因，戴笠的许多扩张计划和抱负不能实现。

力行社成立后，戴笠打造自己特务王国的梦想开始有了着落。特务处的经费由戴笠自行拟定预算，再报备蒋介石，最后由力行社划拨，但力行社不得过问经费去处。经费总额每月约20万元，据说较之力行社总会的全部经费，至少约在10倍以上。

1932年冬，迫于前三次对红军“围剿”的失败，蒋介石认为有必要加强军队情报工作。这时德、意军事顾问和力行社核心人物刘健群也适时地建议蒋介石，要加强军队特工力量，使“纳粹”具体化。于是，蒋介石给予了力行社特务处更多的重视，将戴笠特务处的经费从每月20万元一下子提高到80万元，而另一个成立更早的情报机构——中央组织部所属调查科，仅加10万元，每月只30万元。

戴笠所持巨额经费用之很有“道”。除了将经费用于外勤组织扩建和特务行动外，戴笠在使用经费笼络下属上也有一套，他个人认为有钱才能聚拢士气，因此对下属也是有节制的慷慨：“我对于同志，不使其有余，也不使其不足，假如同志经费过多，容易使其堕落腐化；如果不足，顾虑他贪污不法。”这表现出了戴笠的“制人有道”，他虽然在工作上对特务要求严苛，但是在生活细节上还是很有一套笼络手法的。他把特务的工资定得相当高，额外津贴、奖金也十分优厚；日常细节尤为重视，比如他连伙食改善这一类的小事都亲力亲为，甚至经常抽时间下厨房检查膳食情况，或者亲自到食堂与下属一起就餐；对待下属私人生活，他也能无微不至地关心，如有一次部下邱开基母丧，因工作不能回家，戴笠特批增发其一年薪水两千元，以示慰问。这样做，就大大获得了下属的忠心，许多特务不但不肯离开他，反而更加卖力地为他工作，以求得到更多的奖励和津贴。

相比较死对头CC系特务头子徐恩曾，处处在经济上算计，以贪污自肥，甚至连他和老婆出差途中的在外饮食，也叫下属掏腰包，自己一毛不拔。戴笠这种手法确实很得人心，为戴氏情报班底赚取了足够的人脉资源。

排兵布阵

戴笠的特务处，是蒋介石钦定的，人事安排也全凭戴笠调配。这说明蒋介石这位领袖还是充分信任他的。不过，依照惯例，蒋介石还是亲自指派了人手“辅佐”戴笠工作。不过派去的人手被戴笠称为“两个半人”。为何呢？原来蒋介石派去了三个人，一个郑介民任特务处副处长，一个徐人骥任特务处主管会计，而第三个人则是上文提到的戴笠的“十人团”成员之一唐纵，这不正是“半个人”吗？

郑介民是与戴笠一起同期提拔的情报人员。1924年他考入黄埔二期，毕业后被蒋送到莫斯科中山大学学习，回国后蒋立即提拔他为侍从副官。可以说，郑介民是蒋介石亲自培养的“天之骄子”。蒋介石将他派到戴笠身边，用意颇深，一方面可以好好施展郑的能力，另一方面又可以监督戴笠以及特务处，一举两得。不过，戴笠和郑介民，不论是在特务处，还是在以后的“军统”，两人似乎都配合得不错，被人戏称为民国情报界的“黄金搭档”。

郑介民

核心人员由蒋介石钦定，下面的“苦力”人选自然由戴笠自行网罗了。力行社的主要成员是黄埔系学生，因而特务处以及戴笠手中可用的也仅限于黄埔校友。于是顺理成章地，戴笠的“十人团”成员立即被委以要职。除了黄雍去中央军校毕业生调查科（原黄埔同学会）任副科长，梁干乔调到复兴社训练处抓训练工作，其余的7人——唐纵、张炎元、周伟龙、郑锡麟、徐亮、马策、胡天秋都被戴笠安插在重要岗位上。

不过，戴笠清楚，要想扩大自己的戴氏情报网络，建立更深的情报关系，仅仅有黄埔这些精英还是远远不够的。戴笠通过特务之间相互介绍亲友、同乡、学生、熟人等，在社会上广泛搜集各色人加入。只要有一技之长，政治上可靠，不管他在社会上多么劣迹昭彰，戴笠总是照单全收。

第二节　仿效法西斯和地下党

参加特务处的仪式

初期进入特务处的程序还不复杂，要求也不严格。只要填一份履历单，由介绍人签署意见，报上级批准后，就可以办理加入手续了。但到后期，筛选逐渐严格起来。申请人必须先写一份详细的自传，然后再填写家庭调查，这个调查内容多到需要填报祖宗三代和三姑六姨的详细情况。等到申请表被批准后，由人事部门派人会同介绍人领着申请人，到一个挂着蒋介石照片的房间，这间房桌上还放一本《三民主义》、一枝手枪。然后申请人面对蒋介石照片肃立，举手宣誓，誓词是：

“余誓以至诚，奉行三民主义，服从领袖命令，遵守团体纪律，尽忠职守，严守秘密。如违誓言，甘愿受最严厉之处分，谨誓。”

宣誓后，申请人、监誓人照章要签名盖章，然后将其誓词归档保存。之后，主持宣誓的人事干部会同介绍人一起向新成员握手致贺，并从此之后称为“同志”。

到重庆后，随着军统人员越来越多，加入手续和程序就没有如此认真了。

对于各外勤组织需要吸收新人时，则向人事部门报备，然后由人事部门单独派人到各单位会同办理。各训练班学生毕业就职时，也要先经过人事部门个别谈话，才能举行集体宣誓。

参加特务处后，戴笠规定不得发给任何证明和文件，只是在人事部门和工作单位具名而已，并且他还规定加入后特务不得再脱离特务处，也不得请长假或辞职休息，戴笠把这称为“生的进来，死的出去”。

从克格勃到法西斯

戴笠的情报组织，最先是学习苏俄的情报系统组织。他虽然没有参加过任何系统的特工训练，但是读过很多由苏俄翻译过来的苏联“克格勃”、“契卡”组织的小册子，对特务工作有一定的认识和经验。他认为中共地下组织是最严密最完善，也是最有力量的情报网。在创建特务处之时，他就反复强调要“以组织对组织”，为此他专门仿效苏联政治保卫局和中国共产党地下组织的一套办法建立了自己的特工王国，以期与中共抗衡，并打击反蒋势力。

随着特务处的创建和发展，以及法西斯理论的风靡，戴笠逐渐感到德国和意大利法西斯特务组织的一套办法更适应他的需要。于是，他又把眼光转向学习德、意情报组织的经验和办法。

1932 年，特务处副手之一唐纵被派任驻德大使馆副武官。此行一个重大的任务便是学习德国法西斯特工组织的经验。唐纵果然不负戴望，在德期间细心研究德国特工活动的方法，并定期向戴笠报告详细情况，介绍一些诸如德国特工各方面的情况等。回国后，唐纵又向戴笠提出了一系列很有建设性的意见，例如建议戴笠一定要掌握像警察、交通、检查、邮电等这类公开部门，还有要渗透进工厂、机关、军队、团体等的无线电台和收音机以便监听和干扰广播，配合特工活动，他还建议戴笠多派特务到德、意学习，开阔眼界，吸取经验，以及从德意引进先进设备等等。戴吸纳了唐的这些意见并多次向蒋报告，提出了很多改进特工建设的意见和措施。

克格勃的徽章

不久之后蒋介石便派郑介民随复兴社的一批高干潘佑强、杜心如、滕杰等人，以军事考察团的名义前往欧洲考察，而郑的主要任务是研究德、意两国的法西斯组织和特工活动。与此同时，戴笠也选派一批浙江警校的精英如冯文尧、王渭周、蒋镇南、范学文等赴德、意学习受训。

依据唐纵、郑介民等人学习考察的成果，戴笠对特务处的活动作了不少改进和调整。

无处不在的网络

戴笠的特务处隐藏在角落深处，但却遥控着许多公开机关，他解释个中缘由：“我们之所以要掌握许多公开机关，就是要以公开机关来掩护秘密工作的前进……因为在公开工作掩护之下而从事特殊的工作，才不致引起别人的注意和防范，甚至于加以危害，才可以达到我们的目的。”因此，在这个理念的指导下，戴笠的特务处拼命争夺控制大量的公开机关，委派有资历的“黄埔系”学生担任领导，建立起严密的特务统治体系。

首都警察厅的调查科是最早被戴笠控制的公开机关。这里也由戴笠推荐自己人、黄埔四期生赵世瑞任职，翁光辉任股长。

而京沪杭甬铁路警察总署则是他控制的第一个交通警察机构。由特务处上海区长、老资格的黄埔一期生吴乃宪出任总署长。对这个交通机关的控制大大方便了特务们的活动：来往于这两个地方的特务不再需要购买车票，可以随意上下车，并且他们在京沪杭的许多特务活动还能得到交通警察的大力协助。

在大城市上海，戴笠特务处更是掌握了对其特务活动极有用处的两大公开机关：上海市警备司令部侦察大队和上海市警察局侦缉大队。这两个地方也成为对抗 CC 系的重镇，CC 系逮捕人必须通过这两个部门，因此控制他们便可以辖制 CC 系特务。另外，在特务处不方便公开行动时，这两个机构便可以冲上前去进行公开逮捕，大大促进了办事效率。之后，许多公开单位像私立上海肇和中学、三极无线电传习所、上海警士教练所、上海招商局警卫组等也处于特务处掌握中。

1934 年，戴笠还掌握了军队特工系统的控制权，这个从天掉下来的馅饼让戴笠喜悦难表。军队特工系统最初由黄埔一期生、复兴社高干、“十三太保”之一的邓文仪把持。1934 年夏，正当蒋介石如火如荼地在江西苏区围剿红军时，省府南昌的飞机场不明不白烧起了一场大火，这把大火把飞机和油库等重要设施毁之一旦。此事立即震动了朝野，蒋介石闻讯后更是暴跳如雷，下令邓文仪一周内破案。但此案与宋美龄有些关系，邓文仪有所迟疑，一直拖延着，久不断案。但党内各派和社会各界穷追不舍，蒋也被惹得火冒三丈，一怒之下，当即下手令撤销了邓文仪担任的南昌行营调查科长等 14 个兼职，任命戴笠兼任南昌行营调查科长，将邓手下的1722名特务全部并入戴笠的特务处。

为了避免得罪复兴社的高干们，戴笠低调却难掩欢喜地接过这一个大大的“馅饼”。他不亲自出马，派特务处特务、黄埔三期毕业的老大哥柯建安作代表去接收，又组织全处机关的特务们列队欢迎南昌行营调查科干部张严佛率领的100多名特务，并作了热情洋溢的讲话。为了安抚邓系人心，收买为已所用，戴笠在讲话中声称今后一视同仁，和衷共济。

戴笠特务处不仅掌握了许多公开机关，还在各地设立特务站点。

在南方设立的第一个特务站是上海区。当时上海是各党派和民主人士的活动中心，中共在此的地下活动尤其频繁，因而戴笠对这个地区的工作特别重视。早在“一·二八”淞沪抗战期间，戴笠就派黄埔三期生翁光辉、陈志强、王昌裕等人在上海从事情报搜集工作。淞沪抗战结束后，正式成立上海区，由翁光辉任第一任区长，下设书记、司书、事务、交通各一人以及三个情报组。以后，其他地区的特务组织建制也大概如上海区。

黄埔军校第一期优等毕业生合影

戴笠在北方成立较早的特务站是天津站。戴笠将平津地区的特工活动看得极其重要。一来因天津是日本帝国主义势力渗透较早的一个区，间谍活动很猖獗，二来它也是东北军的势力范围。为了掌握日军对华北的动向以及监视东北军活动，戴笠请张学良部下、他的结拜兄弟吴泰勋介绍了一批人加入特务处，在华北地区开展特务活动，并且任命“十人团”成员之一王天木为天津站第一任站长。王是东北讲武堂毕业生，初在黑龙江督办吴俊升部任职，经吴俊升之子吴泰勋介绍于1931年底认识戴笠，转投戴笠麾下，成为华北地区特工活动的开拓者。

天津站当时有两个“最”，第一是特务处外勤组织中最早设立行动组的，由陈恭澍任组长；第二个是特务处外勤机构中最早配备秘密电台的，由丁湘娥任台长。

第三节 鹰犬与杀手

高级特工训练班

有了组织之后，戴笠开始有计划地训练特工。

1932 年 6 月，戴笠从复兴社举办的军校“特别研究班”中挑选了 30 名毕业生进入特务警察训练班（也称洪公祠训练班）学习。这 30 人都是经过戴笠严格审查的并且吸收成为革命军人同志会会员。这个训练班还有一个特点便是学生大部分为黄埔生，如黄埔四期的廖宗泽、刘乙光，第五期的陈恭澍、喻耀离，第六期的唐光辉、杨英等。

这个训练班的意义不在于它培养了多少人，而在于它是戴笠举办的第一个特工训练班。由戴笠自兼主任，由郑介民兼教务主任，由黄埔二期生、曾留学过日本学习警政教育的李士珍为政治指导员。

训练班因为人手不足、财力有限、教官经验不足，只能讲解一般的特工常识，学习一些普通情报的搜集、整理、分析、反馈等课程。

除了特工课程外，戴笠还注重精神培养。他极其重视和学生的单独谈话，了解学生的思想倾向。训练班的学生几乎都和戴笠一对一地进行过个别谈话。这些被戴笠寄予很大期望的学生，后来成为他的忠实干将。这班学生毕业后，集体办理了加入特务处的手续，成为职业特务，其中不乏有后来成为军统著名的将级大特务，如何龙庆、陈恭澍、陈善周、廖宗泽、田功云、徐远举等人，这一期训练班因借南京三道高井军校毕业生调查处为班址，又叫做三道高井特训班。

这个训练班之后，戴笠逐渐摸索出一条通过举办训练班的形式来培养自己亲信的路子。终其一生，戴笠大约举办过 80 多个特训班，培训的各类特工人员有数万之多。其溯源都出于南京三道高井训练班。

渗透浙江警校

1932 年 6 月，戴笠又被任命为杭州浙江警官学校政治特派员。浙江警校是 1928 年 CC 系头目朱家骅任浙江省政府民政厅长时创办的一所专门培养军警人才的学校。作为黄埔系人马的戴笠担任政治特派员后，插入到 CC 系控制的地盘中，随即以培训警官为名，将该校作为培养特务处人才的基地，大力培植党羽，培养各种人才。戴笠到任后，就曾开设了甲、乙、丙三种特训班及电讯班。

甲训班，班址设在雄镇楼，完全与警校分开。学员主要是警校优秀正科生毕业生及各地特务骨干分子，培训时间为 6 个月一期，每期三四十人。这个班主要是为戴笠特务处培养高级特务人才。

国民党女兵练习射击照

乙训班则设在警校内。其学员由戴笠派心腹黄埔学生刘乙光前往江山、嵊县两地招收初中毕业生。戴笠"指定只要这两个县份的人"，为何要招江山人呢？因为江山为戴的故乡，这样可培植自己的亲信，而嵊县则以专出强悍的土匪著称。这个班主要是培训行动打手和警卫，因此训练课程有如骑马、射击、驾驶、武术（拳击、摔跤、擒拿）等。

丙训班也设在警校内，只招收十五六岁的女青年，训练课目除武术外，还授以女佣方面的技能，如缝纫、烹调、洗涤等，专职培养女性特务。

改进无线电通讯

无线电通讯是从事特务活动的重要工具和手段，也是戴笠特工三原则之一（情报、行动和电讯）。戴笠建立特务处时，根本就没有无线电通讯设备，报发各地的重要情报需要依靠国民党中央党部调查科和军政部门的电台代发，不仅时间上拖延了，容易失去情报的时间价值，而且在情报来源上受制于人。

戴笠为建立自己独立的通讯网络，首先从胡宗南的第1师挖来无线电专家魏大铭到特务处主持工作，同时在浙江警校内开设电讯班，培养专业人士。

电讯班于1933年3月18日开班，至抗战前止，共办11期，为戴笠培养了一大批从事特工的无线电通讯人员。起先，电讯班第一期只有学员12人，而且大部分为杭州警校毕业生，生源单一。为了扩大生源，戴笠又在上海设立三级无线电传习所，吸引有志于无线电的青年学生受训，之后从中挑选优秀学生加入杭州浙江警校电讯班。

女特务姜毅英

姜毅英是军统电讯第一人魏大铭的得意门生，是民国时期国军的一位女将军。

电讯班不仅集中了当时最优秀的青年学生加入，而且就连电训班的教官也是当时最有才能的一批人。当时，电讯班教官康宝煜在教学时，发现使用的5瓦特手摇发电机和15瓦特充电发电机非常的不方便，因为这两种发电机都很大，携带笨拙，不适合在秘密工作中使用。于是他便自告奋勇，自行研制出一种小型收发报机。这种采取将收发报机真空管的电压提高一倍的办法研制出的机器，大大方便了携带，除去电池、听筒、电键外，只有两只饼干桶那么大。这一发明革新，让戴笠大大振奋，加紧了创立自己掌控的电讯台的步伐。

1933年夏天，戴笠与电讯处魏大铭携带这种袖珍特工机一起上庐山，向蒋介石展示。正好这时，在庐山蒋介石与外地的电报中，都是使用的15瓦特电机。这种电机因庐山云雾缭绕，需要很多电力支撑，发射十分困难。戴笠和魏大铭见此，立即献上袖珍特工机，很快，通讯联系就畅通很多。过了几天，蒋介石便在芦林34号官邸召见了戴笠和魏大铭。戴指着袖珍特工机向蒋报告说："现在通报的电台，就是用这个电机。"蒋介石很是欣赏。过后，戴笠赶紧让魏大铭编造预算，呈请开办无线电制造所，这个计划很快被蒋介石批准。于是，戴笠便派人在雄镇楼开始生产这种高效特工电机，同时还大量收购收音机，改装为发报机。终于在1933年冬，戴笠特务处的电讯总台在南京城南白鹭洲西石坝街29号建成，拥有自己研制的收发报机共8台。

1933年间，在"剿匪"时，戴笠以发明和生产这种小型特工机为契机，逐渐发展起来破译红军的密码电讯工作，在各地建立了多所电台，设立了以上海为中心的电讯台并在南京设立侦讯总台，之后又北平、广州、宜昌设立了分台。这些电台每年可以截获2.5万至3万份各类情报，译作2700多件密电，而且屡立战功——截获了大批中共红军福建根据地等处拍发的电报情报。

"特务中的特务"

戴笠设立了一套用以处置违纪特务的秘密监狱。他对特务中发生的各种案子，从来不经过司法程序交由法院或政府监察部门处理，而是自行处理，典型的“家法”式做法。

当时在南京，戴笠跳过正常的司法设置和程序，自己建立监禁特务分子的秘密监狱。这样的监狱共有三处，称为“甲地”、“乙地”和“丙地”，依据特务的等级和犯错的严重程度，将其投入不同监狱。“甲地”监狱设在南京江东门陆军监狱内，在监狱中自建院落与其隔开，算是一个环境比较好的监狱，也比较优待囚犯，有点像是家中的“禁足”：除了不能出监狱，可以自由地做任何事情；“乙地”监狱则设在羊皮巷一所旧式平房里。这里关押的人限制就较多了，明显有点监狱的味道：狱警以代号称呼关押犯人，建立了比较严格的警卫管理制度；“丙地”设在老虎桥模范监狱内，几乎是一座秘密监狱，专门羁押重刑犯，派重兵看守。戴笠惩罚人从不经过审判，也无刑期，更是不分亲疏，决断全凭一念之间。如1934年春，戴笠的把兄弟、天津站长王天木被牵进了一桩敲诈勒索杀人的“箱尸案”，案件最后闹到蒋介石那里，戴笠为了平息众怒，立即将其关到“丙地”监狱，判其无期徒刑。

不仅如此，戴笠历来对特务处内部也控制极严，建立了极为严格的督察制度。不仅要求每周报告一次工作，而且还要求报告要对特务的工作活动进行摘要报告和事实举例，同时规定了特务执行纪律的要求，有时甚至连卫生设备都得报告。

戴笠像

1932年夏上海站负责人翁光辉搞到一份有关中共的重要情报，企图不经过戴笠的手，直接呈交蒋介石。戴笠对这种“越级抢功”之事深为忌讳，得知这一消息后，立即从南京坐飞机先期赶到九江，拦在港口，把翁光辉扣押起来，搜去情报，撤去翁的区长职务。翁光辉本人也险遭戴笠的毒手。

从此，戴十分注意加强对特务的监视和控制。戴笠一共设置了三层督察特务，分工明确，各部相互地进行内部监视：

第一层是秘密督察。由督察室在特务处各部门挑选工作积极、政治可靠的特务担任秘密督察。这些秘密督察的身份只有督察室和戴笠清楚，每人每月可以从特务处获取津贴，并且这笔秘密津贴的发放全部由戴笠和督查室全权包办，外人不得插手。因此，为了能拿到戴笠发给的额外津贴，这群秘密督察工作得格外卖力。有的秘密督察为了拿钱不惜捕风捉影，挟嫌报复，特别是一遇到看不顺眼的人，他们就借机发挥，胡乱上报，搞得特务处内部怨声载道。普通特务们对这些隐性的秘密督察既恨又怕，称之为“特务中的特务”，但由于搞不清谁是秘密督察，往往互相提防戒备，人人自危，谁也不敢轻举妄动。

第二层是周督察。由各部门负责人从下属中挑选出来。这群周督察每周轮流监察，在日常工作与生活中监视每一个人的思想行动，然后秘密汇报督察室。虽然这些督察由各部门负责人挑选，但不隶属于负责人，因此周督察在汇报时可以直接绕过负责人，直接以绝密件的形式送往督察室。

第三层是以江山人为主的监视工作。戴笠原籍浙江江山，为此专门派人召集江山人来特务处工作，给高薪但不给重位，这群江山派因此占据了军统的机要位置，戴笠利用自己老乡监视其他特务。

根据这些监察报告，督察室每周编成一份“督察周报”。戴笠每次在星期一的总理纪念周上，就用这份报告评论各单位工作的优缺点。

戴笠对各地特务站的监视主要是采用了连环监视法，一环扣一环，环环设防。用书记或文书监视上级区长、站长等，用译电员监视书记或文书，再用报务员监视译电员，最后由报务员用“台密”（电台专用密码本）向特务处总台报告监视结果。这样层层递进，不论上级还是下级都心存芥蒂，不敢胡来。

最釜底抽薪的一招是戴笠经常将自己信任的女特务派给一些

大特务做妻子，利用女特务监视这些大特务。他不仅对一些叛徒采用这种方式，连对自己亲信毛人凤等人也不例外。例如对上海区法租界情报组情报员周迅予的监视。周原是四川军阀派驻上海的联络人，后叛变进入特务处，戴笠主要利用他与四川各方面的关系，搜集川军的情报。但戴笠还是对这个人心有芥蒂，为了监视他，戴笠又发展他的老婆罗华入特务处，果然经过他老婆的情报，戴笠发现周迅予的情报有许多欺诈之处。于是，下令将周扣押，送入特务处南京北门桥监狱。对自己的亲信，也采取如此办法，如将自己的情妇向影心嫁给了毛人凤，从此毛的一举一动尽在戴的掌握中。

自此，特务处在戴笠的控制之下，特务们无不如履薄冰，小心谨慎，没人敢与戴笠为敌。

第五章 黄埔系对决陈家党

第一节 “总管”与“螟蛉子”

“总管”政学系

国民党内派系林立，如汪精卫系、宋子文系、孔祥熙系、何应钦系、朱家骅系、孙科系等等，如果照着这样以个人派系来分，这个派系单子还可以一直开下去。然而，如果按阵营来分的话，实力最大、最具影响力的派系有三个，即CC系、政学系和黄埔系。国民党内部真正的“嫡庶”之争是CC系和黄埔系。

首先来讲一讲政学系。能组成政学系的大佬们，不论是在国民党内部还是在民国社会上，都有着举足轻重的影响力，他们个个不是封疆大吏，便是学界领袖，身份显赫，其中仅省政府首脑就有10人，如湖北省政府主席杨永泰、江西省政府主席熊式辉、上海特别市市长以及同济大学校长张群等。不过，政学系类似于宰辅，只提供参谋意见，不参与国民党内部派系斗争，他们中间许多人不是国民党人，比如蒋介石“盟兄弟”、曾任外交部长的黄郛就坚决拒绝加入国民党。他们这群人虽然是政府高官，但不一定是职业政客，多数都是由专家——经济学家、实业家、银行家、出版家、知识分子——转化而来的，因此他们不服膺任何思想意识的主义，而是只信奉专门技术知识和官僚政治的专业主义。

政学系的优势就是辈分较高，上层基础厚实，久经宦海沉浮，从政经验丰富。蒋介石要想办成什么事情，都得和他们商量商量，重视他们的意见。但是这个派系的弱点在于，基层没有追随者，没有明确的领导层，而是由一群朋友或朋友的朋友组成的、具有相似政治见解的、松散的团体。这个团体主要在蒋介石顾问集团及主要行政官员中影响巨大。

与CC系和黄埔系相比，政学系大概只能作为蒋介石执政的参谋群而存在。从黄埔系这方面来看，他们认为政学系不过就是受雇于蒋介石的一群高级打工仔，充其量只是“师爷”、“管家”。他们甚至在背后称杨永泰是“杨师爷”，张群为“张总管”。

“螟蛉子”陈家党

CC系名称的来源，是1927年9月在上海成立的“中央俱乐部”（Central Club）的英文首字母的简称，也有人认为是创始者陈果夫、陈立夫二人名字的缩写。

陈果夫

民国时期流行着这么一句话：“蒋家天下陈家党”，这个陈家党便是位列于民国四大家族“蒋、宋、孔、陈”之一的陈果夫、陈立夫家族。可见陈氏家族的实力和影响力。

陈家兄弟和蒋介石的关系非常深厚。一则二人和蒋都是浙江老乡，在地缘上自然比一般人亲近。

二则二陈是蒋介石的从政导师陈其美的侄子。陈其美是中华革命党江浙派领袖。1906年，陈其美在日本学习警法，与初来日本的蒋介石相识。隔年，陈其美介绍他加入了同盟会；辛亥革命期间，蒋当过陈手下的一个团长，后任上海的军事头目，在进攻杭州的浙江总督衙门时领导过陈组织的一支“敢死队”。陈其美在1916年被袁世凯暗杀以前，一直是蒋介石的良师，蒋对他亦事之如父。

第三，蒋介石的金融活动很多都和陈家有着千丝万缕的联系。1920年蒋在政治流亡期间，积极介入了陈果夫在“上海证券物品交易所”的金融活动，而这所交易所是蒋介石至交戴季陶和张静江根据孙中山为中华革命党筹资的命令而协助建立起来的。

依靠这些深厚的关系，陈果夫在黄埔军校担任过教员，也替蒋介石在浙江、江苏、安徽一带招募过黄埔新生。

相比较哥哥的从政经历，陈立夫似乎只是半路出家。依照他的学习经历，做个工程师恰恰物尽其用。20年代初，他毕业于天津北洋大学冶金系，之后前往宾夕法尼亚学习两年，又在匹兹堡大学获得了煤矿工程学位，令人惊讶的是，他居然还在斯克兰顿的地下煤矿工作过。不过，1926年，陈立夫谢绝了在山东煤矿工作的机会，当上了蒋介石的英语机要秘书，在北伐战争中当蒋介石的密码负责人。兄弟二人开始合力为蒋介石打拼天下，渐渐发展成蒋介石的左膀右臂。

1928年，蒋介石初步掌权后，兼任国民党组织部部长，副部长则是由陈果夫担任。国民党中央组织部下设的调查科，成为国民党第一个正式的特工组织，而科长依旧是陈果夫担任。

国民党组织部的职责是建立和审查所有省市级党组织，并派遣人员到政府、军队、工会和青年组织里的党支部担任人事干部。陈氏兄弟依靠着把持组织部，逐渐在国民党内强大起来。他们直接指导、实施了1928到1929年的清洗运动。到了1932年，陈立夫接替他哥哥的位置当上了国民党中央组织部长，并在4年里把他的活动扩展到情报、调查、安全领域，以及文化教育等社会领域，散布在国民党中央党务部门，尤其是组织部、中统局、地方各级党部和教育系统（尤其是大学）。

陈氏兄弟在国民党中央形成了绝对强大的势力，他们所领导的CC系实力也大增。尽管陈氏兄弟晚年一直否认有CC系的存在，但是不能否认陈氏兄弟在执掌国民党中央组织大权后，在全国中央乃至地方逐渐凝聚了一股以党务干部为基础的政治势力，这股势力最终发展成为一个庞大的政治派系。

“党棍”青白团

“青白团”是“青天白日团”的简称，1933年初成立。它和力行社一样，不是一个孤立的团体，而是一个多层级的金字塔形

辛亥革命时的蒋介石

组织：顶层是“青白团”，中层是“中国国民党忠实党员同盟会”，下层是众多的“活动集社”和“外围团体”。和力行社还有一点一样的是创立初衷——完全是奉蒋介石之命成立的。

陈立夫一直声称“青白团”成立的目的，是为了与共产党争夺青年，但事实上，除此之外，它的成立还与国民党内部严重的斗争有关——为了应对国民党党内的严重危机和各反蒋派系的挑战，树立蒋介石在党内的最高领袖权威而成立的。因为早在北伐前后，蒋介石即对国民党党务组织“涣散松懈之弊”做过一番痛彻的检讨。也许戴笠欣赏共产党的地下组织的理由之一也是来源于蒋介石。蒋介石一直坦承，欣赏共产党组织的严密性，“共产党之阴谋固可诛，共产党之组织则有可采者”，他认为国民党的组织机能大而无当、松懈散漫，远不如共产党，因此想成立一个严密的组织对抗共产党组织。还有一点原因，大概是蒋介石一直所奉行的“均衡、牵制”理念，希望“青白图”能和力行社分庭抗衡，便于自己一手控制。

陈氏兄弟在接手国民党中央组织部的大任后，蒋介石一直委以重任，希望其能对党内组织系统有所改革。因此才命令陈氏兄弟创立“青白团”。

“青白团”以后发展成为CC系的核心组织，最高领导层由陈果夫、陈立夫、余井塘、张厉生、叶秀峰、徐恩曾、张道藩、周佛海、程天放等人组成，由陈果夫和陈立夫分别任正、副干事长。

最初“青白团”的成员不太多，主要是各地各部门的CC系骨干组成，具体人数有很多说法，有的说有50余人，亦说有200多人。

“中国国民党忠实党员同盟会”是CC系的次级组织。“青白团”团员兼任“忠实党员同盟会”的中央干事和省级干事长，因此一些“忠实党员同盟会”的骨干会员同时也是“青白团”团员，有时候甚至入“团”入“会”手续是同时履行。但“忠实党员同盟会”的组织规模远远超过“青白团”，是CC系地方活动的组织主体。CC系在全国各地的组织活动都是通过“忠实党员同盟会”的组织网络来进行，这使得CC系成为一个自上而下，从中央到地方的运行严密的组织系统。

由于陈氏兄弟掌控着国民党中央组织大权，大多数省市党部控制在CC系分子之手，他们的活动原则是对内秘密活动，对外则以国民党各省市党部的招牌进行。省市党部但凡遇有大事，一般都是先提交给“忠实党员同盟会”在该省市的干事会审议，然后再由党部公开执行，因此“忠实党员同盟会”的省市干事会实际上成了这些省市国民党党部的领导核心。

第二节 “嫡长子”黄埔系

黄埔系的形成

“黄埔系”因黄埔军校师生而得名。它主要由军官组成，并没有像CC系那样有具体的凝聚者。如果严格地说，谁是黄埔系的骨干，那么论资排辈，应该算是1924年黄埔军校成立到1926年毕业的前六期学员，并且第一、二期黄埔生可以算作是真正的开国功臣，后几期的小辈们在他们面前只有低眉顺眼的份儿。

但黄埔前六期师生并不等于“黄埔系”。能称得上“黄埔系”，至少有三个基本资格或者说是条件：一是前六期生，入学越早，资格越老，权力也愈大；二是掌握相当的军政权力；三是彻底忠于校长蒋介石。就最后“效忠校长”这一条，就会卡掉很多黄埔师生中官拜将星的将军们。

黄埔系没有 CC 系有凝聚力，还表现在他们并没有一个组织，其中一些成员——如何应钦、陈诚及青年军官——还相互严重对立。黄埔系起作用的核心，一方面体现在地方军队上，另一方面是组成了一个有严格纪律的秘密团体——力行社，以及外围组织复兴社及后来的情报组织“军统”。

在军队上，蒋介石利用担任黄埔军校校长之便，掌握了嫡系军队——第 1 集团军。在 1929 年至 1931 年的新军阀混战中，蒋介石依靠黄埔系这支日益强大的军事力量，先后打败了唐生智、张发奎、李宗仁、石友三、阎锡山和冯玉祥等部。后蒋介石通过改编、改组，大批安插、起用“黄埔系”军人到这支部队的要害岗位上，从而牢牢掌握住这支嫡系部队。

黄埔系的崛起

虽然有领袖蒋介石的提拔，但是黄埔系将领的成长发展也要经历一段痛苦的磨练期。30 年代初，国民党部队的指挥大权大多都由“保定系”出身的军人和黄埔教官把握，这时期黄埔系学生中除胡宗南等少数人爬到了师长的位置以外，大多数黄埔学生都只是中层军官，经验不足，尚需磨练。而到了抗日战争时期，黄埔学生终于有了施展拳脚的机会。这时期许多黄埔出身的将领纷纷率军上阵杀敌，浴血奋战，取得了多次胜利。他们也经过战争洗礼，逐渐成熟，纷纷官拜师长、军长、集团军司令乃至战区司令长官，成为了地方军队的掌权派。抗日战争胜利后，在国民党军政界中黄埔系学生可谓将星闪烁，猛将如云，他们的兴盛与掌权标志着军界新旧交接的结束。在之后的全面内战时期，黄埔系势力更是达到了顶峰。两年内，国民党军队的第一线指挥官，如地区“剿总”、绥靖区、警备区、兵团、军、师管

黄埔军校第三期骑兵队官长学生全体合影

区的司令官以及军长、师长，大部分都来自黄埔系，甚至中央军事部门的指挥大权也部分掌握在他们手中，黄埔系真正成为国民党军队的中坚和骨干力量。

在组织上，黄埔系控制的力行社以及外围的复兴社（蓝衣社）保证了蒋介石基层组织的畅通无阻。他们控制军队内的政治训练，涉足于社会活动，如学校、童子军和警察。其中以戴笠控制的力行社特务处最为引人注意，权利最大，涉足领域也最广。

第三节　双轨运行体系

青白团制衡蓝衣社

20世纪20年代，世界性的经济危机爆发，意大利墨索里尼及德国希特勒的法西斯力量日益增长，他们的法西斯理论也吸引了深处泥沼的各个国家和群体，他们希望通过法西斯集权理论来重塑国家。

当然，法西斯理论也流入中国，并且渐渐引起国内一些人的注意，比如说，民国领袖蒋介石。他在日本军校受训过，为那里严格的军事纪律和训练所折服。而法西斯所描绘的理想社会，恰恰符合他的心声，他在《新生活运动要义》中描述道："按照法西斯主义，组织、精神和活动都须军事化……在家庭、工厂和政府机关，每个人的活动必须和在军队中一样……换句话说，必须有服从、牺牲、严格、清洁、准确、勤奋、保密……大家在一起必须坚定地、勇敢地为团体和国家做出牺牲。"

蒋介石热切希望在中国创造的正是这个具有严格纪律和无条件服从领袖意志的军事化的社会。因此他积极了解纳粹的组织及活动方法。他认为，"法西斯主义……是衰退中社会的一服兴奋剂"，法西斯能救中国，"法西斯主义就是现在中国最需要的东西"，这成为蒋介石创建"青白团"和力行社的理论来源。

而在现实中，20年代末至30年代初，上台不久的蒋介石一

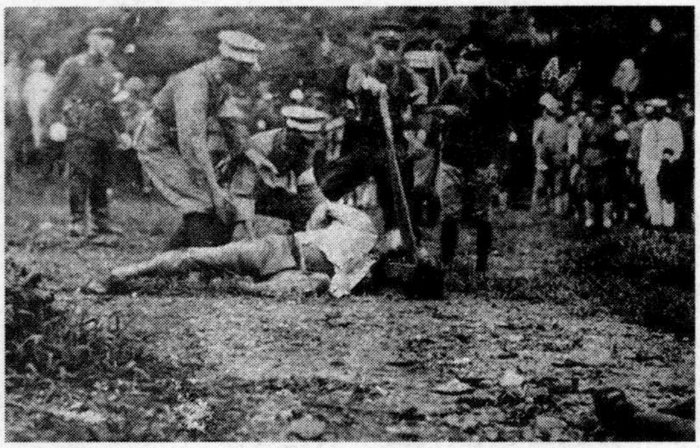
日军残杀东北抗日义勇军士兵

直处入于内外交困的危局之中。以汪精卫、陈公博为首的改组派与地方实力派军人的联合挑战刚刚平息，因胡汉民而起的“汤山事件”又引发了一场新的反蒋政潮，并导致宁粤之间的分裂与对峙。内争正酣，外患又至，1931 年九一八事变后，民族情绪骤起，各地学生运动激情要求抗日救国，令蒋介石处境尴尬，他将面临执掌全国政权以来最大规模也是最为激烈的学生运动。

1931 年 12 月中旬，蒋介石在内外交迫的情况下下野。下野后，蒋反思其失败的原因，“是由于余不能自主”，而“本人无干部、无组织、无侦探”和“无人扶翼”，又是导致“不能自主”的要因。他迫切希望有一支更忠于他、能辅翼他建立个人领袖权威的新的政治力量。恰当此时，以滕杰为首的一批黄埔门生正在酝酿成立一个拥护蒋介石的秘密政治团体，这即刻得到了蒋介石的全力支持。为了制约平衡，蒋介石又命令陈氏兄弟创建了青白团。

制约平衡，一向是蒋介石稳固统治的老谋略：以使其相竞相成，相克相生，从相互制衡中达到驾驭的目的。陈立夫晚年回忆录中即指责：“蒋公不嗜杀人，而好使部下力量对立。”

崛起与毁灭

力行社和青白团的先后成立，恰恰又更进一步激化了原本就争斗激烈的黄埔系和 CC 系的争斗。1932 年力行社成立初期，蒋对力行社这一新的政治组织还颇为倚重。据力行社成员回忆，在 1932 年上半年，无论国家大小事情，蒋介石多与力行社要员商酌，备为咨询。但从 1932 年下半年开始，青白团成立后，蒋介石对力行社的态度逐渐发生了改变，已日趋冷淡。力行社在蒋介石心目中的位置，已由一个参与决策的智囊团逐渐变为一个纯粹的执行组织。

自青白团成立后，CC系和黄埔系两大派系的正式组织系统形成，相互间的冲突和对峙明显升级，其相互倾轧成为国民党派系斗争中最持久、最激烈的一对组织。1938年抗战开始后，两个组织同时被取消，而CC系和黄埔系的派系对峙又以党团对立的形式延续下去。而两派也凭借各自的严密层级网络组织向地方社会推进，在这一过程中，两虎相争这种恶性倾轧为地方政局留下了极其恶劣的影响，直至国民党在内地最后溃败。蒋介石是知道这些党内冲突的，但是只要它们不爆发为暴力行为，他都不加干预。

第六章
“两虎相争”

第一节 反共争夺

调查科对决特务处

CC 系和黄埔系的倾轧反映在情报组织系统上，便是 CC 系主持的调查科和黄埔系戴笠主持的特务处之间的斗争。

虽然 CC 系的调查科先成立，戴笠的特务处晚组建，但从发展速度和情报拓展上来讲，戴笠的特务处后来居上，调查科显得有些尾大不掉。他们的较量体现在这几个方面：

首先是在情报范围和行动效果上，特别是在行动效果上，调查科比不上特务处。1932 年夏天，CC 系专门召开了一次情报高级首脑会议，讨论与戴笠特务处在行动上的竞争问题。在会上，连陈立夫、叶秀峰、徐恩曾这些 CC 系大头目都不得不承认，戴笠特务处在行动工作方面已经赶超调查科，特务处的行动范围已经遍及全国，而调查科不仅破案率只有特务处的十分之一，而且只在南京、上海、九江、汉口有行动组，这次会上，叶秀峰等人猛烈攻击调查科一干生活腐化、工作不思进取的特务，例如驻沪特派员黄凯，此人成天抽鸦片、嫖妓女、私生

东北抗日联军战士奋起反抗

活败坏，特务工作也没做出什么成绩。叶秀峰表示调查科存在的此类败类，应对调查科的衰弱负责，他警告黄凯说："你再不努力，以后全部工作就由姓戴的去做了。"会后，黄凯立即被撤职。之后，CC系计划成立东南、西南、华北、华中、特区等几个肃反委员会分局，以与戴笠抗衡。

其次是在反共上。在这方面一直是戴笠的弱项，CC系在反共方面开始得早、机构完善，手段独特，斗争经验丰富，这是戴笠所不能及的。CC系调查科的任务本来包括了党派调查、党政调查、日伪调查、经济调查、文教调查等调查。但是，蒋介石破例要求只要党派工作做好了，尤其是防共方面做好了，即使其他各项工作做得一般，他也是会嘉奖的。这时期CC系破获了一系列大案要案，如顾顺章案等，捣毁了中共的一些重要组织，先后逮捕了一些重要的中共领导人，这使得蒋介石大为赏识。CC系的声势一下旺起来。

而戴笠的特务处的任务比较杂乱，主要是监视蒋系军队及将领，获取军事情报，控制和瓦解其他派系军队，绑架、暗杀政治敌人等多方面的任务，让戴笠始终不能专心将精力放在反共上，但戴笠在这方面始终憋着一股劲。

CC系的反共"高招"

确实，CC系在反共上有自己的一套理论、思路和手段。这些相比较戴笠的动辄绑架、谋杀的把戏要高明得多。CC系大老板陈立夫就历来瞧不起戴笠的那一套下三滥的做派和手段。在一次CC系特工训练班上，陈立夫对特工们嘲讽戴笠说："戴雨农喜欢蛮干，情报工作人员摆出吃相难看的样子，用便衣武装代替一切，还要情报工作技术有啥用场?"陈立夫不仅在会议上，在私下闲谈中也经常讥讽奚落戴笠，但他也懂得分寸，注意场合，从不说过分露骨的话。那么CC系的反共手法到底高明在哪儿呢?

首先，在反共斗争的第一线，最好最有水平的一大批高级特务被CC系集聚组织起来了。CC头目徐恩曾特别重视对这些高级特务的培养，他把从美国学习的一些现代管理技能灌输给他们，要他们从心理上完全控制、驾驭住对手。

其次，相较于特务处的只知道蛮干，不懂理论，CC 系开展小组学习，执行徐恩曾所谓的“以组织对组织，以宣传对宣传，以其人之道还治其人之身”的方法，让特务们读关于马列主义书刊、讨论共产党的思想和组织纪律、聘请共产党叛徒担任学习班教员、向特务们讲解共产主义和共产党活动方式，以便使特务们在诱降共产党时能站在理论高度上，知己知彼，打心理战。这与戴笠手下的特务没有文化、谈“马”色变、谈“红”色变、只知道蛮干来说，确乎要高明许多。

再次，在对抓捕敌人进行“劝降”上，CC 系特务也特别注重技巧。对被捕的中共产党员进行“劝降”审讯时，他们一般采取心平气和的“说理”方法，这也是徐恩曾所谓的“扩大自首潮流，瓦解中共组织”的一种方式。特务们巧妙地用政治宣传来代替单纯的说教侮辱，用所了解到的“红色”理论，站在提倡儒家礼教的立场上巧妙地化为“党国”观点“辩驳”马列主义，来动摇共产党人的信念，瓦解对方的心理防线。而戴笠特务处对抓捕的人犯严刑拷打、用刑逼供，两者比较起来，高下优劣立见。

第四，就策反技巧来说，CC 系特务也比戴笠的特务们更聪明。他们摸索出了一套所谓“软着陆”的诱降方式。他们一旦发现共产党嫌疑犯后，并不急于逮捕，而是派出说服水平较高的特务把他们引到偏僻的茶楼酒肆等地点，进行引诱、威胁。通过一番动之以情晓之以理的说服后，帮其办理秘密自首手续，培养成内线“细胞”，以后从各方面创造条件帮助他们打入高一级的中共组织，如果遇到不利于“细胞”增殖的障碍出现，立即帮助铲除。

正因为 CC 系特务进行了这一系列“高明”的手段，CC 系特务组织在反共方面无疑是国民党内部最权威的机关，戴笠一直无法突破，以致在整个 30 年代的前期和中期，CC 系特务组织的地位始终在特务处之上。

第二节 逮住机会就出手

四维学会

在反共情报工作方面，戴笠一直处于明显的劣势，所以，长期以来，他憋着一股劲儿，一找到出口，就要借机发泄。

他借助黄埔系的力量，处处与CC系扛上。只要有CC系的势力出现，无论什么时间什么地点，复兴社和特务处的力量就要立刻打上门去，进行争斗。比如说，复东会。1934年3月，蒋介石接到CC系的一份密报，说北平有敌对势力——复东会出现。蒋立刻派戴笠前往调查此事。

日军进攻中国军队

复东会是“东北民众抗日救国会”的前身，这是在九一八事变后，流亡关内的许多东北籍进步人士成立的抗日复土的社会进步团体。他们主要进行抗日救国的宣传组织工作，并得到张学良在精神上和物质上的支持。而当时在CC系和日军的双重压力下，救国会不得不解散。

戴笠调查清楚具体情况后，考虑到复东会与张学良关系紧密，正好可以通过复东会把张学良的力量拉到复兴社一边，借此削弱CC系的力量。于是，戴笠向张学良提出合作的提议。这个提议准备要建立一个新的团体，以融合复东会与复兴社、东北军与黄埔系的核心干部力量以拥护蒋介石的领导。这个新团体取名为“四维学会”。组织建立后，戴笠等人又提议由蒋介石担任最高领袖，张学良出面具体领导。当时正是蒋介石、张学良关系全面融洽期，因此，蒋很快肯定了东北军、复东会与黄埔系、复兴社合作的计划，并且让他们具体负责。这样CC系企图打击复东会的计划宣告失败，戴笠从中大大赚了一笔。

压制CC系

另外，戴笠还在一些搜铺、处理犯人等问题上故意和CC系杠上。

戴笠的特务处虽然“庙子小”，但是五脏俱全，掌握了许多公开机关，如各地警察局。CC系的特务要拿人的时候，必定要经过警察局的批准和协助，而戴笠就授意特务处所掌握的各地警察局给CC系难堪：只要是CC系捕人，必定千方百计予以掣肘。

30年代中期的上海是双方工作的重点。而那时上海的公开机关如警察系统就处于黄埔系的把持下，戴笠特务处就利用上海市警察机关压制CC系特务的活动。如CC系特工上海区第一任区长史济美，如果要在华界进行抓捕行动，首先就要以上海市特别党部肃反专员的名义向上海市警察局提出申请，通过上海市警察局督察室与上海市警察局所辖各分局的批准和协助才能抓人，而且被捕者要首先送上海市警察局。当时任上海市警察局侦缉大队副大队长的刘槐，受戴笠指示，处处在申请和抓捕上刁难史济美，弄得史济美无可奈何，虽然满肚子怒气，却又不得不对刘槐低声下气，处处巴结拉拢。逼到最后，史济美只能以特工津贴的名义向CC系总部申请了一笔专项费用，按月补贴给刘槐，刘这才网开一面，没再给史济美过多的刁难。不过制约还在，这无疑给CC系特务们的反共行动带了极大的不便。

争夺特警系统

浙江警校原本是CC系的控制范围，浙江警校是当时全国培训警官的两所专业学校之一，以培养中下级警官人才为主。蒋介石控制手下的方式，就是平衡势力。1932年10月，戴笠衔蒋介石之命，兼任浙江警官学校政治特派员。

戴笠当上政治特派员后，开始通过各种方式渗透到警校当中。首先他保举自己的亲信担任警校高层领导，逐渐控制人事任命权。戴笠先把亲信赵龙文适时推出去，以加强警校领导力量为由，保荐其成为警校校长兼杭州警察局长。赵龙文是浙江人，不仅与戴是同乡，又曾任戴笠好友胡宗南的秘书，是胡宗南的亲信。这样亲上加亲，赵龙文就更受戴笠信任。紧接着，戴又先后保荐了一批自己提拔的专业人才以及黄埔系人马，如保举清华大学高材生、曾留美学过警察专业的酆裕坤为教务主任，黄埔一期生史铭、黄埔三期生柯建安为训练处主任。这样，戴笠通过这些人实际上就取得了警校高层人事的控制权。

之后，戴笠利用这些高层，逐步对中下层军官、学员进行大换血，警校的中下层领导全部换成兼有黄埔背景和特务处身份的人，而对于非黄埔或者特务处出身的学员戴笠则进行笼络收买。对警校第一期、第二期毕业的学生，戴笠采取笼络、收买的办法，号称一律视为嫡系加以培植。一、二期中出类拔萃的人物，如毛森、杨超群、萧勃、阮清源、邓墨村、夏松、萧绍文等人，戴笠均把他们拉入特务处，给予重点培养，并且让他们在晚辈中作带头羊，影响后面的学员。而警校三、四两期的正科生则是戴笠入主警校后才招进来的，自然成为戴的嫡系，其中不乏成为军统高级特务，甚至戴笠心腹的，如刘人爵、刘钦礼、黄佑、周昌嗣等。就这样，戴笠逐步取得了对浙江警校的控制权。

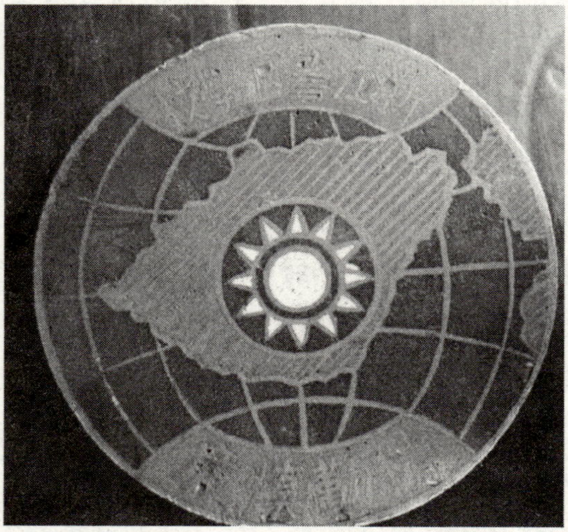

浙江警校校徽

这样，浙派就很快成为特务处的一支主干力量。当时特务处的成员从出身来说，主要分为四类：第一类是黄埔生，这是特务处成为黄埔系成员的重要资本。戴笠对前来投奔他的黄埔生，无论优劣，一律照单全收，并且将他们安置在特务处的高位上，起关键作用，但只给高位，不给实权；第二类是以浙警毕业生为主体的特训班毕业生，这些人是戴笠经过正规方式培养的人才，将他们安置在特务处的中下层，使之成为中下层骨干。而他们的数量也是最多的，活动力能力也很强；第三类是留学生，这类在特务处的数量很少，但都是很有政治头脑和才干，成为戴笠的智囊团。其中的留俄学生不少是中共叛徒，戴虽然心存戒心，但在使用上还是遵从“用其才，戒其德”、“可以给以高官，不可以给予要职”的原则；第四类是江山人，这类人是戴笠特意从家乡招来的，为了培养亲信势力，他将这些人安排在特务处电讯部门工作，因为其能用别人听不懂而只有戴笠能懂的江山话把秘密情报报告戴笠，而戴笠对他们则是委以要职，却不给以高官。此外，还有一些从社会上直接招进来的三教九流人物，根据其专长放在特定的岗位上使用。

CC 系自然不肯罢休，千方百计找机会挽回败局。李士珍就进入了 CC 系的视线。李士珍，黄埔二期生，浙江宁海人，与戴笠是同乡。蒋介石曾保送他到日本学习警察行政，以培养他进入警界。回国后，蒋介石亲自下令让李士珍在戴笠举办的洪公祠训练班做训练班政治指导员。

蒋介石这么做当然有他的打算。鉴于当时警察系统情况十分糟糕，当时警察系统的干部大多是从北洋军阀政府直接接收过来的，没有经过任何培训，不但警风很坏，而且政治上也不利于蒋介石巩固政权的打算和反共需要。蒋介石正在考虑建设新的警察系统、彻底改造北洋军阀时期的警察机构，于是，海归派李士珍就成为蒋介石实现这些改革的主力者，蒋希望通过他的改革，改变这种糟糕的状况。

李士珍接手这个烂摊子后，立刻开始着手进行整顿。在他写给蒋介石的警察系统改革计划报告中，李放出豪言：“使中央警校成为中国真正的警察教育最高学府，建成中国警界的‘黄埔军校’。”据此，李士珍建议将当时仅有的两所警官学校——北平高级警官学校和浙江警官学校，合并成立中央警官学校，以防止警政“教出多门”。

蒋很快就批准了李士珍的计划。中央警校成立后，由蒋介石兼任校长，在陈氏兄弟的极力游说下，蒋下令由李士珍担任教育长，主持实际工作。这样，CC 系取得了中央警校的控制权。

李士珍

但是，戴笠如果不反击，就不是手段奸诈的戴笠了。戴笠深知蒋介石“制约平衡”的心理，于是建议蒋成立“中央警官学校校务委员会”，在校长蒋介石的领导下，协助教育长对中央警校的工作进行管理、决策等。蒋介石当然乐意这种平衡策略，于是不但批示同意，而且下令由戴笠任校务委员会主任委员。

接着，戴笠更出狠招，以变应变，不给李吞并浙江警校的机会。他命浙江警校的绝大部分教职工办理了集体加入特务处的手续，然后全部加入中央警校。这些浙派人马就在中央警校内形成一股独立、可抗衡 CC 系的力量，然后再通过这批人不断地“滚雪球”，形成更大的势力。为了掌握中央警校的基层权力，戴笠又向蒋推荐由“十人团”成员郑锡麟任政训处长，陈玉辉为总队长，这就掌握了中央警校的中层权力。

戴笠让李士珍真正跳起八丈高的事情是警政司长事件。1936 年 11 月，原内政部警政司司长李构风，即将调任安徽省第六区行政督察专员兼保安司令，司长位置正好空缺。双方为了争夺这个位置的控制权大打出手。李士珍垂涎这个职位很久了，但又放不下中央警校这个肥差，身边一时又没有适合的人选推荐。在犹豫之际，戴笠夺了先机。戴笠向蒋介石引见清华大学的高材生、留美学者、国内警界精英酆裕坤。此人之前由戴笠保荐出国考察学习军警建设，接着又担任浙江警校教务主任，可以说是戴笠一手培养的人才。蒋介石见酆裕坤合适，便任命了他为警政司长，气得李士珍大骂戴笠卑鄙。而酆也不负众望，一反前任们干不久的先例，在这个岗位一蹲就是10年，始终不肯挪窝，全国的警政工作也就始终控制在戴笠手中，李士珍最终损失惨重。

第三节 军统！军统！

“军统”成立的背后

戴笠与CC系特务组织的明争暗斗，使蒋介石深感削弱了特工系统的力量。1935年，蒋介石决定公开他在政府机构中设立的特务组织，使特务组织“浮出水面”。

于是，中央军事委员会调查统计局就在此背景下成立，由国民党已有的党（CC系控制）、军（复兴社特务处控制）两大情报系统机构组合而组成。

丁默邨

调查统计局由陈立夫任局长。局内设三个处：一处为党务处，由中央组织部调查处改名而来，几乎全部是调查处原班人马，徐恩曾任处长；二处由复兴社特务处改名而来，也几乎是原班人马，由戴笠担任处长；三处为邮检处，是统计局新成立的部门，主管邮电检查业务，先由CC系少将级秘书丁默邨兼任，后改为CC系另一头目金斌担任。

丁默邨，早年曾加入中国共产党，后叛投国民党CC系，在上海文化界进行特务活动。1938年底，他受李士群策动，从昆明逃往上海日占区，与李士群等汉奸组成“七人委员会”，叛国投敌，并奉日寇之命，组建了76号特工总部，丁任主任。1941年，丁默村接受老领导陈立夫的策反，成为国民党潜伏于汪伪政权的秘密特工。丁还为戴笠的军统局架设电台、供给情报，按照戴笠的指示不断营救被捕的国民党地下工作人员。

1935 年 5 月 4 日，调查统计局正式挂牌成立。局本部设在南京西华门四条巷非园，但三个处却分散在三个不相近的地方，一处设在南京道署街瞻园路，二处设在南京鸡鹅巷号 53 号，三处设在山西路。同一局四个地点办公，从中可窥出火药味来。

三个处从合并成立调查统计局的第一天起，就没有停止过明争暗斗，特别是一处与二处之间，各自为政，各行其是。

从戴笠这一派来说，这其实是一件好事，归入军委会建制，经费有了着落，然行动依然很自由，不受 CC 系压制。他遇有重大问题，仍然直接去找蒋介石请示报告，一般问题则可以自己决定。

但对陈立夫来说，表面上可以节制戴笠，可心里却不怎么痛快。他自命为文化人，将特工看作是个技术活，特别反感戴笠那一套粗俗、恶劣的下三滥手法。现在戴笠的特务处隶属于自己指挥，却实际上受蒋介石管辖，自己管不住他。陈立夫每想到这一点，心里一阵无名火。于是，他处处找机会给戴笠难堪。在一处和二处的争吵中，他公开地站在一处一边，为徐恩曾撑腰打气。在实际工作上，一处也仗着有局长撑腰，占尽便宜，戴笠时常显得无可奈何，私下里非常痛恨。但戴笠有蒋介石当大老板，陈立夫亦奈何不得。

争夺邮电

九一八事变后，国民党开始实行邮电检查。最初是由 CC 系的调查科负责检查的，他们翻查信件、包裹等邮寄物品，企图从中发现共产党线索，追捕共产党人和进步人士。结果有些特务却将认识同事、同学、朋友、熟人写给女友的信翻出来当做笑料在特务间传看、取笑。

军事委员会调查统计局成立后，原先秘密的邮电检查开始逐渐变成公开的检查，在各大城市挂出邮电检查所的牌子，由统计局第三处统一管辖。

因此，谁主宰了第三处，谁就意味着掌握了全国邮电审查的权力。于是，一处和二处都争相将自己亲信想方设法往三处塞。不久三处处长丁默邨下台，CC系陈立夫立即向蒋介石保荐自己的亲信、首都警察厅督察长金斌接替。第三处开始由CC系控制，全国各大邮电所的负责人也都换上了CC系人马。戴笠的第二处不断受到排挤、打压，许多重要的情报CC系可以通过邮检所第一时间获得，他们便马上报告一处，一处则向蒋介石报告。等到戴笠第二处得到消息再采取行动的时候，已经“黄花菜都凉了”。戴笠遇上的次数多了，再好的耐性也不能不气得跳脚大骂CC系，但也无可奈何。不过戴笠还是懂得小不忍则乱大谋，他开始朝着自己培养电讯人员这条路子发展——设立无线电班，培养自己的电讯力量。同时，他一直等待机会反扑CC系。

戴笠

不久，机会终于来了。1933年11月，在国民党召开第五次全国代表大会上，戴笠获悉陈立夫以CC系力量控制会议，心想这回可有好戏看了。他一边收集CC系独揽党权的证据，一边静待事情发展。结果选举大会出现了戏剧性的一幕，清点票数时陈立夫竟然比蒋介石多了四票。当时吓得陈立夫立即亲自在黑板上擦掉一个“正”字，才使自己比蒋介石少一票。真是老天相助啊！事后，戴笠将了解到的事情真相统统捅给蒋介石，狠狠地把陈立夫参了一本。蒋介石当然也是心狠手辣之人，见着自己的领袖权威被践踏，立刻下令将陈立夫扣押起来。

陈氏家族在朝中根基也不浅，自然有很多人为他周旋。经过此役，陈立夫立刻称病躲入天目山修养，然后托了许多与蒋亲近的"重臣"帮忙说话，甚至动员了他的叔叔陈其美的妻子去说情。陈其美是蒋介石的恩师及挚友，蒋介石一直对他敬重三分，自然不肯驳师母的面子，恰好陈其美的独子又因为飞机失事命丧黄泉，陈夫人找到理由向蒋介石哭诉："我的儿子死了，立夫就是我的儿子，他有多大胆子敢不听委员长的话，你难道忍心叫英士绝后吗？"蒋介石才不得不消了惩罚陈立夫的念头。不过虽然在选举这件事情上宽恕了陈立夫，但是蒋介石也开始着手抑制CC系的势力，下令把三处划归军事委员会办公厅主管，然后开始了一系列扶植戴笠第二处的行动。

不久戴笠又将搜集到的CC系操作邮检所，任由手下胡作非为的报告递交给蒋介石，蒋介石见机即刻下令邮检处划归戴笠领导。于是三处处长CC系头目金斌被特务处的黄埔一期生刘燔替代，各大城市的邮检所也进行了大换血，一并换上特务处的人马，CC系特务被一个个扫地出门。终于，特务处的特务们扬眉吐气了，各自开始找机会"回赠"一下当初为难他们的CC系特务。

德国纳粹第二号头目戈林

凡是有重大情报，特务处一律对CC系人保密，急得徐恩曾多次找戴笠交涉。戴笠手下们也好好地出了口恶气，言语上也时常讥讽CC系特务，重庆邮检所所长罗杏芳说起自己曾任南京电报检查所副所长时，受CC系特务欺压的惨况，总是耿耿于怀地说："CC分子还想从我这里得到情报吗？对不起，老子请他们吃CC。"罗杏芳是湖南人，湖南土话称尿为CC。可见戴笠手下的特务对CC系特务怀恨之深。

戴笠取得了全国邮电检查权后，一阵趾高气扬，这时“十人团”成员唐纵从驻德大使馆回国，又向其介绍了德国纳粹二号头目戈林建立的一个以专门窃听电话、破译密码为主的研究所，这个研究所每年监听电话和破译密码4万份以上，在巩固希特勒及戈林权力和地位的斗争中有非常重大的效果。戴笠听完后，又是一阵窃喜，他决心像戈林一样在中国建立一个同样出色的研究所，更加紧了对邮电部门的掌控。

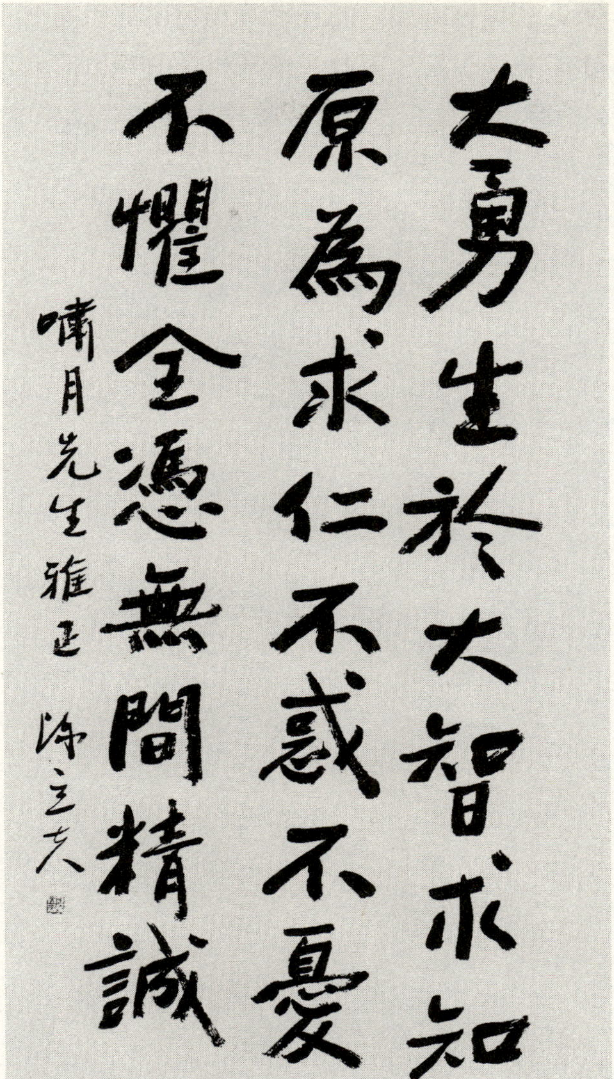

陈立夫手迹

CC系在争夺邮电权中败下阵来，但陈立夫清楚，蒋介石不会同意让CC系把戴笠的特务处吃掉，当然也不会同意让特务处把CC系的特务系统吃掉，两大特务系统相互掣肘一向是蒋介石的做法。于是他总是安慰特务们：“人办事，要用脑筋。用脑必目有所见，耳有所闻。而且，耳与目不能只有一个，必须有双耳双目，才能兼收并蓄。因此，情报机关必须同时有两个，才能心明眼亮，决策无误。”不过经此，戴笠逐渐在军统局中站稳脚跟了。

第七章
十年“影”卫

第一节　特务的伎俩

四种手段

卢沟桥事变以前，戴笠特务处的工作主要是围绕反共斗争、迫害民主人士以及帮助蒋介石稳定局面而展开的。

至于戴笠特工的手段，手段之一是“暗杀”。这个是最残酷的一种手段了。特别是对于被秘密杀害的地下共产党员来说，他们有些甚至都不知道名字，就惨遭逮捕和杀害，而且手段还很残忍。沈醉回忆，当时主持上海暗杀行动的“杀人魔”赵理君曾使用过一种叫“化骨水”的东西毁灭尸体。赵理君按照指示假若共产党员被绑后，如果强硬不服，便将其秘密杀掉，然后用药水销毁尸体，弄得神不知鬼不觉。后来赵又觉得弄这种药水太费事，便采取了另一种叫“箱尸”的杀人方法。这种方法是将被害人打晕或者打死后将肢体分解，装入箱子，再抛弃到荒郊野外。抗战前上海租界经常发生这样的无名“箱尸案”，原来真相尽在此。后来特务们用这种方法已经杀人无数了，觉得有必要总结下经验，于是还将其方法和注意事项编成教学案例，在特务处各大训练班上向学员讲解。特务们还用了很多其他的办法，无一例外都是相当残忍的。例如，将被害者击昏或者击毙后装入麻袋投入黄浦江，或者将被害人杀死后将其生殖器割下纳入其口中，布置成情杀或者奸杀假象等等。

手段之二是“绑架”。这是特务们更加常用的方法。一般用于特务力量不能涉及的上海租界地带。除了依靠黑帮势力在租界绑架外，特务们有时也不得不自己亲自行动。一般行动前都会和租界警察打招呼，让他们对这种绑架行为睁一只眼闭一只眼。租界警察也保持着除非事情闹大了一般不会出手的原则，但他们的交换条件是要共享所得情报。沈醉回忆了他当时参加或者发明的很多绑架方法，一些很有技巧性的绑架还得到了戴笠的夸奖。比如，初期特务绑人，一般采取“硬绑”的方式，这使被绑者反抗不说，而且使绑架持续很长时间，双方的争执会招来巡捕，很容易让被绑者逃脱，于是沈醉等大特务就开始研究很多新的以快干快走为原则的绑架方法。

方法一是“直接快绑”。跟踪被绑架者，见机将汽车开到其身边，然后车内特务迅速打开车门拦住被绑者，车外跟上一特务用枪抵住被绑者后背，另一个特务走到被绑者前，用拳快速猛击其小腹。乘被绑者被击弯腰时，车内特务顺势一拉，非常完美地将被绑者拉入车内带走。这样即便被绑者呼救，汽车一股烟地飞速离开了。这套办法经过反复练习，已经达到了炉火纯青的程度，戴笠自然十分赞赏。

方法二是“坑蒙拐骗”。将汽车开至被绑者身边，一特务快速跟上被绑者，用双手从后面将其眼睛蒙住，并用大拇指捏其两耳根下的穴位，使之无法挣脱；另一特务快速上前，握住被绑者双手，佯装开玩笑似的说：“这下你可猜不到我是谁了。”这样路人便以为是朋友之间开玩笑，特务们也就神不知鬼不觉地将被绑者骗入车内。

方法三是“救死扶伤”。用这个方法即使不用汽车，用人力车也能将人绑架。怎么回事呢？原来特务们事前已经准备好一条装有铁砂的橡皮管，由一人负责伺机从背后猛击被绑者头部，被绑者被击晕或者击伤倒地后，这时突然出现一个“好心人”或者“朋友”，见有人受伤，于是一面照看伤者，一面叫喊抓凶手，并叫上人力车或汽车将受害者送往医院，旁观者见有这样一个“热心人”，自然也全力相助，丝毫不怀疑。于是这位“热心人”就在送伤者去往医院的途中，改道把被绑者送进了自己的“魔窟”。

方法四是“争风吃醋”。这个方法的实施者主要是女特务。女特务一般装成被绑者的“情妇”，在大庭广众之下将被绑者堵住，纠缠哭闹，死活不放被绑者走。这时，被绑者一般都要先好言解释，于是周围又围上来一群凑热闹的“劝解者”，以“找个地方说理”为由拉拉扯扯地将被绑者推入汽车。周围看热闹的人肯定都不会意识到自己正在目睹一场绑架案，而这个被绑者上车后才反应过来自己被捕了。特务们在租界内繁华地区曾多次使用这个手段绑人，一般都很顺利且未引起任何大的反应。

这些绑架的方法虽诡异而阴毒，但也并不是次次都能得手。如1936年特务们准备在英租界三马路杨子饭店绑架西南反蒋派人士刘芦隐时，被他夫人发觉大声呼救。刘芦隐这时也聪明地从汽车后座一个筋斗翻到前排司机座上，占住司机座不让特务把车开走，这样一直僵持到租界巡捕赶来。于是秘密绑架行动失败。戴笠恼火之余，只能勾结租界当局，将刘公开逮捕，引渡后押往武汉。

乔装力夫示范

手段之三是“搜捕”。这个方法是用在特务力量能涉及的华界地区的。在这些地方，他们不搞绑票，一般就利用深夜去搜捕，为此特务们屡屡得手。这种方式一般是有“敌人”经过威逼利诱后投降，带着特务们去搜捕同志。用这样的方法的优点在于不但能抓人，还能查抄很多文件。例如1935年间，一位共产党员叛变了，特务们不仅仅想利用他抓捕了几个革命同志，还想利用他进一步破坏中共上级组织，于是将其放出，整天让他四处招摇。

当时中共地下组织的原则是一定要尽快制裁叛徒，防止更大范围泄密。于是这个叛变者在法租界徐家汇路孝友里附近被不明人士连击两枪。可惜未中要害，叛徒依旧未死。当时戴笠正在上海，他获知这一情况后，仍想利用这个叛徒作诱饵钓上更大的“鱼”。于是他立即令特务处华东区和淞沪警备司令部侦察大队将叛徒送到法租界西区偏僻处一家小医院里，同时在一家小报上散发消息，说徐家汇发生了一起情杀案，被害者身中两枪，在某医院施行抢救后，已无生命危险，不日即可出院云云。“饵”放出后，戴笠一干人就等着“大鱼”上钩，除了沈醉等几个特务在医院附近连日监视外，一个特务还混入医院充当内应，等待收网。果然，过了几天，有两个自称伤者朋友的人提着水果等食品到医院来“探视”叛徒。他们进房后，房中随即传出了两声枪响，然后两人从病房里分两路逃跑出来。分布在医院外的十来个特务立即尾随跟踪。不过，特务们一度跟丢了这两个人，戴笠闻讯，气得跳脚大骂，限令沈醉等人一定要侦察到这两人的处所。不久，另一路跟踪的特务打来电话，说已盯住一人，在法租界福熙路一家银楼里。戴笠转怒为喜，立即命令侦察大队副大队长杨凤岐、行动组长许鹏飞、沈醉率领大队特务会同法租界巡捕房华探，扑向这家银楼。果然，这家银楼是共产党的一处藏身地，特务们从中抄出手枪、子弹，并逮捕了三男一女，其中一男便是往医院执行任务的人。后来，这个人承认自己是专门制裁叛徒的中共“打狗团”成员，就再没透露什么消息了，戴笠气得把这些人全送到南京秘密杀害。

除了上文提到的暗杀、绑架、搜捕这些血腥的方式外，特务们在上海为了侦查情报、混入“敌”内一般还有使用化名。

手段之四是“化名”。特务一般进行活动时，为了隐瞒身份，都会有好几个化名，有时甚至还会用好几个不同的化名。他们使用化名后，常常伪装成进步青年或者热血知识分子，在公众场合或者报刊杂志上发表一些激进言论，抨击国民政府，吸引一些热血青年。有时候就会有一些真正进步的青年受迷惑，与之交朋友，这些特务就乘机与他们打成一片。不过由于中国地下组织的严密性，这个阴谋很少得逞。例如，戴笠命令一个叫贾谨伯的特务，用帮助传播“左派”书刊和结交文化出版界朋友这种方式打入到当时上海比较进步的两家书店——上海生活书店和内山书店，搞情报。但在对方的严密组织和防范下，贾谨伯的阴谋没有得逞，他除介绍过一个同行的儿子去当学徒外，始终未能直接派人打进去，因此，贾谨伯被戴笠多次斥责。

围捕共产党

上海是中国共产党的发源地，潜伏了大批的中共产党员和地下组织，同时上海也是各界爱国民主人士的聚集之地，于是，戴笠特务处将活动的重点区域锁定在了上海和平津一带。

戴笠的秘密情报组织早在30年代初就已经在上海安营扎寨，不过鉴于组织不完善，人员素质不高，对情报的侦查能力不强，一直没有什么建树，甚至让敌人从眼皮底下溜走。如1933年，中共地下组织成功地从特务处上海站一干特务面前南迁，神不知鬼不觉地从上海迁到江西苏区，事后特务处上海站才发觉，戴笠后来承认这是他最失败的一次经历。尔后，上海又发生了上海区区长翁光辉“越级抢功”事件，戴笠终于下决心重整上海站的工作。他首先将上海区扩大到华东区，派在杭州的浙江警校特训班教官余乐醒任区长。戴笠任余为区长，自然有其深意。

余乐醒，留法勤工俭学学生，曾加入共产党，在苏联学习过政治保卫工作，后来叛变投靠戴笠。戴笠对他的经历十分看重，希望通过其改变上海地区的反共工作，重拳打击共产党。不仅如此，戴笠还收罗了一大批帮会打手，成立行动组，利用这些人的专长，进行暗杀、绑架活动。

余乐醒上任后，发展了一批比特务处特工更有“文化”的“直属特派员”。他们大多从事像教授、律师、职员、记者等各种文化职业。余乐醒利用他们的工作身份，为其搜集情报。如他曾发展了一个叫陈绍宗的黄埔生，此人也毕业于复旦大学，于是陈成为“直属特派员”后便用特务处提供的经费在复旦大学后门口开设一家饭馆。利用这家饭馆，他收买了一些常到饭馆吃饭的复旦学生，让他们在学校里刺探情报。后来他又把自己的情报范围扩展到江湾区的法政大学、女子体育学校等，就这样余乐醒成功地收集到了很多上海高校的青年学生情报。另外，当年被鲁迅先生痛斥过的上海无聊文人崔万秋，这个时期也被戴笠特务处吸纳成为“直属通讯员”。崔万秋利用在上海《大晚报》、《火炬》副刊任主编这个身份，不仅向戴笠提供上海文化界进步人士的活动情报，还利用其主编的《火炬》副刊，发表攻击进步文化人士的文章，张牙舞爪地活动在文化界，俨然一副文化特务的嘴脸。不过，余乐醒在反共方面的建树不大。

黄埔军校第一期学生毕业全体官生合影

1934年，戴笠又改派黄埔一期生吴乃宪任上海区长，中共叛徒张师任区书记。戴笠想利用他二人的背景，在破坏中共地下组织方面取得突破。但吴、张二人虽经多方努力，在破坏中共地下组织一事上仍然无明显进展。于是1935年戴笠又改派王新衡任上海区区长。

说起这个人，也是背景复杂、政治经历传奇的人物，王新衡早年加入过中共，曾赴莫斯科中山大学学习，回国后，叛逃革命，加入国民党。不仅如此，此人还曾做过上海黑帮大亨杜月笙的私人秘书，与上海青帮关系密切，可以说是个黑白红三道上都“吃得开”的人物。他在上任后，很快利用这些身份干了一系列“成绩”，成功策反了一批曾留学苏联的中共产党员以及吸纳了一批上海帮会分子加入组织，增设了虹口区、闸北区、沪南区潜伏组，还增加了十多个战地随军调查组。

戴笠见王新衡有点打开局面了，于是为了配合王新衡的工作，指示特务处控制下的淞沪警备司令部侦察大队全力配合其行动。为了进一步控制侦察大队，特务处的大特务吴乃宪、翁光辉、王兆槐等先后担任侦察队大队长，沈醉、许鹏飞等特务骨干在大队中担任要职，于是乎这个名为管理地方治安的公开国家机关变成了特务处上海区的一个行动单位。不仅如此，还有沪杭甬铁路警察署、上海市警察局警士教练所、招商局警卫稽查室等机构，也被特务处上海区控制。这些公开机关配合王新衡的“反共”行动，使得上海区的反共机构异常完善。这时期，他们破获了很多“大案”。

第二节 暗杀！暗杀！

“怪西人”事件

1930年，为了支援中国共产党的地下活动，以苏联红军情报部为主力的共产国际情报局在上海建立了联络站。联络站负责人由共产国际远东区负责人约瑟夫·华尔敦（原名雅可夫·儒德涅克）担任。约瑟夫·华尔顿，真名叫罗伦斯，出生在立陶宛，后加入比利时国籍。他早年投身苏联革命，担任过红军上校。此人仪表堂堂，机敏细心，会讲德、俄、英、法四国语言，情报组织和搜集能力很强。

这时正值国民政府军队集中全力在苏区“围剿”红军，因此苏联红军情报部在华工作的重点便是搜集有关情报，以协助中国工农红军粉碎敌人的“围剿”。罗伦斯经过一番努力，在上海打开了一片情报工作的新局面：情报网络以上海为中心辐射至全国各大城市，甚至渗透到蒋介石的南京警备司令部、北平行营和武汉行营等要害部门。但是，由于罗伦斯的属下陆海防在一次情报传递任务中的不谨慎以及随后的叛变，导致整个上海站的情报网络遭受了灭顶之灾。

1935年4月，罗伦斯在上海将一封密函交由陆海防转送给在武昌行营第五处任职的中共地下党员刘遂元（刘思慕）。但陆海防有事，没有亲自去送，而是派没有任何秘密行动经验的弟弟陆独步带着密函前往武汉。结果陆独步在船上被特务盯梢，一到武汉，便被逮捕了。刘遂元因在约定时间未收到文件，便致电上海询问，这引起了罗伦斯的高度警惕，他当即派下属黄维佑乘飞机到武汉通知刘撤退，刘得到消息后，急忙逃往苏州。

戴笠特务处从陆独步身上搜出情报后，立即联络上海淞沪警备司令部准备缉拿与陆有关的一干人等。而这时，陆海防又一次违背秘密工作的基本准则，未经罗伦斯批准，贸然前去弟弟住处探寻，结果被隐藏在暗处的特务逮捕。陆海防被捕后，受不了酷刑，供出了自己的身份及上海地下组织，后带领特务前去罗伦斯住处搜捕。于是，除罗伦斯被抓外，国民党当局还陆续逮捕了这个苏联情报部的情报人员陈绍韩、黄维祜、汪默清、胡克林、俞瑞允等人。其中陈绍韩是蒋介石嫡系部队第3军军部上校参谋，蒋介石得知后下令送他到军事法庭审判，迅即枪决。其他人则一直关押到抗战爆发才被释放。

戴笠对于这次所谓的“对共产国际在沪组织的破获行动”非常满意。为扩大战果，他亲自参与审讯人犯，希望由此找出中共在沪的地下组织。但罗伦斯在接受审讯时却一言不发，“坚不吐供，即其姓名国籍，亦多方掩饰，不肯明言”，其他被捕人员也仅仅承认已暴露的身份，其余一概保持沉默。戴笠对此无可奈何。因案件涉及外籍人员，引起当时舆论界的广泛关注，被捕者罗伦斯不吐一言，外界无从知道其国籍，因此报界称之为“怪西人事件”和“神秘西人案件”。

特务处审不出结果，只好将此案移送军委会委员长武昌行营处理。武昌行营又将这“烫手的山芋”扔给湖北高等法院。法院根据在罗伦斯等人住处搜出的函件、笔记、账单等，还有几张从报刊上剪下的剪报作为“刺探中国政治及军事上秘密”的证据，于1935年8月8日提起公诉。8月24日，湖北高等法院判处罗伦斯有期徒刑15年。不过在罗伦斯被关押两年后，抗战爆发，蒋介石有求于苏联，在苏联的压力下，不得不将他释放，罗伦斯取道新疆，返回苏联。

“杨杏佛被刺案”

杨杏佛，早年加入同盟会，1911年与茅以升一道考入唐山路矿学堂（即上海交通大学前身）。武昌起义爆发，他曾赶赴武昌参加保卫战，之后，赴美国入康奈尔大学学习，后转入哈佛大学。1925年他回国开始投身国民革命，1924年前后，杨杏佛曾任孙中山的秘书，随行北上，又参加过上海工人第三次武装起义。可以说杨杏佛是一位老资格的国民党人。

但四一二反革命政变后，他极不认同蒋介石的反共行为，开始逐渐脱离国民党。他以“中国济难会”名义极力接济和营救革命者，后被国民党当局撤职。九一八事变后，为反对国民党政府非法逮捕和监禁爱国人士，与宋庆龄、蔡元培等著名民主人士于1932年12月在上海发起组织“中国民权保障同盟”。在任民盟总干事期间，杨杏佛组织营救了不少被关押的共产党人和爱国人士。

宋庆龄在北京

鲁迅说：真正伟大的人总是孤独的。你看那雄鹰猛虎，独来独往；而那鸡鸭之流，则往往遇事成帮结队。静下来时，总会感到宋庆龄独自一人，寂寞地伫立在烟水迷蒙之处，凝望远方。

这个时期，作为孙中山遗孀和民盟主席的宋庆龄，也积极参加反对蒋介石独裁和营救爱国人士的活动。宋庆龄曾公开指责蒋介石背叛了孙中山的革命事业，随后组织了中国民权保障同盟等民主团体开展反蒋斗争。因为宋庆龄的身份、地位及其在国内外的巨大影响，使蒋介石不敢对她直接动手，只能派人暗中监视。当时，宋庆龄住在上海法租界法国公园附近的宋宅内，蒋介石命令戴笠特务处进行严密监视。戴笠命手下干将沈醉负责监视，每天写"监视日报"，报告宋庆龄的活动。

根据沈醉的回忆，他们为了逼迫宋庆龄搬家，曾两次向宋家邮寄手枪子弹并用打电话、写恐吓信等手段进行威胁。见宋庆龄不为所惧之后，沈醉又试图用"美男计"勾引宋家女佣，在有所进展后也被识破了。

戴笠见宋庆龄不为所惧，又同沈醉密谋加害于她。他曾请教沈醉如何能用车撞人又撞而不死，沈说比较有难度。后戴笠真打算以车祸的方式，将宋庆龄撞残或撞死。但当沈醉等特务都已经准备好了汽车，准备下手了，戴笠又犹豫不决地中止了计划。他怕宋庆龄一死事情闹大，追究起来自己跑不掉。后来，他们的计划被宋美龄知道了，她立即下令严厉制止，并严重地警告了戴笠等人。于是这场阴谋才最终作罢。而蒋介石对宋庆龄既恨得咬牙切齿，又碍于宋美龄的关系，始终没有公开支持戴笠对宋庆龄下毒手的做法。

1932 年底，杨杏佛在《文汇报》上发表《再论四一二大屠杀与中国之人权》一文，文中充满了对蒋介石的讽刺与抨击，这大大激怒了蒋介石。1933 年 5 月 14 日，上海又发生了警察局秘密绑架共产党员作家丁玲和潘梓年、杀害作家应修人的事件。案发后，上海警察局矢口否认捕人，杨杏佛经过调查，掌握了重要证据。他一面联合文化教育界人士向南京国民政府行政院提出质问，一面同租界当局进行交涉。蒋介石和戴笠受到了强烈的媒体压力，感到如果真相败露，会受到海内外媒体的谴责。新恨前仇很快就加在一块，他们对杨杏佛是痛恨至极，但又找不到证据回击。于是，便想用暗杀的方式永远地"封"住杨杏佛的嘴。

蒋介石下令：暗杀杨杏佛！ 1933 年 6 月初，戴笠前往上海，住在法租界亲自指挥暗杀行动。他挑选了华东区行动组的赵理君、王克全、李阿大、过得诚、施芸之等人组成临时行动组，由赵理君担任组长，王克全为副组长。赵为四川人，黄埔军校五期生，在上海以"赵士傻"、"陶士能"等作化名，以暗杀见长。行动之前，戴笠要他们宣誓保证做到“不成功即成仁”，如果被捕，不得供出同伙，否则将受到严厉的制裁。

1933 年 6 月 18 日早晨六点多钟，赵理君率李阿大、王克全、过得诚、施芸之乘车到达亚尔培路，将车停放在亚尔培路向马斯南路的拐角处，这个拐角处离杨杏佛居住的中央研究院很近。赵留在车上指挥，由过得城、李阿大等 4 人分散在杨杏佛居住的中研院附近侦察。上午八时杨杏佛带着儿子杨小佛走到中研院院中准备上车，特务们走进门口准备动手，但杨上车后又走下来，特务们以为杨发觉了，正想冲进去的时候，杨领着儿子又上了另一辆汽车。而后杨杏佛的司机祥度驾车缓缓开出大门。这时，潜伏在门口两旁的 4 名特务分别朝前座司机和后座杨杏佛同时射击。祥度胸部中两枪，汽车停在了门口。在生死关头，杨杏佛自知难以脱身又护子心切，立刻用身体护住儿子小佛。杨杏佛就这样连中三枪，一颗子弹从左腋射入，右腋穿出，另一颗子弹从左腰打入腹内，再一颗子弹打进胸口。杨小佛因父亲的庇护，仅右腿中了一弹。

杨杏佛与家人合影

枪声惊动了附近的居民，中央研究院对门利威汽车公司的俄国职员培克听到枪声后，不顾危险立刻奔至杨杏佛所乘汽车面前，见杨已经倒在了一片血泊中。培克马上抱起杨杏佛，驾车将其送到金神父路广慈医院抢救，不幸的是，车抵医院前，杨伤势过重，气绝身亡。

凶手们见杨已经必死无疑了，急忙朝停在拐角的汽车狂奔。当时，在车中的赵理君听到枪响时，已经发动汽车准备逃走，于是凶手们抢着上车。在慌乱中，过得诚跑错了方向，待他回转来时，汽车已经开远了，他边跑边呼喊："等一等我"。而在附近的巡捕闻枪声赶来缉捕凶手。赵理君骑虎难下，唯恐过得诚被捕后泄露真情，立刻举枪朝他射击，不过这一枪仅打中他的右臂。过得诚负伤后，逃跑至一条小弄堂里，眼看巡捕马上要发现他了，情急之下便举枪自戕。巡捕赶来后，立刻将其送往医院抢救。过醒后，深知说出真相的后果，于是拒不招供幕后指使者。戴笠见暗杀行动成功了，不禁大喜，不过又听说过得诚竟未"成仁"，心中难安，唯恐他泄露真相，于是急令在法租界巡捕房任华探的特务范广珍带上一包毒药，潜往医院。于是，当天晚上过得诚便一命呜呼了。

刺杀杨杏佛是戴笠帮特务在上海租界内干的第一件案子，轰动一时。尽管戴笠一直不敢公开承认他亲自指挥制造的这一桩血案。但事后，他给过得诚的家属一笔抚恤，并由特务处一直养育过的儿子。抗战时期，戴笠以过得诚的所谓"自杀成仁"精神教育他的特务们。在重庆修建中美合作所范围内的马路时，特意把一条道路命名为"过得诚路"。

暗杀史量才

继杨杏佛被杀后，戴笠对爱国民主人士又进行了一系列的威胁、暗杀活动。其中最著名的是刺杀了《申报》负责人史量才。

史量才，当时上海著名的报业家。1912 年与张謇合资盘进中国最早的报纸之一——《申报》，出任总经理，此后将一生主要精力用于经营报业，不仅使《申报》成为国内著名的大报，还先后于 1927 年买下《时事新报》，1929 年买进《新闻报》大部分股权，成为上海最大的报业资本家。

史量才也是一位满腔热血的爱国人士。早年，他对蒋介石抱有很大的信心，支持蒋介石的政治活动。但在九一八事变后，蒋坚持“攘外必先安内”的对日妥协政策，史量才对此坚决反对。他一方面捐资抗日救亡运动，一方面在《申报》上撰写了大量抨击蒋的文章。因此，史的大名赫然列在蒋介石意欲除掉的黑名单上。

蒋介石给史量才的题词

1934年夏秋之间，戴笠奉蒋介石之命亲率人员前往上海布置暗杀史量才的行动。他们在史量才报馆及其住宅附近的租界内寻找房子监视。但鉴于杨案的教训，害怕留下后遗症，迟迟没有动手。后来，特务们通过帮会人士，结识了史量才的汽车司机黄锦才，从黄的口中探听到史因患肠胃病将携家眷去杭州疗养。因此，戴笠决定不在租界内行动，改在去杭州的路途中下毒手。

10月间，史量才去杭州，戴笠决定在杭州动手，于是和行动组长赵理君赶到史量才在杭寓所秋水山庄布置。但后来戴笠又觉得在杭州下手不妥，因为当时的杭州市警察局局长赵文龙是戴笠的手下，这样如果凶案发生岂不是给当地警局带来破案压力。为免自找麻烦，他们选择在市区外行刺。于是戴笠派出行动组副组长王克全、组员李阿大、许建郕等共6人执行任务，由司机张秉武驾驶一辆老式别克牌敞篷车将其载往预定地点。

为了让这次任务成功，在史量才由杭返沪的前几天，特务们就开始多次演练暗杀场景。他们经过多次模拟行动，最终确定在沪杭公路所经的海宁县第四区博爱镇距翁家埠四里路的地方展开行动。特务们事前准备了两辆汽车，一个是以挂有杭州市警察局临时车牌和另一个是“京字第27号”的牌照，他们打算行凶时先用“27号”车牌汽车，逃跑时再换为杭州警察局的临时车牌，最后到南京时再换为自己的车，开往南京鸡鹅巷。特务们设定的暗杀程序是：先伪装途中抛锚，堵截道路，迫使史量才停车，然后用穿透力很强的驳壳枪及强力式手枪集中射击，破坏史量才乘坐的“保险汽车”，最后再枪杀史量才。

1934年10月13日，史连同司机黄锦才共6人从杭州返家。3时许，汽车驶至翁家埠附近时，被一辆横在公路当中的汽车挡住了去路。史量才的汽车被迫停下后，伪装成检修汽车的特务随即掏出手枪向汽车轮胎射击，另两名特务随即迅速奔向史的汽车，向司机和前座史量才儿子的同学邓祖询开枪。他们射杀司机，一是为防他驾车逃跑，二是为了灭口。当枪弹横飞时，史量才父子意识到险情，于是急忙跳车而逃。特务们搞不清楚谁是史量才，便分别追杀二人。追杀史量才儿子史泳赓的特务，连发二十余弹，依然没有击中史泳赓。史泳赓凭借年轻矫捷的身躯，飞快地冲入附近田野，成功逃脱；而史量才因为体质不佳，慌乱逃跑中躲进了附近的一所茅屋。两个特务也随进追赶了进来。史量才见此又从后门再逃，一时心慌竟跳进了房后干枯的一个小水塘中。追杀他的特务发现后，一面大喊：“在这里！”招呼同伴过来，一面开枪射向水塘中。其中一发子弹打中了史量才的头部，史当即身亡。而后赶上来的另一特务以防万一，又追过来补了一枪。凶手们见目的已达到，呼啸一声飞车而去。

史量才夫人和女儿当时也坐在车上，但因为特务追杀史量才父子才成功逃脱。史泳赓脱离危险后，战战兢兢地叫上附近的人返回出事地点，借了一辆卡车，把父亲、司机和好友三具尸体运回了杭州。

暗杀事件事发后，一时震动上海。蒋介石、汪精卫假意寻凶，最后都不了了之。

第三节 “安内”刺忠

行刺吉鸿昌

这一时期，戴笠还又进行了一次成功的暗杀事件——暗杀共产党员吉鸿昌。吉鸿昌早年跟随冯玉祥的部队，素以作战勇猛著称。在北伐战争时任国民军第19师师长。在蒋冯阎中原大战之后，被蒋介石收编为第22路军任军长。后来，吉鸿昌违背蒋介石“剿匪”的命令，不得已流亡海外。回国后，他秘密加入共产党。1933年，与冯玉祥等人在察哈尔建立民众“抗日同盟军”。7月，打败日伪军，率军收复多伦，名震全国。不久之后，在日本人、蒋介石的联合夹击下，“抗日同盟军”失败，吉鸿昌随即遭到通缉。蒋介石见吉鸿昌逃窜至平津后，便下令戴笠派人将潜入平津的吉鸿昌秘密杀掉。戴笠指派由北平站站长陈恭澍负责。

冯玉祥

陈恭澍受命后，深感此事重大。鉴于杨杏佛案的教训，他们不敢贸然自己出手。于是陈恭澍与情报组组长王文反复商量后，决定再吸收几名“胆大心细”、善于搞暗杀活动的临时人物加入，让他们具体执行刺杀任务。王文找到了多年未见的表兄吕一民以及吕的亲戚吕问友，决定让这两个人加入行动组，具体执行行动。于是，行动组由陈恭澍负责指挥，吕一民、吕问友、杨华庭和王文执行侦察和具体刺杀实施。

这时，吉鸿昌潜回天津，住在英租界的毗连处中心花园侧面红楼（今和平区花园路4号）。他们在吉鸿昌寓所附近租了房子随时监视。同时陈恭澍又与租界工部局打好招呼，伺机对吉鸿昌采取行动。

机会终于来了。1934 年 11 月 9 日，行动组发现吉鸿昌与人相约在天津国民饭店 45 号房内打牌。与他在一起的另外三人是任应岐、刘少南及李干三。陈恭澍亲自驾车来到国民饭店后门，躲在汽车里指挥这次行动。他安排王文、二吕及杨华庭先在 45 号对面也开了一个房间。为弄清吉鸿昌在房中的位置，他又想了一招，让杨等人在楼道里假意玩拍球游戏，算好时机在茶役打开 45 号门送水进去时，乘机将球拍进去，后他们就以找球为名，理所当然地进房间，这样就可以知道吉鸿昌所在的位置。

经过一番查看和布置后，陈恭澍下令行动开始，他命二吕执行刺杀任务，王、杨在门口接应。最后陈恭澍不忘提醒，特务刺杀向来是只许成功，不许失败，以此警醒和激励四人

而当时在 45 号房门内，牌局刚好打满 4 圈，要搬庄换门。刘少南换到了吉鸿昌的位置，他也同吉一样，脱掉了棉衣，只穿一件小白褂。突然，二吕踢门冲进屋内，搞不清楚状况，随即向刘少南开枪射击，刘少南当即死亡。跳弹射入吉鸿昌的右肩。二吕发现打错人后，又想再次开枪射向吉鸿昌。但吉鸿昌一个翻身将刺客手枪踢掉。二吕见打不过吉，便冲出门外，与李、杨一起仓皇从后门逃走。

抗日名将吉鸿昌

这时，租界工部局巡捕闻听枪声，立刻冲上楼来，随即逮捕了吉鸿昌。吉受肩伤，因此巡捕打电话请示工部局后，将吉送进医院治疗，后连同另外二牌友任应岐、李干三一同拘押于工部局。

为了保证吉鸿昌的顺利引渡，4 日后，孔祥熙、宋美龄来到天津，就此问题对法租界施压并买通了法工部局。

于是，14 日吉鸿昌等三人被引渡至天津警察局。

当时任国民党中央军委北平分会会长的何应钦唯恐夜长梦多，急电令天津当局把吉鸿昌押解到北平。在北平，何应钦主持组织了对吉鸿昌的审判，企图从吉鸿昌口中获得北方中国共产党在地下活动的情报。吉鸿昌虽经酷刑拷问，但毫不屈服。1934 年 12 月 24 日，何应钦接到蒋介石的加急密电，指令："就地枪决"。

行刑那天，吉鸿昌昂首走进刑场，从地上拾起一根木棍，在刑场的地上以威武不屈的英雄气概写下"恨不抗日死，留作今日羞，国破尚如此，我何惜此头!"的诗句，然后对监刑者说："给我搬过椅子来，我为抗日而死，我死得光明正大，不能倒在地上。"1934 年 12 月，吉鸿昌被枪杀，时年 39 岁。一代抗日名将，就这样倒在自己人的枪口下。

魔鬼们害怕的"魔鬼"

军统暗杀专家沈醉曾经这样胆颤心惊地描述这个人："世人都怕魔鬼，可魔鬼却怕王亚樵。"

一代民国风云人物，其大名无人不知，无人不晓。据说一提到他，蒋介石就开始牙酸、躲得远远的；汪精卫就按住被他打进脊椎的子弹痛苦得咬牙切齿；戴笠就立即起身检查门窗是否牢牢锁好；而上海滩两位黑帮大亨张啸林和杜月笙则宁愿绕道躲开。

王亚樵到底是何人，干过何事，让这些民国一手遮天的军政要员和黑帮大亨们如此害怕?

王亚樵 1887 年生于安徽合肥，早年加入同盟会，跟随孙中山先生干革命，斗争经验十分丰富，革命热情十分高涨。终其一生，他都贯注于"拥孙、反蒋、抗日"的革命活动，以及奉行"希望通过暗杀震动社会、促使变革"的革命思想。20 世纪 30 年代在上海从事地下工作、王亚樵的重要助手之一、建国后任国务院内务部副部长的华克之后来也曾说过："王亚樵既未通读'马克思列宁主义'，也不相信'神与国家'。他有平等思想，同情劳动人民，否认一切权威。为了救人一难，不惜倾家荡产，万金一掷；听人家几句恭维，也可拔刀相助，不计后果。他是一个精神旷达，乱七八糟的好汉……”

大革命失败之后，王亚樵只身来到龙蛇混杂的上海滩。他召集一帮安徽同乡，组成了“安徽劳工上海同乡会”，建立黑帮恐怖暗杀组织——斧头帮。很快这个手拿利斧诛杀上至国民党要员、贪官污吏，下至日本鬼子、封建余孽、汉奸特务的帮派声名鹊起，杀得上海滩天昏地暗。黄金荣对手下门徒说：“你们以后碰上斧头帮的，尽量离远点！他们都是不要命的，我们惹不起。”

早在20世纪20年代初，王亚樵就展开了一系列反对军阀统治的活动。1923年，王亚樵受南方政府之命，联络孙传芳与段祺瑞共同讨伐曹、吴。为避免后顾之忧，王亚樵下令暗杀苏督齐燮元心腹、淞沪警察厅厅长徐国梁。徐在上海拥有7000名警察在手，又兼任攻浙前敌总司令。11月10日下午6时10分，在上海大世界温泉浴室门口枪击徐国梁，徐被连击5枪，当场死亡。

九一八事变后，王亚樵又积极投身于抗日锄奸的活动中，在他手下丧命的日本鬼子和汉奸数不胜数。在上海，王亚樵将其斧头帮改名为“铁血锄奸团”，以刺杀日本人及汉奸为主。王亚樵等人在浦东轰炸日本海军第三舰队旗舰“出云”号；在日军侵华早期最高司令官大将白川义则、公使重光葵则在上海虹口公园召开的所谓“淞沪战争祝捷大会”上，王亚樵联络在沪的韩国流亡革命党人安昌浩等人，共同策划爆炸案。当场炸死白川义则，炸断重光葵的一条腿。白川是整个抗战被中国人击毙的日军最高级别军官，震惊中外。

1932年，国联调查团来中国调查九一八事变。国联调查团明显偏袒日本，所奉行的英美日等国在东北地区利益均沾、纵容日本侵略的绥靖主义立场遭到中国人民的一致申讨。9月4日，王亚樵派人在上海伏击国联调查团团长、英国前代理印度总督李顿，李顿狼狈躲于浴室才得幸免。

王亚樵更是痛恨丧土、卖国之罪人。九一八事变后张学良避居上海，曾接到王亚樵寄去的一枚取去引信的炸弹，警告这位使东北3000万同胞沦为奴隶的民族罪人，并希望他能重整军队，与日寇决一死战；不久之后，曾向日本透露一二八事变情报的、外交次长唐有壬在签订丧权辱国的《何梅协定》后，被杀于上海寓所。

反蒋斗士

1927年，蒋介石定都南京，内定王亚樵出任津浦路护路司令。王亚樵在南京中山公园“奠都典礼”大会上，发表公开演讲，号召以蒋介石为首的右派“以国家民族为重，勿忘总理遗愿，保障人权，停止屠杀，团结国人，团结所有革命力量，将北伐进行到底。”公开和蒋介石的清共政策叫板，从此二人势如水火。

1928年7月，王亚樵主持击毙在安徽作威作福的、国民政府建设委员长兼安徽建设厅长张秋白。张为投靠蒋介石的安徽军阀陈元调下属，王亚樵此举在于警告参与清共屠杀的国民党诸人。

30年代，王亚樵又先后在上海、南京、庐山等地密谋伺机刺杀蒋介石，五次未遂。如，1931年6月14日在庐山的蒋介石被刺案。当时蒋被刺客连开三枪，幸好躲过，刺客立即被击毙。蒋介石下令不要声张，就地掩埋杀手。

不只是蒋介石连遭暗杀，国民党一干大员也难逃追杀厄运。1931年7月23日，王亚樵组织暗杀国民政府财政部部长宋子文。在宋子文和日本外务大臣重光葵抵达上海时，上海火车站响起一片猛烈的子弹声与手雷爆炸声，秘书唐某被误认为宋，身中数枪，不久毙命；1935年11月12日，在南京中国国民党第四届中央执行委员会第六次全体会议开幕式上，王亚樵派杀手孙凤鸣朝汪精卫连开三枪，枪枪命中，其中一发子弹一直留在汪精卫脊椎骨处未取出。这两次行动是王亚樵的暗杀事业的顶峰。

受业恩师和拜把兄弟

戴笠早在上海“打流”时期，就久闻王亚樵的大名，一直苦于没有机缘接近。1924年春，王亚樵受命到湖州为北伐军招兵买马。消息一传到江山，蛰居在家的戴笠认为这是一个天赐良机，于是当即决定赶赴湖州投奔王亚樵。到湖州后，戴笠通过一个叫胡抱一的江山同乡引荐，终于见到了王亚樵。戴笠此时又一次发

王亚樵

挥他善于识人、投其所好的本领，一番“铲除奸佞，效命疆场”的豪言壮语说到了王亚樵的心坎上。性格刚烈、直爽，极富侠义心肠的王很快任命戴笠当一名分队长，拨给数十名新兵，交其训练。自此，戴笠对王亚樵言听计从，十分恭敬，并坚持以“先生”相称。

不久，胡宗南也来湖州投奔王亚樵，三人朝夕相处，颇为投缘，便结成了拜把兄弟。戴笠从王亚樵身上学到了很多东西。戴笠原本为人骄横，对下属极为苛刻，动则提法，有一次竟然体罚一新兵站在烈日下暴晒，以致其中暑昏倒。王将戴笠狠狠地训斥了一通，并教育他不但要严格带兵，更要体恤下属，这样才能聚拢人心，使下属冲锋陷阵，为上司拼命。一番陈言，让戴笠明白了不少道理。此后戴笠在驾驭人时，必定想起先生的一番教诲，树立威严的同时施以小惠，赢得下属的心。

但不久后，胡宗南接到黄埔军校的复试通知，便南下广州；王亚樵的部队在松江被孙传芳军队包围，突围后解散。至此，戴笠就与恩师王亚樵失去了联系。

七八年过去了，戴笠已经从一个小混混一跃成为了蒋介石的秘密心腹。而王亚樵这时，更加坚定地成为反蒋斗士。1931 年，蒋介石为凑集“剿匪”以及对付西南反蒋势力的粮饷，在全国试行“米照捐”的政策，增加财政收入。王亚樵在安徽组织“安徽旅沪学会”，联合反蒋人士罢市反对，蒋不得已撤销计划。蒋介石获悉这是王亚樵一手发动后，命令撤销学会，并且密令戴笠监视王的一举一动。

于是戴笠和王亚樵再次相遇，但两人此时已经各为其主。

这时期，蒋介石恨王亚樵恨得咬牙切齿。在外交上，王亚樵不仅连番诛杀日本人以及汉奸，还试图暗杀国联代表团官员，弄得蒋介石在国际上极为被动；在内政上，王亚樵不仅密谋杀害蒋介石，还暗杀政府高官，比如副总裁汪精卫，弄得世人皆以为蒋介石所为。于是在戴笠、胡宗南等人的劝降失败后，蒋介石定下杀机，一定要除掉王亚樵这个心腹之患。

这时，王亚樵已经听到风声，避去香港了。

戴笠也即刻启程前往香港主持执行刺杀王亚樵。到香港后，戴笠通过潜伏在王亚樵身边的特务打听到王亚樵的妻弟在香港开了个“茂源绸布庄”，便命令特务秘密监视起来。一天，特务们终于等到王亚樵上绸布庄来了，于是立刻打电话给香港警察局，谎称一伙匪徒在绸布庄聚会。当警察们冲进绸布庄时，王亚樵在楼上见情况不妙，便一个飞身越窗跳到了阁楼外面的房顶上，而他的亲信余立奎等人还没来得及跳就已经被破门而入的警察逮捕了。

当时，正值中英双方大谈“中英友善”之际，戴笠指控余立奎等人是国内重犯，参与多次谋杀案件，要求以刑事罪引渡。于是，英国政府便电令香港总督，准许引渡余立奎并协助逮捕、引渡王亚樵。

王亚樵见香港也不是久留之地，于是带着部分亲信避往西南反蒋人士李济深的老家——广西梧州。

命丧梧州

在梧州，王亚樵住在李济深家的圩子里。深居简出，行踪极为隐秘。戴笠在香港遍寻王亚樵无果，便想从王的亲信余立奎处下手。

余立奎有个叫余婉君的小妾，因为丈夫被关押后，生活困难。侠肝义胆的王亚樵出于对下属的关心，时常在生活上照顾余婉君。戴笠几次试图打听王亚樵的去处，余婉君都不肯开口。于是戴笠就派人在被关在牢里的余立奎面前造谣，说余婉君与王亚樵有染。气得余立奎在小妾探监时，大骂其“不要脸”，还拳脚相向。余婉君受不了丈夫的误会，伤心地跑出牢房。这时，戴笠派去的特务乘机跟上，劝说她供出王亚樵的地址，以示其清白。

余婉君知道这些人是想从她嘴里套出王亚樵的行踪，便咬牙坚持不说。后来特务们见一计不成，又以余立奎的生死相逼，一再劝她帮丈夫立功：“委员长是惜才之人，况且你们还有功于他。他绝不会杀你丈夫的，反而会重用他。”头脑简单的余婉君在威逼利诱之下，终于答应帮助特务们抓捕王亚樵，说出了王亚樵藏身在梧州。

戴笠立即派人带着余婉君去梧州，继续追杀王亚樵。余婉君通过李济深找到了王亚樵，她抱着孩子向王亚樵假意哭诉自己在香港呆不下去了，特地前来投靠王。王亚樵为人直爽，也就没有怀疑，于是亲自安排余婉君的住处。

1936 年 9 月 20 日，余婉君以请王亚樵到家中商谈营救丈夫一事情为借口，将王骗至家中。王亚樵一进门，一个特务立即猛地向他撒了一把石灰，王亚樵眼睛顿时被迷，这时早就埋伏在屋子里的十几个特务猛扑上去，王亚樵仍奋力同特务搏斗。于是，特务们见生擒不成，即向王连开 5 枪，连刺 3 刀，王亚樵当场死亡。之后，特务又残忍地用刀将王亚樵脸皮剥去，并将余婉君灭口杀死。

于是，被人称之为“江淮大侠”、“暗杀大王”、“民国第一杀手”的一代乱世枭雄就这样被自己的学生戴笠派特务杀死了，结束了自己歃血奋战的传奇生涯……

第四节　攘外锄奸

日本外交官失踪案

七七事变前，戴笠特务处的行动，除了对付共产党等民主党派以及镇压各反蒋势力外，还开展了多次的应对日本挑衅和锄奸行动，客观上造成了一定的抗日局面，是符合民族利益的。从抗日御侮这一角度来说，戴笠是抗日名将，是民族英雄。但是他们的反日锄奸举动为了不影响反共大局，又是局限在一定范围内的，其中也往往夹杂着很多剪除政敌的不光彩举动。

1934年6月8日，日本驻南京领事馆副领事藏本英明神秘失踪，一场中日外交风波骤起。但据事后披露，失踪背后其实另有阴谋。6月8日那天，日本总领事馆全体出动为日本驻华公使有吉送行。因汽车人满，藏本英明未能乘上汽车，只好独自一人步行前往车站。众人在车站久等藏本英明，可他一直没有出现，使馆内也不见其踪影。

于是，在第二天早晨，日本驻南京领事馆总领事须磨立即打电话给国民政府要求帮助寻人，下午日本领事馆又正式向中方交涉，认为这是中方所为，要求两天内交人，否则动用武力。

当时，正值日军占领东北、华北，继而虎视眈眈觊觎南部中国。蒋介石又在江西全力“剿匪”，南京仅有三四千守军，以汪精卫为首的国民政府根本无力应对日本的挑衅。于是汪精卫只能向须磨保证全力找人，并召集外交部亚洲司长沈觐鼎、南京警备司令谷正伦、首都警察厅长陈焯开会，严令“饬属加紧侦查，务期水落石出，如有怠忽，定当从严惩处，决不宽贷”。于是，一场“拉网”式的寻人大搜查在全国上下展开。

与此同时，日本报纸开始群轰乱炸、连篇累牍地发表文章，声讨中国政府，如大阪《每日新闻》等声称“这一事件显有反日政治阴谋……藏本失踪事件应由中国政府负完全责任。如无生还之希望，则日方撤回侨民发动自卫”。日本海军第3舰队参谋长高须少将、第11舰队司令杉板少将更是相继率军舰抵达南京江面，以示威胁。日本在华各文武官员集聚领事馆，密谋策划，磨刀霍霍，大有山雨欲来风满楼之势。

在江西剿匪的蒋介石见大事不妙，急召戴笠到南昌，当面命令他迅速查清藏本下落，并全力侦破日本如此兴师动众究竟意欲何为。于是，戴笠特务处会同军警，从南京一直查到苏州、芜湖，并公开悬赏寻人。

在寻人五天后，形势峰回路转。三个在紫金山孝陵陵园工作的园丁张燕亭、霍振麟、魏宗青在明孝陵附近发现一人形迹可疑，

日军战俘

疑是藏本英明。于是三人赶紧报告首都警察厅。警察迅速出动，包围明孝陵，找到此人，确定是藏本英明无疑。

后藏本英明自称仕途失意，便想去南京紫金山上自杀，后因缺乏勇气又折返，因在山中迷路，故此久未下山。寻获藏本英明后，汪精卫大大松了口气，立刻严加保护并让日方亲自来认领。藏本英明被接回日本总领事馆后，便没有再公开露面，6 月 16 日，藏本英明被“护送”至上海，乘“上海丸”日轮返回日本长崎。从此，藏本英明便销声匿迹了。藏本英明被寻获后的口供刊登在 6 月 14 日南京《中央日报》上，这实际上就是向世人宣告他其实是被迫寻死的。

后来戴笠特务处了解到这失踪案背后的阴谋。当时正值中日俄三方争夺中东路权问题，日本为了甩开中国同俄国直接谈判，独霸中东铁路，于是想制造外交纠纷，直接派兵闯入国民政府交通部抢走当年沙俄同清政府签订的有关中东铁路的协定档案。于是日本特务机关为了寻找战争借口，才制造了这起“失踪”案，特意让藏本英明为了大日本帝国利益去死，可惜藏本没有死成，破坏了日本的大计。这起事件，连意大利法西斯头目墨索里尼也叹息：“藏本之觅得，使日本失去一种机会。”

“富商”之死背后的隐情

1933 年 5 月 8 日，平津一带的报纸刊登出一则看似平常却大有深意的报道：“巨商常石谷，在东交民巷六国饭店内，遇刺殒命，凶手逃逸无踪。”

当时人们只当这是一则普通的劫财谋杀案，却不曾想到死者的真正身份，原来是北洋军阀统帅之一、曾任湖南督军的张敬尧，他当时的身份是日伪平津第 2 集团军总司令！

这与当时复杂的华北局势有关。九一八事变后，日本开始逐步蚕食中国东北地区，并伺机侵入华北，完成建立“满洲国”

的计划。1933 年 1 月，日本开始进攻热河，侵占察哈尔省多伦、沽源等地。不久之后，华北屏障山海关被攻陷，日军越过长城，进逼平津，华北地区岌岌可危。面对日敌的逐渐蚕食，蒋介石坚持不抵抗政策，准备与日军签订停战协定，这遭到了国民党内大部分爱国人士的积极抵抗。一部分黄埔系成员坚持要求抗日，与日军决一死战。在华北，东北军、西北军的广大官兵不甘于国土沦丧，纷纷要求抗日救国，热情高涨。1933 年 5 月，冯玉祥、方振武、吉鸿昌等爱国军人在张家口成立“抗日同盟军”，在吉鸿昌的领导下，接连收复康保、宝昌、沽源、多伦四县城。后在中央军和日军的双面夹击下，“抗日同盟军”才失败。

早在 3 月初，日本关东军特务机关长土肥原贤二潜入华北，准备收买平津两地有声望的军阀政客、帮会头目、地痞流氓等，建立傀儡政权，配合日本密谋独立华北。军阀张敬尧就进入了土肥原贤二的视线。

张敬尧，北洋皖系军阀的带头人物之一。他于 1896 年投身行伍，入北洋新军随营学堂，1906 年又考入保定军官学校，成为保定军校第一期毕业生。从 1918 年 3 月到 1920 年 6 月，张敬尧任湖南省督军时，因贪婪成性，遭到当地军阀、土豪的反对被迫辞职。他又先后在吴佩孚、张宗昌、张作霖部

张敬尧画像

下任司令、军长等职。

这时，张敬尧在政治上已经成落暮之鹰，极力想找大靠山，东山重起，于是二人一拍即合。张敬尧被关东军委任为平津第2集团军总司令。日本人命令他携带700万元活动费，潜入华北，密谋在平津进行暴动，策应关东军进占平津。

虽然此时的华北日军势在必得，蒋介石绥靖不抵抗，但他也认识到失掉华北所带来的整个策略上的失败，于是一方面为了稳定华北局势，推进他“攘外必先安内”的政策，展开对日情报和诛杀汉奸的活动，遂派戴笠和复兴社高干刘建群到华北，分头行动。由戴笠负责加强华北地区的特工活动，展开对东北军、西北军的监视、控制工作以及布置对日情报活动，而刘建群则负责配合何应钦的北平工作，积极宣传蒋的不抵抗主义。

戴笠到北平后，鉴于情势的复杂性，决定成立特务处华北区，抽调大批特工力量充实华北区。由特务处副处长郑介民兼任华北区长，统一指挥华北各地区的特工力量，对外则以军委会北平军分会上校参谋的名义作为掩护。因此，张敬尧秘密潜入北平，伺机策应平津暴动的情报被北平区特工侦悉。他们立即报告了蒋介

东交民巷使馆区

石、何应钦。蒋等认为要尽快除掉张敬尧，以绝后患。于是戴笠奉命，指派华北区长郑介民指挥行动。行动组由天津站长王天木、北平站陈恭澍、白世维、戚南谱等人组成。

当时秘密潜入北平城的张敬尧住进东交民巷的六国饭店。东交民巷是北平城的使馆区，拥有治外法权，不受中国政府法律的约束。而这种普普通通的六国饭店因坐落在此，宾客盈门。因为住这里的客人可以享受到这种特殊法权的保护。郑介民于是决定由王天木、白世维到六国饭店内监视张敬尧居住的具体房间，由陈恭澍、戚南谱在北长安街待命，伺机出击。

六国饭店

当王天木、白世维等人潜入饭店后，正巧遇上了给张敬尧做西服的裁缝店掌柜。于是王、白等人套出了张住的房间号——在饭店三楼，连同张敬尧的参谋长和副官一共三间房。于是，二人前往饭店订相邻的房间，伺机行动。可是，十分凑巧的是，当王天木、白世维到六国饭店时，三、四楼房间已经满了，两人只好去二楼开房间，准备伺机动手时，却偶然在二楼一间房中发现了张敬尧！

见此千载难逢的机会，王天木、白世维也就来不及请示，当机立断，立即展开锄奸行动。白世维靠近半敞开的房间后，立即从腰间拔出手枪，对着张敬尧“砰！砰！砰！”一连三枪，张敬尧当即倒下。见张当场毙命，白世维大步奔下楼梯，昂首阔步，端正从容地走向大门，与在外的戚南谱乘车逃逸。而王天木听到枪声后，也迅速走出饭店，坐上洋车开走。这次行动，从发现目标到乘车离去，前后不到五分钟。

晚上，郑介民从医院得到确凿消息："张敬尧已于下午三点伤重毕命于德国医院。"众人终于长长地舒了口气。戴笠得知，极为高兴。这次漂亮的暗杀成为特务处成立后实施的第一个比较有影响的行动。北平站的背后领导——国民党华北当局高层和北平军分处因为处境问题，始终没有公开这次行动，更抵死不承认自己就是主谋。而日军方面也因怕暴露策动张敬尧搞暴乱、阴谋成立"华北国"的野心，故也不敢声张，只能哑巴吃黄连。

第八章
西安转点

第一节　西安“敌”情

收买、瓦解两广兵变

1936年5月，广东的陈济棠和广西的李宗仁以“抗日救国”为旗号，起兵反对蒋介石。当时两广共有40万兵力，海、陆、空三军齐全。特别是陈济棠为谋反蒋成功，多年来集中财力购买了数百架飞机，组成了庞大的广东空军。戴笠向蒋介石献策，建议以重金收买的方式策动两广军队造反。蒋介石即命令戴笠率同郑介民等人赴港执行命令。戴笠为了收买两广空军花了大量的钱财，先以12万港币买通广东空军飞行员黄志刚，进而收买了27名飞行员；之后，又派女特务黄佩贞色诱广东空军司令黄光锐，花了40万港币，换得了黄光锐率领粤方空军和地勤人员全部叛变。就在陈济棠就任“抗日联军”总司令的第三天，广东空军集体飞向南京。与此同时，广西空军也叛逃。蒋介石就这样不惜血本，靠着戴笠的运作与斡旋，不费一兵一卒就平息了两广兵变。

两广兵变平息后，蒋介石开始调集大量的军队和特工人员开往华北和西北两个方向。

瞄上大西北

在西北，蒋介石最担心的是在陕北的红军，因此他一方面派张学良、杨虎城去陕北“剿匪”，配合中央军队与红军作“最后一战”；一方面加强对红军的情报工作，侦查红军动向、兵力和部署。

早在1935年，中共工农红军到达陕北时，戴笠便密令成立了特务处西北区和西安站，派西安人马志超担任西安站站长。

马志超，黄埔一期生，原任蒋嫡系第80师团长，因为与团长陈明仁夺权失败，而投靠戴笠。马虽然是黄埔一期生，资格很老，可头脑简单，不适合做侦查工作。他到西安后，除了逮捕过几个共产党之外，就再无建树。

戴笠遵照蒋介石加强情报工作的想法，对西北区的组织进行了一次大调整。首先，派遣了一大批中共叛变特务前往西北一线作战，企图“以共治共”；其次，派特务处“反共专家”、上海区长王新衡担任西北区长，加强对共情报工作；最后，他将在西安军警宪联合稽查处任职的中校毛人凤调任特务处机要室秘书，加强对西北区业务的处理速度和效率。

毛人凤，黄埔军校五期生，也是戴笠的老乡。以前因为比戴笠先走出去见了世面，便极力劝说戴笠报考黄埔军校，从而使戴笠走出了浙江这片小天地。戴笠对此人十分感激，加之又是同乡，自然比别人多一份信任。一纸调令，便让毛人凤得了一个大翻身，从此进入特务处核心机密圈，成为戴笠的心腹和看家人。

这个时期，戴笠特务处在西北区有几个重要的监察对象：

对象一：西北红军。戴笠要求西北区收集红军情报，侦察红军动向，以便为“剿匪”提供参考。

对象二：张学良和东北军。九一八事变后，蒋介石的“不抵抗”政策在东北军内部引起了很大的怨恨。戴笠要求重点监视东北军内部有反蒋言论和抗日救国思想的高级将领以及进步人士活动，以防止他们消极对待“剿匪”。

对象三：杨虎城和西北军。戴笠对杨虎城尤其的忌讳，他多次对马志超说：“杨虎城智慧很差，野心却很大，最靠不住，你要特别留意。”杨虎城身边将领和警卫都十分忠诚，防御得滴水不漏。为了在杨虎城身边安插眼线，戴笠大费周章。他到处请人拉关系，介绍认识杨虎城身边的人。其中一个人便是杨虎城派驻南京、武汉办事处处长胡逸民。胡的姨太太向影心一向活跃于社交界，认识很多重要人物。戴笠见有机会可以见缝插针了，于是他私下和向影心勾搭，吸收她加入了特务处。向影心定期向戴笠报告杨虎城身边的内幕情况，并陆续把杨虎城手下的一些见利忘义之徒收买过去。不久，胡逸民发现向影心的居心后，与她分了手。不过，有了向影心这个内应后，戴笠对杨虎城的一举一动尽在掌握之中。

对象四：驻防西北的中央军。戴笠最怕驻西北的中央军与张、杨联手，消极剿匪，积极抗日，于是，他多次指示西安区，加强对中央军的监视。但对胡宗南的第1军是个例外。

最后，戴笠还想出了一条挑拨离间计。为了挑拨张学良和杨虎城的关系，他要求特务们制造和利用东北军和西北军中下层之间的不和，扩大裂缝，挑拨是非，破坏关系，企图制造东北军和西北军上层的隔膜。但是张学良和杨虎城并没有因为下级军官的不和，而产生嫌隙。他们都认为东北军和西北军之间是一个“分则共亡、合则同存”的利害关系。为了麻痹蒋介石和戴笠等人的视线，两人采取“暗通明不同、上合作下不合作”的办法，在公共场合尽量表现出两方的矛盾和不和，而在私下两方高层则坦诚合作，与共产党接触，一致抗日救国。

张、杨这一手，不仅成功躲过了西北地区特务处、复兴社、CC系等特务机构的监视，还迷惑了戴笠和蒋介石。他们深信张学良和杨虎城的确“不合”，起了“冲突”。这也是后来蒋介石大意入西北的原因之一。

第二节　张、杨“兵谏”

被忽略了的大情报

1936年12月，戴笠派去潜伏在东北军内部的副连长张华先报告特务处，张、杨二军与中共红军定下“君子协定”，联合抗日。此时，北平宪兵司令部也传来了同样的情报。

张学良与杨虎城

这时期，蒋介石正往返于济南、太原、兰州之间，与各方军政大员协商剿匪事宜，又集结10万中央军发动对红军的最后一击。同时，他多次催促张学良和杨虎城的军队加紧“剿匪”行动，并决定亲自前往西安督促。

戴笠综合两份情报，向蒋介石报告了张、杨与共产党接触的情况。蒋介石指示戴笠继续查探，注意保密。戴笠密令西北区长江雄风确认消息的可靠性。江雄风，黄埔二期生，此时已被胡宗南要去做第1军工作，只是因新任区长王新衡没有到任，而暂代西北区长。不久，江从张学良身边的亲信手中得到进一步的情报——张、杨打算在蒋介石在西安督促剿匪之时，发动“兵谏”，逼迫蒋介石联共抗日。

戴笠一得到情报，就火速赶去给蒋介石报告。这时蒋正要踏上去西安的飞机，以便敦促张、杨“剿匪”。看到这份情报，蒋介石良久思考后，并没有采信。因为他平时收到的尽是特务们报告上来的张、杨“冲突”，不相信他们会联合起来反他。而且，蒋介石对张学良很信任，他相信张学良也对他十分忠心。至于戴笠因为他与张学良私交甚好，也认为这是个别人捏造的，并没有深究，也没有适时地劝阻蒋介石飞往西安。于是，蒋介石放弃了这唯一的一次可以避免“西安事变”发生的机会。

“兵谏”发生

1936年12月12日，震惊中外的西安事变发生，张学良、杨虎城拘捕蒋介石，要求他停止内战，联共抗日。

事发当晚，戴笠正在广州，得知消息后立即飞往南京。当时西安站站长马志超已经逃跑了，西安的组织已经全部瓦解。为了弥补，戴笠立刻派人携带秘密电台通关，利用邮电车掩护接近西安，搜集情报，准备营救蒋介石以及对东北军进行策反。

戴笠此时，深感压力巨大。一方面南京已经出现反蒋逆流，局势走向难以掌握。以何应钦为首的主战派主张立即讨伐，派飞机轰炸西安。而宋美龄等主和派则坚决反对武力解决。一时间莫衷一是，暗潮涌动；一方面蒋介石安危未定，身为蒋介石的“秘密耳目”，自己当然难逃罪责，前途堪忧。

主战派和求和派各自开始加紧游说黄埔系各实权将领，以便于控制军队。黄埔系将领内部在尽快“营救”蒋介石出险这个问题上是一致的。以掌握军权的高级将领胡宗南、刘峙、顾祝同等为代表，他们或通电全国，或致电张、杨，坚决反对张、杨发动西安事变，要求张、杨恢复蒋介石自由，“礼送”领袖蒋介石回南京。

黄埔系领导的军队为避免事态进一步恶化，大多都采取克制的办法，按兵不动。

12 月 12 日，驻扎在潼关附近的樊崧甫部赶到潼关，将驻守在潼关的东北军缴械，占领了潼关，将主力部队集结在潼关附近。樊崧甫在占领潼关、华阴后，立即向孔祥熙报告前方军事情况，隔渭河与东北军对峙，至事变结束，没有发生过大规模的冲突。

桂永清率领交警总队赶赴陕西，在赤水与东北军对垒。

刘峙虽然就任东路集团军讨伐总司令，但对军事行动并不积极，行动十分迟缓。

胡宗南存兵观望，一再向张、杨通电劝和。

顾祝同不仅不就任西路军总司令职务，反而留在南京与孔、宋策划和谈事宜。

这些举动极大地抑制了主战派的军事行动，使主战派的计划难以实现，从而有力地推动了西安事变的和平解决。

黄埔系的另一批人，如戴笠、邓文仪、郑介民等复兴社头目也聚集在一起讨论如何营救蒋介石。贺衷寒、邓文仪等复兴社高干主张集中全力营救蒋介石脱险。但在蒋介石被扣押期间，则要一致服从何应钦的领导。而戴笠、文强、郑介民等反对盲干，认为“救校长要救活的，用兵则有死无生，谁也不能胡干”。

对戴笠而言，还有一层压力便是他不可推卸的情报失误。如果蒋介石一去不返，他可真的前途堪忧了。国民党内的蒋系分子、黄埔同学一定会质问其情报工作并乘机拉他下马：“你负特种工作的责任，为何使校长受此危险？校长如有不测，我们将找你算账！”

戴笠思度再三，决定听从部下周伟龙和挚友胡宗南的建议，亲赴西安营救蒋介石。

挺身赴险

西安事变发生的第十天，即12月22日，宋美龄、宋子文、端纳、戴笠等一行7人，从南京出发，飞往西安。

张学良

张学良（1901—2001），字汉卿，汉族，祖籍辽宁海城。陆军一级上将，奉系军阀首领张作霖长子，人称“少帅”。西安事变后，张学良被移交军事法庭，判处长期监禁。

戴笠陪同宋美龄前往西安，并不是一时头脑发热的表现。一方面，既然张、杨同意宋美龄兄妹前往西安，表示和谈还有希望。另外，宋家和张家的关系匪浅。有大人物在前面挡着，戴笠相信，他们不会为难自己这个“小鬼”的；另一方面，戴笠相信张学良不会加害自己。早在30年代初，蒋介石派戴笠前往北平同张学良商议军务时，戴笠就结交了张身边的许多亲信，和他们的关系十分紧密。再者，张学良为人重义气、重友情，不会做得太绝情，断然不会为难他。

最重要的是，戴笠从挚友“西北王”胡宗南那里得到了情报和意见。胡宗南根据情报分析判断张、杨的意图，只在逼蒋抗日，并非要密谋不轨，加害蒋介石。“西安事变”能否解决的关键在于蒋介石能否转变态度，而不在张、杨。听胡宗南的一番判断后，戴笠痛下决心，一心要去保护主子蒋介石。

戴笠随身带了两把手枪以防万一。但是，深陷西安，岂是两把枪就能挽回局面的？戴笠深知东北人的性格秉性，连委员长都能绑架，还有什么干不出来的？他又担心中共方面为张、杨出谋划策，心里一阵绝望。

果然，下了飞机后，戴笠立即和宋美龄等人被隔离开，他又被杨虎城部下搜走了随身携带的两把手枪，独自被带上一辆驶去未知方向的小轿车。在一间阴森潮湿的地下室里，戴笠焦急地等待着。自从下飞机被带到这里后，就再没有人来询问过他。除了定时送来三餐，他就和外界再无任何联系。委员长到底是生是死？宋氏姐妹到底能不能说服张、杨？张学良到底会不会加害于他？这一个个问题，想得戴笠心生绝望。于是，他提笔写下日记：

“至昨日下午到此，即被监视，默察情形，离死不远。来此殉难，固志所愿。惟未见领袖，死不甘心！——领袖蒙难后十二日戴笠于西安张寓地下室。”

24 日，在戴笠被监禁的第三天，地下室厚厚的大门终于露出了希望的阳光。张学良神情憔悴，缓缓走进地下室，坐在戴笠面前。什么话也没说，拿出一份东北军联名呈上的请愿书递给戴笠，戴笠定睛一看：“请速杀戴笠！以绝后患。”

戴笠强作镇定，心想已经无力回天了，于是表达了与委员长一同赴死的决心。张学良连忙解释逼蒋抗日的意图，并表示软禁戴笠于地下室是为了保护戴的安全，并嘱咐戴一定要收敛。戴笠还在半信半疑中，张学良也不愿多说，便匆匆离开。戴笠在茫然不知中，西安事变已经慢慢和解。

第二日早晨，凛冽的西北风夹杂着黄沙漫卷天地，在西安机场，戴笠终于见到了多日未见的校长，心中大石终于落下了。

张学良陪同蒋介石返回南京后，即被扣押。于是，张学良开始了长达半个多世纪的囚徒生活。70多年后，保存在美国斯坦福大学胡佛图书馆的蒋介石日记被公之于众。日记中记录了蒋介石囚禁张学良半个世纪之久的原因——过去对张学良太过信任，反而被张学良扣押，不扣押张学良，蒋介石心中之愤难平，表明他至死也不能原谅张学良、杨虎城。

第三节 咸鱼大翻身

“兵谏”余音

1936年12月31日上午，国民政府军事委员会特别军事法庭宣判：“张学良对于长官为暴行胁迫，判处有期徒刑10年，剥夺公权5年。”宋子文和宋美龄鉴于他们对张学良做的保证，多方设法营救。1937年1月4日，蒋介石又将张学良“特赦”，把他交由戴笠看管。张学良的被扣激起了东北军、西北军的强烈愤慨，他们强烈要求蒋介石遵守自己在西安的诺言，无条件释放张学良。东北军极力发动救张运动，表示“张一日不回，一日不听中央令”。

这时，蒋介石又下令调防西北军，杨虎城设法联络韩复榘等地方实力派向南京施压，呼吁释放张学良，撤退关内中央军并立即发动抗日。蒋介石这边，命黄埔嫡系顾祝同为总司令，刘峙为副司令前往洛阳，准备对西安作战。

局势一触即发。

这时，戴笠受蒋介石之命，召集北平原四维协会中东北籍的理事王化一等人从中调停。接着前往扣押张学良的孔祥熙公馆，力劝张学良。一番慷慨陈言，说什么东北军最近的举动将会使他“一身当之请罪”的愿望落空，张学良不得不提笔写下一封亲笔函，交由王化一等人，希望能劝服东北军和西北军。

戴笠同时也加紧了对西安西北军方面的策反工作。他利用向影心策反了西北军廖征流、刘多基、吴克仁等杨虎城的亲信，杨的警卫第二旅张鸿远也离杨投落。杨虎城部下反叛，杨虎城被迫出洋，东北军则调离苏皖，西安事变遂告一段落。

虽然西安事变结束，国共两党合作抗日，但两位功臣却开始了自己的囚禁生涯。

功臣张学良，1937 年 1 月 30 日，被戴笠亲自监送到蒋介石老家浙江奉化雪窦寺囚禁起来。戴笠鉴于和张学良的私交以及宋氏兄妹的嘱咐，在生活上还是很关照张学良的。不过，他也谨遵校长的命令，“严加管束”。戴笠派心腹刘艺光、许建业为正副队长，率兵看守。另派一个连的宪兵在外围把守，将雪窦寺包围得像铜墙铁壁般。

不仅如此，每逢张学良要接见东北籍人士时，戴笠都适时地出现并自始至终地陪同，防止来宾与张深谈。不久，张学良夫人于凤至和赵绮霞分别来溪口陪伴张学良，但张学良生活仍旧感到苦闷。戴笠规定他只能在寺庙附近的一小块范围内活动——东至宁波、西至新昌县，活动时还不能单独行动，必须受到严格“保护”；其次他所读的书报不仅有限，而

张学良手迹

蒋介石夫妇与张学良夫妇

杨虎城将军蜡像

杨虎城（1893—1949），著名抗日爱国将领，民族英雄，陆军上将。与张学良发动“西安事变”后，被国民政府监禁12年，1949年被蒋介石秘密杀害于四川重庆戴公祠。

且全都是经蒋介石指定和戴笠严格审定的。行动上和思想上都极其受限制。好在张学良后来对明史和佛经发生了兴趣，积极研究，蒋介石也不反对，张学良才有所寄托。

从浙江西口到安徽黄山，从湖南益阳到贵州阳明，又从重庆到台湾，张学良一直过着囚徒般的生活。直到蒋介石父子去世后，他才得以移居美国。这时，张学良已是一垂暮老人矣。

而另一位功臣杨虎城将军则在西安事变后被迫出洋。蒋介石仍不放过他，曾授意中统特务在杨虎城出国之时，找其仇家以“报私仇”的名义暗杀他，但均被严正拒绝。全面抗战爆发后，杨虎城多次请求回国参战抗日，蒋介石最初很是反感，但他得知杨虎城有意转到苏联回国的消息后，深恐杨回到西北会给他造成新的麻烦，遂决定监禁杨虎城。1937年11月31日，杨虎城由香港飞抵长沙，去武昌找戴笠时，不幸落入魔掌。杨虎城乘坐的火车一到武昌，立即被戴笠一行人“迎接”走了。就这样，杨虎城也开始了囚徒般的生活。戴笠将杨虎城一家囚禁在距离息烽县城十几里远的高山上一处道观内。此道观在一个天然大洞里面，终年不见阳光，潮湿昏暗。虽然如此，但戴笠还是不放心，他又加派了人手，一队特务人员负责内部守卫，一队宪兵担任中层警卫，军委会特务团第2团担任外围警卫。就这样里三层外三层的将杨虎城全家监禁起来。1949年，国民党败退台湾时，蒋介石又命令戴笠将杨虎城一家和随员杀害于重庆松林坡。一代爱国将领杨虎城就这样丧命于蒋介石的屠刀之下。

因祸得福

西安事变对于军统来说，特别是对戴笠来说，是一个绝地大翻身的机遇。相比而言，中统则是不明真相，蒙在鼓里。次年，才从一些报道中了解了事变的来龙去脉。

蒋介石既然已脱难，该赏该罚，也要有个说法。

蒋介石先后处罚了派在东北军做监视的原“西北剿总”参谋长晏道刚、政训处长曾扩情。之后，再免去了倒向何应钦的复兴社的高干、军委会政训处长贺衷寒。蒋介石又找机会罢免了何应钦的军政部长一职，让亲信陈诚接替何应钦。而对于戴笠，蒋介石不仅开始重视其军统的情报，更在情感上对于戴笠敢于冒死赶赴西安营救自己表示发自肺腑的感激。蒋介石也逐渐将身边的警卫大权交由戴笠负责。军统特务们在大摆“庆功宴”时，更是将戴笠捧作当年赴永丰舰保护孙中山的蒋校长。

遍翻蒋介石的公开文集和演讲，提到戴笠二字的只有一次，这就是在《西安半月记》中。由此可见，蒋介石对戴笠的西安赴险是一直铭记的。后来，宋美龄在《“西安事变”回忆录》中，又一次

西安事变时宋美龄乘专机前往西安

提到了戴笠。由此可见，夫妻二人在情感上已经被戴笠的“救驾”行为所感动。

西安事变之后，戴笠患慢性盲肠炎在上海医院动手术，蒋介石特地让宋美龄代表他去看望。宋美龄还亲自关照医院：没有完全痊愈，不准戴笠出院。可见，这时蒋介石对戴笠是如何的厚爱有加。这在西安事变之前，是完全不可想象的恩宠。难怪连当时专程赶到上海看望戴笠的胡宗南也不禁羡慕和嫉妒起来。

第九章
缔造“魔窟”

第一节 “军统”与“中统”

甘当副局长的“戴老板”

1937年7月7日，日军在北平卢沟桥发动了震惊中外的“七七事变”，中国军队奋起抵抗。“七七事变”标志着中国人民全面抗战开始。

戴笠

抗战期间，戴笠领导军统抗击日军、暗杀汉奸、获取情报，为抗战胜利作出了一定的贡献。此照片拍摄于1945年11月。

为了适应抗战形势的需要，蒋介石和南京国民政府进行了一系列的组织、政策调整。其中一方面便是大大调整了情报机构的组织机构和加强了工作力度。

原军委调查统计局一处扩编为“国民党中央调查统计局”，简称“中统”。1938年5月“中统”在汉口成立。8月，将戴笠掌握的二处升格为“军事委员会调查统计局”，简称“军统”。

局长由蒋介石侍从室第一处主任何耀祖兼任，戴笠任副局长。但是大家心里都清楚，局长只是个挂名而已，真正掌握实权的是戴笠这位副局长。所以军统上下都知道戴笠是他们的最高指挥人，并且习惯称呼他为“戴老板”。

为何戴笠要甘愿做个副局长呢？其实他的退而求其次，也是有一段内幕的。

中统成立时，中统内部CC系干将徐恩曾为了争夺局长之位，无所不用其极，蒋介石对徐的行为非常不满，最后只给了他一个副局长的位置。戴笠深知蒋介石用人猜忌的性格，吸取教训，不宜锋芒过露。于是在军统成立时，他主动表示自己不当军统“一把手”，他自谦道：“雨农不才，学识、资历、名望、功勋均不够局长之资格，望校长另委局长一任，雨农愿竭力辅之。”一席话，听得蒋介石极为悦耳，从此对戴笠更加器重。

抗战时期，戴笠给自己的特工组织定下的任务：搜集敌军情报，坚持敌后游击战，揭露汉奸及“分歧分子”，检举奸商和走私，监督战时交通运输。

这时，军统改革了在沦陷区的机构设置。除在沪、平、津三大城市设立区站外，沦陷区的其余各地组织均改为组，每组三到五人，配给电台，以此与各战区当地军事长官密切联系，同时做好电台掩护工作，以保证电讯畅通。除设组外，军统还组织成立了爆炸队、游击小组及铁道破坏队。小组和队之间分工合作，密切配合，以小组为单位刺探军情，交由各队负责完成爆炸、狙击、破坏等任务。

军统的成立，使戴笠一手创建的秘密情报组织彻底公开化、合法化了，他的势力也日益壮大。抗战时期，军统局外勤单位已经在30多个大中城市建立区站以及在沦陷区各地建立300多个工作组，网络遍及全国各地。在编人员从战前的三四千人也急剧扩展到7000多人。势力范围更是伸向东南亚地区，在越南、缅甸、菲律宾、印度、马来西亚等国建立组织。1942年到抗战胜利前，军统有5万余人，另还有特务武装部队近20万之众。

军统的五大“使命”

通过抗战，军统也掌握了以下这五大利害部门，这五大部门逐渐成为了军统行动的支柱。

“锦衣卫”特务总队。由特务处的行动队扩充改建而来，他们经历了由便衣到着装、由秘密到正规的转变。特务总队下设三个武装大队和一个便衣中队，负责军统机关和戴笠、宋子文公馆的警卫以及军统监狱看守所的警戒工作。这个总队的可怕之处在于，它有逮捕和审讯犯人的权利，不论是犯人还是军统内部违纪人员，一谈到它都为之色变：那里有负责对肉刑工作进行研究的专人，也有配备齐全的各种刑具，还经常从里面传出令人心惊肉跳的惨叫……

“顺风耳”军委会办公厅特检处。负责海陆空交通邮电的检查工作，扣留对政府不利的通讯宣传品，同时帮助军统查探情报，搜集材料。这个处是军统“油水”最丰富的一个地方。工作人员经常有机会接触到达官贵人，当时极为时髦的手表、金币、西装等物品，他们唾手可得。许多高官也经常向这里推荐“亲朋好友”。下属的重庆邮检所是最大的单位，有200余人。他们的工作重点是对在渝的中共机关人员来往信件、《新华日报》等进行大量扣压、破坏以及销毁工作。

“路路通”水路交通统一检查处。戴笠接管后，全国水路交通检查统归其管，方便于他反共以及走私货物，使他的特务王国更加“通天下地”无所不能。戴笠在这个要害部门安置了两个亲信：其一是他的“十人团”成员之一张炎元，任副处长，戴笠不在时，便由他代理主持工作；另一位是“十人团”成员胡天秋，任业务组组长，把握全国水路交通要道的关卡，兼顾反共、防敌、缉私等工作，这是一个十分有实权的岗位。军统可以任意在全国交通要道设立关卡，防共反共或走私货物。例如他们为了孤立中共根据地，防止人们进入中共管辖范围，特意在通向西北公路的青木关设立了检查所，这是从重庆到中共边区的第一道障碍。军统特务在此驻扎，严查一切过路者。只要证件稍不过关，特务们便加

军政部兵工署第二十五兵工厂颁胜利纪念章

以刁难和扣压。对中共军队尤其苛刻，他们曾强令中共领导的国民革命军第18集团军（即八路军）将领下车，在雨中等候检查。而他们对自己内部的人却营私舞弊，包庇、纵容，特别是对与戴笠特别要好的人士，如杜月笙、孔祥熙或者宋美龄等人的货物，无论查出了什么私货违禁品，皆可退货放行。

兵工署警卫稽查处。这个是蒋介石特意针对兵工厂警卫队设置的一个控制机构。当时重庆内迁了许多兵工厂，蒋忌讳兵工厂的众多警卫队手握武装，易于被煽动造反。于是就派戴笠去主管安全和警卫工作，而以俞大维为首的兵工署只管生产和技术。

“王牌军”交通警察总队。它的基础是抗战初期戴笠组建的忠义救国军。抗战中后期，戴笠在忠义救国军内挑选了一大批精英，用美援装备和美式训练亲自训练了这批人。训练时间每期为三个月左右，主要内容是训练美国武器的使用和爆破、侦察、游击等。抗日战争胜利后，这支部队均并入交通警察总局。蒋介石十分倚重这支部队，除了利用它担任铁路、公路的警卫之外，还多次把它投入反共的战争中。1949年春，蒋介石“下野”后，还特别指定几个交警部队到宁波奉化去保护他。

第二节　特务训练班

“精英”教官与“工作太太”

军统成立后，鉴于组织的扩大和业务的扩展，戴笠抓紧了培养特工的工作。1937年9月，以抗战救国为名，他在湖南临澧县开办了“中央警官学校特种警察临时训练班”，又称“临澧特训班”，简称“临训班”。那时戴笠兼任中央警校校务委员会主任，因此以中央警校的名义在湖南、河南、四川、安徽等地公开招生。这个临训班的学员成为戴笠组建军统基层干部的最早来源。

临训班主任由戴笠兼任，军统大员余乐醒、乔家才等为副主任，军事专家吴玉良负责军事训练。

临训班的教官，几乎囊括了当时军统局里面最有能力、最优秀的人才。除了军统有名的“训练专家”谢立公任总教官外，副主任、军统另一位“训练专家”余乐醒以及刚从德、意两国学习特务工作回国的范学文、蒋镇南、冯文尧、王渭周四人担任特工常识的教学；曾任巩县兵工厂厂长的刘绍复和专门研究爆破的黄林玉担任爆破术教学；有多次暗杀大案经验的沈醉和擒拿能手朝鲜人金民杰担任行动术教学；军统情报专家陆遂初主讲情报学；戴笠把兄弟、曾任张学良副官的吴时泰担任国术教学；戴笠的私人摄影师王文钊担任摄影教学……可见戴笠对这个训练班的重视程度。

除进行特工常识、爆破、行动等特工基本训练外，临训班还十分重视反共的政治教育。主要由政训处长、军统著名的“反共宣传家”汪祖华和曾在黄埔军校担任过政治教官的中共叛徒廖华平担任。还开设“中共研究”等课程，由共产党叛徒来主讲，张国焘投敌后也曾派代表来讲课。

临训班还开设了许多别的课程，如电讯与会计两门课，电讯课是由军统电讯处林郁民主持讲授，从法国留学回来的魏文海担任会计与统计学教学。

除了这些专职教官外，戴笠还经常临时指派一些军统有经验的特务去训练班办讲座，如湖南站长李人士、军统第一处处长杨继荣、曾经代理过军统书记长的傅胜兰和李果湛等。

训练班开办之初，有1100多名学员，男生占了绝大多数，为了培养更多的女特工，胡宗南将自己以中央军校西安第七军分校名义招生的60多名女学员拨给戴笠。这些女学员来到训练班后，方知自己被骗，大部分要求回到第七军分校。总教官谢公立和政训处长汪祖华多次与她们谈心，极力挽留，才让这批女学员暂时安定下来。

戴笠用人一定会人尽其用，他对这群女学员，不论在培训时还是毕业后，均让他们发挥了最大的能量。当时许多军统的大特务来训练班讲课，戴笠允许他们在这些女学员中挑选自己的“工作太太”以配合工作，例如武汉区长的李果湛便选中了一个湖南籍女生当他的“工作太太”，还有派往上海工作、投敌成为伪杭州市市长的傅胜兰也是在这个班中挑中了一个“工作太太”。而毕业后，这群女学员也各自开始了自己的特务生涯，或被派往基层服务团搞情报工作，或被派往沦陷区进行色诱、斩杀日伪汉奸的特工工作。

行动秘诀

支持军统特务系统的有两大部门：行动部门和情报部门。除去搞电讯的情报部门，行动部门的工作范围非常广泛，如解送、看守、纵火、偷盗、逮捕、绑票、刑讯、暗杀等，都属于这个范围。

临训班的学员不论被分到什么样的专业，都要首先进行一定的特工常识培训，这门基础课由军统技术骨干、临训班副主任余乐醒担任主讲。他专门为此编辑了一本叫“特工常识”的讲义，里面涵盖了进行特工工作的所有基本常识，如行动、情报、侦察、秘密通讯、邮电检查、化装、毒物使用、爆破等。

经过一段时间的培训，再根据每个学员的资质划分培训中队。具有高中学历又聪明机灵的被选入情报队，学历较差但身体强健又勇敢大胆的被选入行动队，对军事有点基础的被选入课参队，剩下学识比较差的统统归于军事队学打游击。

被分入行动队的学员，他们的训练课程主要是围绕拘捕、暗杀这些行动来展开的。教官首先会笼统地介绍一些跟踪方法以及匕首、毒刀、利斧、手枪等武器的使用方法，等学员有一定的认识后，再讲授如何追捕与脱逃，辅之以实践体验。

训练初期，教官们首先教一些行动的常识和器具的使用方法，这些课程让对特务工作性质处于懵懂阶段的学员来说是非常有趣的。他们总是期待教官像玩魔术、杂技一样示范特工技能。比如，在教手枪的使用与携带时，教官一面教导手枪的重要性以及隐蔽性，一边在学员注意力集中时，迅速掏出手枪，向预先挂在教室半空的枪靶射击。动作快速、干净，很多学生甚至还没来得及看见教官动作，就听见“砰”的一声枪声，然后枪靶摇摇晃晃地悬在半空中；还有一门课，是专教人在没有钥匙的情况下如何开锁，学员对此也很有兴趣。教官示范不用钥匙开手铐、开锁等东西的时候，总是就地取材，随便找一些替代品就能马上打开。

一些课程还是让学员毛骨悚然。比如在讲如何下毒时，教官们不仅从理论上分析各种毒药的性质、使用人群和方式，还经常用狗来做实验。一次，教官在一块牛肉上滴上几滴事先配好的药水，丢给狗吃下去，不到几分钟内，狗便在地上翻来覆去，不久便死了。其实这门课程，只是教授学员如何下毒，而如何配制毒药却是军统的高级机密，绝不会公开传授。一般如果要采取下毒杀人的这种方式，军统会事先将毒药配制好混入食物中，交由特务使用。

国民党特务正在教室内学习

对行动基本知识经过一段时间的讲授后，教官们开始教授逮捕等深层次知识。为了让学员体会教学，教官总是拿实际经验与学员分享。比如在讲逮捕要领时，教官除了教学员怎样防止反抗外，还必须根据逮捕的不同对象，采取不同的绑架方式。如果是抓捕小孩、妇女、老年人时，很可能遇上的不是反抗，而是赖着不走或大哭大叫，这就特别容易引起围观，而又无法动之以利害或威逼。如果遇到这类的人，特务们便可以采取诱拐或者有技巧的钳制其身体，使之无力挣扎叫喊，痛苦万分，不得不跟着走。

除了讲授这些实际的案例，教官们还采取亲身体验的方式边学边教，当场请学员上去实践。不过这种课堂体验，经常把学生弄得伤筋折骨，痛苦不堪，教官也乘此机会好好收拾一下这帮学员，树立威信。被叫出来实践的学员，大多吃了苦头，只能自认倒霉。但有些个性要强的学员，往往很不服气，就会被教官大大修理一顿。根据沈醉回忆，其中有个叫严燮的学生，“因在上擒拿课时和教官金民杰故意为难，被金下毒手，在要害处猛击一下，造成内伤。但他仍不服气，以后在我讲课时，他又自告奋勇要求和我试一下。我早防到他，在表演时，趁他用尽全力想把我摔倒时，也照样给了他一次猛击。”经过这两次以后，严燮被弄得重伤不治，不久，加上其他病发作，便一命呜呼了。

本来爆破也属于行动队学习的范围，但因为爆破在特务行动中使用较少，而且需要技术较高，所以临训班把爆破课程单独列出来作为一项专业课程，不包括在行动学习范围内。即使单独列出来不做特定讲授，爆破学习的危险性也让学员胆战心惊。经常有学生因粗心大意而造成伤亡事故，不仅如此，也有教官在教授中以身涉险，遭遇不测的。如经验比较丰富的爆破教官蔡某，因操作不慎当场被炸死在讲堂上。

被分入情报队的学员，不仅要学习以上的这些行动课程，还需要掌握情报学知识。并且所有学员都必须参加实习，经过跟踪与脱梢的实际考验后才算正式合格。比如临训班会选派优秀的学员去长沙，在军统湖南站实习，由站里对他们进行实习考核。

假想敌是共产党

戴笠有强烈的反共情绪，连带着临训班的反共氛围也十分浓厚。临训班不仅采取了很多控制学生思想的手段，还开设了许多专门训练反共人才的课程以及反共政治教育，对学员进行了猛烈的思想清洗。

每天早上，训练班的学生都要在礼堂进行“朝会”，由副主任和政训处长以及总教官分别训话，内容不外乎都是对共产党进行诽谤和谩骂。有一次，政训处长汪祖荣不惜污蔑和扭曲平型关大捷的事实，以便让学生和教职员们相信共产党并不是真正抗日。不仅如此，每天早晚两次点名，大队和中队的政治指导员更是不厌其烦地向学员灌输反共思想，宣传国民党才是真正抗日的，是最革命的政党。临训班内更禁止传阅《新华日报》等共产党报刊书籍，一被发现立即收缴，然后找有关学生个别谈话，各中队指导员还记下这些传阅者名字，暗暗注意他们的言行举止。不仅公共报刊如此，连私人信件也一律要拆封查看。当时许多女学员因男朋友写来的情书被拆看了，常常气得大哭。不过这是能收到信的情况，一些学员压根就不知道自己有来信，比如一些学员在延安鲁迅艺术学院读书的同学和亲友时常会来信劝他们设法摆脱这个训练班。这些信当然不能落在学生手中的，一律被教官们神不知鬼不觉地销毁掉。

在教官讲授行动课程中，也全力贯穿着反共情绪。他们经常举出自己过去在军统工作中遇到的一些实际例子来说明，在这些现实的案例大部分的对象都是中共地下党员。有时更加直白地指出，他们将来的主要敌人便是共产党。不过，当时正是全民一致抗日时期，教官们有时也提一下对付日寇或汉奸的一些例子，但这种情况很少见。

教官们教授拘捕术这门课程时，讲得十分详细，因为拘捕是一个十分具有技巧性的技能，光拘捕的形式就分了指捕、缉捕、守捕、围捕、追捕、密捕等多种。为了让学员弄得清楚明白，教官们常常以自己对付共产党的经验作为例子。沈醉回忆他自己所讲授的行动课程，当讲到拘捕术的时候，他用的几乎全部都是用逮捕共产党的例子。比如，所谓指捕就是使被捕人变节，带着特务们去逮捕他的同志。教官们以前在这方面受过不少骗，以致打草惊蛇。以往以为共产党受不了酷刑愿意出卖组织了，兴奋地带着他去指认中共地下组织，却反被利用成报警的信号，使地下组织迅速转移。又或者“变节”者给一个错误的地址，这个地址在真正地下组织的附近，于是特务们去逮捕时，中共地下工作者立即警觉起来，秘密转移，让特务们扑了一个空。

教官们常常在课堂上传授如何防止受骗的经验和对付的办法。比如为了避免“变节者”瞎说，特务们不仅要让他供出上级机关的地址，还要详细描述上级领导的身材面貌特征以及机关地址的具体情况，所在地的特征、屋内的陈设等。有了这些信息后，特务们先按兵不动，派人伪装成为查水电表的工作人员混进供出地查看是否与所供出的情况相符。如果核对情况属实，为了慎重起见，在搜捕前，还要先将整个马路或胡同封锁，防止变节者故意供出相近的地方而使地下党有机会察觉脱逃。确保万无一失后，特务们才上门捕人。

临训班不仅讲授如何拘捕共产党人，也讲授更加残忍的暗杀技巧，并列举了很多真实的案例以供参考。这是因为全面抗战前，戴笠很满意军统在上海、天津、汉口等地租界内做过的多起绑架、暗杀共产党人的“杰作”，所以要求教官们在教学时大量使用暗杀共产党的例子。当时军统的暗杀“典范”便是暗杀民主人士杨杏佛案。这门课还有一个特点就是从来不印发讲义，也不准学员记笔记，只能由教官口述，如果听不懂的可以课后找教官讨论。不过鉴于暗杀的残忍性，很多学员都没有兴趣私下找教官。于是，戴笠便叮嘱教官们要留心那些课后找教官研究的学员，如果发现可造之材，一定要用心培养。

国民党特务正在进行技术训练

除了这些拘捕、暗杀等行动课程外，临训班开设的政治课教育也是培养反共情绪的一个重要阵地。这门课主要讲一些各党派分析，中间不时穿插如何打进中共组织或者民主党派等内容，一般都由共产党叛徒担任，因为他们对共产党的组织比较了解，可以向学员讲授一下共产党组织内部的专业术语、行为习惯以及原则追求。这门课也是不发讲义，不准做笔记，但讲授共产党组织时需要使用共产党的报刊、书籍和文件等作为反面教材。而讲授这门课程的中共叛徒有时感到十分痛苦，因为他们害怕如果讲深刻了，有时候观点与初衷自相矛盾，难免有宣传共产主义之嫌，如果讲得浅显了，又怕学生不懂，被指责有所保留，弄得许多叛徒左右为难。

第三节 拼凑“小黄埔系”

班底临训班

戴笠很器重临训班的学生，在对他们的培养上很花心思。但由于战时紧迫，人手不够用，有些学生还没有等到毕业就被派出执行任务了。

1938 年夏天，他下令提前选派女学员 30 余人，去江西的“战地服务团”工作。戴笠对打入一些民众组成的战时服务团体是非常乐意的。因为他担心这些民众组成的抗日组织被共产党或其他进步党派掌握住，将来就不易控制，所以当江西战地服务团胡某见到他表示人手缺乏时，他便马上答应给她以支援，利用这个机会在民间渗入特务力量。临训班立刻按他的指示，把平日认为可靠而学习时较用功的学生挑出来，戴笠还特别向她们训话，一针见血地指出江西的重要性：江西是共产党的老根据地，此去意义特别重大。

之后，武汉会战爆发，临训班又挑选了男女学生 100 名，送往参加保卫武汉的敌后情报工作。1938 年秋天，为了进一步防控东南沿海一带新四军的活动，临训班又挑选了 100 多名没毕业的学生到那里去，参加忠义救国军工作。

当时军统对日占区也派有特务潜入，临训班学员周希良、毕镐奎、朱山猿等人对上海情况熟悉，便派去上海工作。此后，对山东沦陷区又派去熟悉山东的赵鲁丰等几个人。

因此，在毕业前夕，临训班的学生大多都已经参加工作，留在班中的实际上只有 700 多人了，这些学员毕业后大部分被派到西南大后方去工作，其中以重庆和四川最多，也有极少数的学员被留在训练班作为第二期的培训干部。

临训班是戴笠培养军统基层干部的最早训练班，因此他对这批毕业学生十分器重，亲自挑选了其中几十名到军统本部工作，这些人也很快都得到他的重用。

戴笠对临训班学生的器重还表现在对他们的待遇上，据沈醉回忆：“在训练期间，学员的待遇是每月 12 元。他们的伙食费一般只能吃到三四元，因此还有八九块钱作零用。而毕业后，军统一般是按少尉待遇支薪，每月是 40 元左右，凡戴笠钦定训练班出来的学生提升都很快。”因此，一些原来吵着要离开的人，看到如此一条升官发财的道路，自然越干越卖力，这也是戴笠善于笼络人的一个好手段。

戴笠很信赖临澧训班的这批学生，不仅是因为他们是戴笠一手栽培的，而且还因为一方面这批人马是正逢戴笠官运亨通时“出生”的，当时他正需要大量干部，因而这些学生能得到破格重用；另一方面，也是因为这些学生相较于之前的“前辈”特务，特权少了些，私生活不这么腐化。

军统内部的“窝里斗”

临训班的学生在军统大走红运，这引起了许多在军统工作多年、却得不到重用的老特务的不满。他们私下里大发牢骚，说现在真成了“非澧勿视，非澧勿用的世界了”。而一些临训班出身的年轻特务也心高气傲，目空一切，对前辈很不懂礼貌，于是这更加激起了许多老特务的反感。这班年轻特务，为了彰显自己是戴笠的学生，在口头上或写报告时，一律称他为“主任”，而一般军统职员都称他为“戴先生”。他们在军统内部也大搞小团体，彼此之间也用“同学”相称，而不像一般人一样互称“同志”。类似这些情况，最初还只是一些小特务心存不满，后来渐渐一些科长、处长们对他们也有意见起来。久而久之，临澧训练班的学员逐渐布满军统本部，一些大特务便为了打破局面，想方设法把自己的训练班力量也掺杂到军统总部来牵制临训班学生。

当时军统有着严格的人事任用制度，戴笠也尤其看重这点，他怕特务们结党营私，威胁自己的权威，为此规定各单位主管不能随便调亲友到军统来，如果有亲友参加军统，也要由人事处统一分派工作。后来，戴笠又在每个部门安插了自己训练班的学生予以监视。

虽然他对下属要求这么严格，但自己却在军统内部培植党羽，壮大声势，典型的只许州官放火，不许百姓点灯。开办临训班后，他又开办了黔阳训练班，不久也将这个班的学生安进军统内勤各部门，并以“临黔不分家”的口号来号召、指挥两个班的学生。

黔阳古城

为了抗衡，一些军统“老人”包括毛人凤在内也不惜远道把兰州特训班学生调来重庆，抵制他们。果然，兰训班学生掺入军统后，渐渐形成了一股和临训班学生相对抗的力量。以后又有息烽特训班的学生也插进军统，在军统内部无形中形成了三个特训班学生的势力圈子。

在以训练班划分的三个势力圈子中，临训班学生因为参加工作早，资格比较老，基础已经打定，所以始终占据优势地位。他们在军统局内外通过同学会拉帮结派，搞内勤同学帮助搞外勤的同学寻找升官发财的机会，而搞外勤同学则经常以“物质”帮助搞内勤同学。他们经常以聚会的形式保持密切的联系，凡遇重大事情双方也是互通声气。戴笠死后，郑介民当上军统局长，毛人凤、唐纵任副局长，又逐渐形成了广东派、浙江派和湖南派的争斗。最后以毛人凤为首的浙江派一举夺得军统大权。总之，军统内部的权利派系斗争一直存在。

一手遮天

军统局在戴笠的独裁统治下，先后制订了许多禁令。这些禁令不是什么单行条例，而是戴笠用口头宣布或者以手令决定之后作出的规定，是军统任何人不能变动的律令。其中很有名的是“六不准”：即不准擅自脱离组织；不准在抗战时期结婚；不准自由向外活动；不准经营生意；不准贪污贿赂；不准随意回家外宿。

这“六不准”其实只是戴笠对下属严密控制的手段，在适用的程度和范围上，都由他说了算。没办法，谁叫他是“军统之王”呢！军统湖南站站长、少将黄康永解放后曾撰文详细地揭露了这“六不准”背后的猫腻。

第一不准是不准擅自脱离组织。作为一个军统特务，不能擅自脱离军统这个组织，连打长假报告、请求脱离也不许可。蒋介石把军统特务规定为终身职业，加入军统仿佛就是签了一张卖身契，终身为其卖命。戴笠视之为“铁律”。他曾说：“如果有哪个人要离开我们组织的话，我就请他活着进来，死着出去。”当然如果是戴笠不要的人，这是例外。

军统在戴笠统治时期，无人敢请长假。偶尔也有人成功离开了军统，但这只是极个别例子，大多因为这些人有路子，上面有人，才能脱离。如在军统某子弟小学任教导主任的熊家璞，违反军统不准同居的禁令，秘密与军统特检处处长李肖白同居。熊一直很担心被人发现，于是急着脱离军统。她就找了一个有肺病的妇女去重庆宽仁医院照了一张 X 光胸片，将这个妇女的病历作为自己的病历送到军统人事处请求长期病假。由于李肖白与军统局人事处处长龚仙舫和行政科长黄康永私交很好，因此上面立刻同意了她的长期请假，还特意发给她一年的生活费和医药补助。就这样熊家璞便轻松地离开了军统。普通特务如果没有这层人事关系的话，要离开军统组织，谈何容易。

第二不准在抗战时期结婚。戴笠抗战开始，就把自己的母亲和妻子迁往了长沙。对于重要的下属，戴笠同样给予这个待遇。1940 年他对一些有家属的特务下了一道手令，借口全民抗战，有家属在旁，妨碍工作，让所有有家属的特务限期将家属迁回原籍，如果在三个月内还没有迁动的，就停发眷粮。这一条手令使得许多中级以上的特务，慑于军统的淫威不得不把家属送走，但军统内部也被闹得怨气冲天，很多人敢怒不敢言。

对于那些没有结婚的军统特务，他又下了一道命令：在抗战时期内军统全体一律不准结婚。如有擅自结婚的，一律关上 4 年，不能特赦；若双方都是军统同志，男女都同时禁闭。这一道手令下达之后，许多年轻男女特务都是敢怒而不敢言，只能在私下偷偷进行，弄得丑态百出。据统计大约有 200 多对的男女军统特务，因违犯这一禁令而被禁闭，直到抗战结束才获释。

这一道手令，最倒霉的还是那些中下层的特务。而对于许多大特务或者江山派系的特务来说，就是一纸空文。在戴笠下了手令之后，不久毛人凤与戴笠情妇向影心结婚，接着不断有军统大员不顾禁令，各自组成家庭，如军统兰州特训班教官兼兰州市警察局分局长陈宜生、运输统制局监察处副组长霍立人结婚，西北区区长文强、电讯处处长魏大铭等相继结婚。戴笠表面上装作不知情，但私下还是送上了自己的贺礼。以致后来，他的江山派子弟何丹山在息烽与当地大地主的女儿结婚的秘密报告，他

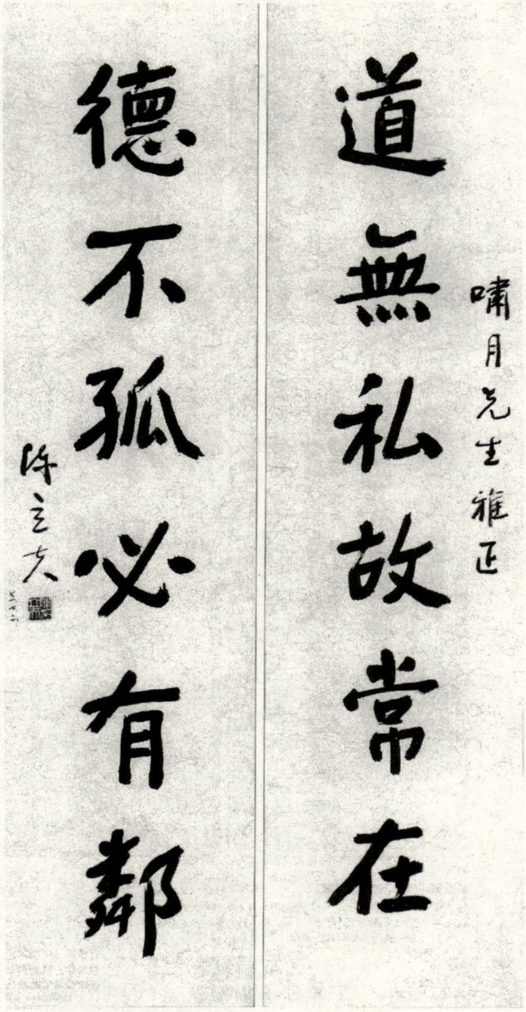

陈立夫行书六言联

也搁在一旁，不置可否。

第三不准自由向外活动。军统的每一个工作人员，没有得到组织的命令或批准，都不容许擅自向其他方面去活动。这个是针对军统和中统的矛盾特别强调的。

早在特务处时期，戴笠便规定了特务处上下严禁与CC系人士接触。那时虽然都统一在军委会调查统计局下，但戴笠严格禁止第二处的人员与第一处的人员交往。每逢参加统计局全体大会时，戴笠就嘱咐部下只听听发言，少说话。当时军统公开的一条禁令便是，禁止与中统人员私下往来，否则以擅自活动惩处，轻则禁闭，重则以泄漏秘密论罪。所以军统人员看见中统中人便远远地绕道走开，生怕惹祸上身。

第四不准经营生意。说什么与商人争利是不得人心的，要维护老百姓的利益，作一个特种工作人员就得安分守己。一般的特务，当然就不敢公然做生意。而那些有权势的特务则是例外，他们可以凭借权势走私漏税，囤积居奇。更不用说戴笠本人了，他自己就首当其冲地利用自己的权力大搞非法买卖。战时，财政部缉私署和战时货运管理局都由军统把持，戴笠借此勾结上海大亨杜月笙进行各种非法买卖，赚得钵满盆满：他们偷偷把国统区的原料运进沦陷区卖给日本人，又把沦陷区的日用品和必需品购回国统区倾销，与民族工商业家争夺市场……

军统的二号头子郑介民，虽然不像戴笠这么精明会做生意，但他的老婆柯淑芳在这方面可不亚于别人。柯与四川商人联系密切，依靠他们在重庆囤积居奇、低进高出。1943年某天，和她有生意往来的几个四川商人因赌博被重庆稽查处抓去关押了。柯得知后，马上张罗要郑介民去解决。但当时重庆稽查处处长何龙庆不在重庆市内，并且那天晚上重庆雷雨交加，郑介民刚刚下班，于是郑就打算第二天再去办理，结果柯淑芳坚决不同意，要郑介民立刻坐车赶去外地同何龙庆面谈放人。军统内部一向知道，郑介民是以怕老婆出名的，当着客人的面，柯淑芳敢让老公给她捶背捏腰。因此郑介民那天只得换上胶鞋，打起雨伞徒步出外找何龙庆。这样才把那几个被关押的四川商人给放出来了。除了同那几个四川商人做大生意外，柯淑芳还时常靠郑介民的关系做点小生意。军统情报所的总务科科长吴景中与柯淑芳同是湖北老乡，柯便通过他套买了大量日用品，大搞买进卖出的生意，钱全部装进了她的私房库里。

郑介民的将官证

毛人凤也不例外，毛人凤是戴笠的亲信和管家。他表面圆滑，但内里奸诈，时常表现得自己很清高，似乎不懂什么叫买卖，但背地里却要妻子向影心大搞投机生意。向影心也凭借自己的手腕以及毛人凤的权利，在国内大搞囤积买卖。军统总务处粮秣股长吴茂先手握管辖军统军粮的大权，向影心便利用毛人凤拉拢吴为她囤积粮食，秘密地做起粮食买卖。吴茂先也凭着和向影心的这层经济利益，得到毛人凤的许多庇护。抗战胜利后，为了方便向影心和吴茂先在重庆与上海之间进行各种投机倒把生意，毛人凤保荐吴茂先成为重庆航空检查所所长。

第五不准贪污贿赂。这条军统禁令，同样也只能约束那些无权无势的小特务，如果这些人被打了小报告，轻则关禁闭，重则就会送掉性命。

1940 年间，在贵阳邮电检查所发生了一起残忍的事件。一个女邮检员杨月亭生育前，因为一下子拿不出生产费用，于是偷窃了邮检所 50 元的汇票。她的行为很快被军统秘密督察发觉，报告给戴笠。戴笠立刻下令让军统贵阳站把她抓起来。杨月亭一个连产费都拿不出来的小人物，哪有什么大人物帮忙说情，于是被戴笠判处死刑。当时贵阳站很多人求情，让戴笠看在她即将生育的情分上，等她生产之后再执行枪杀，谁知戴笠不答应，反而致电贵阳站马上执行枪决，戴笠的逻辑是：既然大人就是为了这个小鬼犯罪，那要留这个小鬼干什么？于是一介平民杨月亭就这样惨死了。

戴笠雷厉风行的作风，可能会对一般的小特务有威慑作用，但对于军统那些高级特务，不贪污受贿却没有几个人能做得到。那些特务们变着法儿送礼，想方设法到处贿赂和贪污。

在军统局本部，这种变相贿赂送礼的事情简直就是司空见惯。每一个想往上处爬的特务们都熟知这其中的潜规则，每一个人都争破头地往自己上司家里送东西，小至糖果、罐头，大至香烟、布料、钢笔、手表。曾在军统局局本部人事处工作的黄康永回忆道，当时在他们人事处的办公桌抽屉中就装了不少特务们暗地馈送的礼物。

就连戴笠本人，也理所当然地接受下属的送礼。1942年，黄康永陪同戴笠去东南沿海视察，戴笠在福建南平看上当地一种很肥大的海味蛏干，于是就对陪同他视察的福建水上警察局局长余钟民随口夸奖了一番："这是一种很好滋阴补肾的补品，办500公斤蛏干带回重庆。"于是戴笠离开福建时，福建站副站长陈达元就献上了500公斤蛏干。不久，陈达元升为军统局闽南站站长，之后又一路高升至监察委员。

因此军统所谓的不贪污和贿赂，只是一纸空文而已。实际上，军统大大小小的官员都知道这其中的潜规则，贪污要共享，分账要平均。上行下效，送礼贿赂成了军统的一种风气。但就当时国民党内的贪污贿赂情况而言，军统的这种情况还算比别的机关风气较好一些。

第六不准随意外宿。从1932年特务处时期开始，戴笠的特务组织就有一条"铁律"：每人每星期可以任意指定一天回家，其余时间只能待在机关不允许回家。八年抗战期间，内迁至重庆的军统局本部都是严格执行此规定。但抗战胜利后，军统组织更加庞大，军统监督机制也无暇覆盖如此庞大机构，因此这项铁律才稍稍松了一点。当时军统局总务处处长沈醉变通了一下规则，特别制作了一种珐琅铜牌，供科级以上人员随时出入军统而不需要登记，这就算是为军统高级特务开了一条方便之门。但对于那些小特务来说，铁律仍旧是铁律，不能违背，否则定会遭到严惩。

第四节 隐秘战线的“共产党员”

军统的“叛变者”

随着军统的倒行逆施，军统内部也出现了许多反叛者。典型的案例就是发生在 1939 年的军统内部的中共地下组织案。

事情要从两个国民党军官——国民党军统电台的张蔚林和冯传庆投共开始说起。

张蔚林出身江南书香门第，读书时深受一位进步教师的影响，不久之后这位教师因为言论过激被国民党特务秘密杀害了。抗战爆发后，张蔚林考入浙江警校无线电训练班，毕业后被派到皖南做敌后潜伏。在敌后，张蔚林被共产党领导的新四军坚决抗战所感动，深受启发，立志抗日救国。因为工作突出，张蔚林被调回重庆本部。在重庆他又目睹了国民党的腐败无能，深为他们拿起枪口对准自己人而感到痛心。两者相比，张心中自然有了一种冲动。而当时张蔚林在重庆卫戍区电讯监察科任要职，负责监听重庆地区无线电讯号和控制无线电器材，手握国民党内部通讯秘密。

冯传庆

冯传庆，曾就读于上海南洋

无线电技术学校，在国民政府交通部管辖的威海电台和天津电台工作过。由于擅长从无线电讯号中排除干扰，他被军统看中，调到重庆军统电讯总台。电讯总台是一个由“美援”所建的现代化电讯中心，通过它散发的指令指挥着散布在海内外各地的数百个秘密情报组织、数十万秘密特工。而冯传庆所任的报务主任，职权仅次于台长，管辖军统在海内外的数百部电台和上千名报务人员，可以说他是一个可以掌握军统核心机密的重要人物。

张蔚林和冯传庆因工作而相识，两人很快成为好朋友，谈及国家民族问题时更视对方为知音，他们共同为国民党内的腐败和无能感到失望，于是二人一拍即合，决心一起投奔延安。

1939 年秋，两人结伴冒险来到重庆曾家岩八路军办事处。

曾家岩是重庆市郊的一处红色岩石，又称红岩。八路军办事处就设在这块红色岩石上，对外称“八办”，对内是中共南方局，领导着西南、华南的中共地下党组织。当时，南方局军事组组长叶剑英接待了这两个军统青年军官。不久，他发展两人成为秘密共产党员，潜伏在军统内部，获取情报。

由于两人在军统内的重要地位以及掌握的情报，南方局军事组禁止他们再到曾家岩来，重新指派一名党员做消息联络员。而这个联络人是一个叫余家英的中共产党员。余家英是川军师长余安民的亲戚，利用这层关系，叶剑英立即决定派她打入军统机关电台去做地下工作。她的主要任务是领导张、冯二人，在二人与南方局之间传递情报以及在军统内发展地下党员。而余为了打入军统，化名为张露萍，以张蔚林“妹妹”的身份作掩护。两人以“兄妹”的名义在牛角沱租了两间平房，住在一起。谨慎起见，张露萍和南方局的联系地点设在四德里的一个小巷里。

从敌人心脏里发出去的红色电波

在被发现前的那半年里，这三人进行了一系列的潜伏活动：这一时期军统重庆电讯总台的密码、波长、呼号、图表和军统在全国各地秘密电台的分布情况通通都被中共南方局摸得一清二楚；冯传庆还经常利用值班间隙用军统电台向延安发送秘密情报；张露萍打入军统内部，发展了一批地下党员，如电讯台的赵力耕、杨洗、陈国柱、王席珍等四人。

延安城南面的安澜门

可想而知，这时戴笠的反共行动焉有不败之理？戴笠一时还不知道问题出在哪里，一头雾水。例如戴笠一次发给胡宗南密电，通知他将派“三人小组”携带着美制小型电台，通过胡的防区，潜入陕甘宁边区搜取情报。但当“三人小组”刚跨进延安地界，立即就被早已埋伏在那里的军民抓获。于是隔天的报纸上又出现了一条揭露蒋介石“假抗战真反共”的报道。原来，张露萍等人获悉这个情报之后，立即就通知了中央；还有一次，军统特务发现了一个中共地下联络站，周密部署之后，正准备在该站进行联席会的那天晚上进行抓捕。谁知道到时却扑了一个空，特务们望着空空荡荡的一间屋子，心里十分纳闷。这回又是张露萍得知情报后，因为时间紧，只身乘夜色跑到联络站，递上一张写有“危机”二字的字条，便匆匆离去。

一次次行动落空，戴笠也在仔细思考到底是哪儿出问题了？谁走漏了消息？怎么走漏的？为了排除内鬼这种可能，戴笠立即和督察室主任刘培初密定，对军统全体人员进行一次清审，尤其是电讯、机要处室这些情报部门，不论官职，只要有反常或可疑行为，一律先拘后审。

事有凑巧，这时张露萍骑车上街竟然遇上了自己大姐余顾彦，姐妹久别偶遇，为了不暴露身份，张露萍佯称在一家公馆当家庭教师。而大姐则告诉她母亲中风的消息，她此次来重庆便是为母亲来买治中风的特效药。张露萍一时念母心切，向组织申请回家探亲，于是她于 1940 年 4 月初回成都省亲。

“军统电台案”

由于这次清审使得张蔚林异常紧张，也由于长时间工作，工作中也难免有失误。一次他不小心将收发报机上一支真空管烧坏。正在执行内部全面审查工作的监察科长肖茂如，平时和张蔚林关系很不好，便想借机报复一下，于是说张蔚林是有意破坏，遂把张蔚林关了起来。张蔚林以为身份暴露，一时沉不住气，逃了出来。戴笠收到张逃跑的消息后，命令稽查处搜查他的宿舍，结果在宿舍发现他私自抄下了军统很多机密材料，而且看笔迹还不是他一个人的，这时特务们抄出了七人小组的名单。戴笠震惊，命令赶紧将张缉拿归案。

而这时，张蔚林逃到了重庆八路军办事处。他渐渐冷静下来，觉得自己过于鲁莽，组织上也认为这顶多是工作失误，于是张蔚林准备回去找电讯处副处长董益三求情。于是，就在张蔚林找到董益三求情时，他立刻被捕了。

当时正在军统值班的冯传庆见大事不妙，立刻逃出军统，向

重庆八路军办事处

张露萍烈士遗照

“八办”报信。叶剑英见事件突变，立刻采取行动挽救，于是安排冯化装为商人，立刻过江取道延安。与此同时迅速向成都发报，让张露萍别回重庆。谁知冯传庆刚渡过江，就被埋伏在江边的特务抓获。

至于张露萍，戴笠已借张蔚林名义，早一步给她发了“兄病重望妹速返渝”的假电报。张露萍不知道已经落入敌人圈套，接到电报后，立刻启程返回，结果刚到重庆也被特务逮捕。戴笠根据从张处搜出来的名单，也先后挖出了杨洗、陈国柱、王席珍、赵力耕四人。于是潜藏在军统内部的“牛角沱七人小组”全部被捕。

戴笠查明张蔚林经常去四德里与人接头，估计那就是中共地下组织与张的接头点了。他以为终于逮到机会破坏中共重庆地下组织了，于是亲自带人去搜捕，结果却又扑了一场空。

原来在张被捕的那一天，他在看守所里，通过与相熟的毛烈（戴笠的江山子弟兵）传递出了一个极其重要的信息，让地下组织安全转移了。毛烈当时以为张只是业务差错被关起来了，于是在张让他给家里捎封信的时候，毛一口就答应了，张还给了他 50 块大洋。自然，等到特务去搜捕时，中共地下机关已人去楼空。戴笠气得暴跳如雷，下令将毛烈枪决了。

戴笠见破获地下组织的行动失败，便想从张露萍的嘴里套出点什么情报。而张则在敌人的狡猾阴谋和严刑拷打下，宁死不屈。他们为了让张露萍招认是中共南方局派来的，故意释放张，让她从曾家岩 50 号前走过，以为张不知情，但机智的张露萍一眼就识破了敌人的阴谋，通过“八办”时，从容不迫，假装不认识任何人。戴笠恼怒之余，亲自出马，提审张露萍，用尽各种酷刑，但张露萍始终只说自己叫徐家英，四川军阀师长余安民是她家亲戚，就再没有向特务吐露半点党内机密。于是乎戴笠尽管破获了这起案件，但却没有得到任何进一步的消息。

“军统电台案”发生后，不仅军统内部震惊万分，他们万万没想到共产党已经打入到军统里面来了。蒋介石更是大大地被惊吓到了，他大骂戴笠无能，并责问戴笠：“你说军统打入共产党如何厉害，实际上共产党插入我们的心脏，你都不知道呀！”戴笠吓得心惊胆战，一时不知如何回答是好。

第十章
抗日救国

第一节 主张武力抗日

“平等自由等不来”

随着日军南下的步伐日渐临近，国民政府内响应抗日救国号召的人士越来越多。戴笠虽然平时积极反共，屠杀了大批共产党人，但是在民族生死存亡的关键时刻，也显示出了以大局为重的民族气节。

戴笠回忆，七七事变之时，国民党众元老在庐山开会，讨论抗日问题，他认为一定要打仗：“这次我们一定打日本人了。”

有几位元老怀疑地不置可否。

戴笠进一步说：“九一八事变后，为求和平安定，同日本人签订了《淞沪协定》、《塘沽协定》。就这样日本人还得寸进尺，步步紧逼，一逮到机会便借机挑衅。忍辱负重才致今天祸患。试想如果这次再退缩，民众对政府、对领袖会作何感想，不说民众，我们这么做不是自取灭亡？”

“我们凭什么去打？”一些国民党大佬，如吴稚晖等反问。

“中国历史有两个亘古不变的兵家道理，一是哀兵必胜，一是置之死地而后生。实践可以证明这两条真谛。否则，猪吃饱了等人家过年，是绝对等不到自由平等的。”从中可见戴笠的坚决抗战的态度和哀兵必胜的决心。

为了配合全面抗战，戴笠急忙命令北方区尤其是平津特务站，火速开展情报侦察和破坏工作，一面为蒋介石的作战提供最新最全的情报，一面部署小规模的军事活动，刺杀汉奸要人，配合军队作战。

1937 年 8 月，日军的铁蹄开始肆虐上海等江南地区，战火蔓延到国民党的统治中心。戴笠的特务组织与日军间谍机构开始了一场旷日持久的中日情报大战以及异常惊险的锄奸大行动。

捕杀“内鬼”

1937 年，八一三淞沪战役开战以来，发生了一起令蒋介石极为窝火的“巧合”事件。

很明显这是冲着蒋介石来的：一天，英国驻华大使寇尔的专车在从南京到上海的路上行使。突然空中出现两架日本飞机，紧接着从天上传来密集的子弹射击声。那两架日本飞机竟然毫不理会车上的英国国旗标志，向汽车内扫射！寇尔吃惊之余，慌忙叫司机赶紧加速，谁知那两架飞机依旧穷追不舍，连续投弹，终于将这辆车炸翻才离去。而寇尔身负重伤。

事件发生之后，蒋介石大为震怒。为何呢？前不久，宋美龄的汽车在前往上海的公路上因被日方车辆阻截而发生车祸，宋美龄受伤被送往医院治疗。当时蒋介石为了安全起见，正打算坐英国大使馆的车前往上海安慰，因为第二天有事耽误，所以未能如期坐上此车，遂得以侥幸逃过一劫。这一机密决定，只有当时在场的高级将领和机要人员知道，日军又是如何事先知道的呢？虽然日方声称，寇尔汽车上的英国国旗太小，飞行员无法确认以致误伤等等，但这些只是外交说辞，分明是日军事先得知了情报，专为刺蒋而来。

淞沪抗战期间，像这样的泄露情报和刺蒋案已经不止发生过一起了。

1937 年 8 月 5 日，蒋介石在军委召开了一次最高军事会议，会议部署了在上海的军事部署和开战计划，其中一项便是立即封锁长江下游江阴等要塞以歼灭日本在华的海上军舰。这一重大机密，只有参会的蒋介石、汪精卫等军委会最高军事长官和担任记录的机要秘书黄浚知道。可是，就在这一命令刚刚下达到各部队，封锁江阴要塞的军事行动还未展开之前，日军的军舰、商船已经奋力冲过了江阴江面。到中国海军开展拦截行动时，中方仅阻截到两艘日本商船。封锁江阴的计划宣布失败。这很明显又是日方已经获得情报，提早一步采取了行动。

同月，又发生了一起密谋刺蒋事件。蒋介石当时在中央军校的“总理纪念周”上对师生训话。突然，警卫们发现有两名嫌疑人，形迹可疑。当警卫正要抓捕时，两名嫌疑人已乘行政院的一辆专车逃走。特务们经过清查校门口的车辆登记表，发现专车的主人竟然是黄浚，事后又得知，那两名嫌疑人是日本特工，他们混进来的目的是伺机刺杀蒋介石。

渐渐地，事件的焦点聚集到了蒋介石机要秘书黄浚身上，戴笠奉命成立“黄浚泄密案”。

侦办“黄浚泄密案”的外事组办案人员首先是展开了对黄浚的秘密侦察。黄浚早年在日本早稻田大学读书，当时的同班同学便是现为日本驻南京总领事的须磨。而这个所谓领事，实际上是披着外交人员外衣的日本间谍头子。而黄浚和其儿子黄晟生活奢侈，工薪入不敷出，有很大的被日本特务机关收买了的可能。

事隔不久，黄浚的可疑行为又引起外事组的注意。他们发现，黄浚下班后，既不乘车，也不带随从，经常独自一人到南京玄武湖畔散步，更奇怪的是黄浚在湖边散步，吃巧克力糖却从不将糖纸扔掉，而是走到一处很偏僻的地方，将糖纸偷偷摸摸地放进一株大树的树洞内。更凑巧的是，每次黄浚走后不久，就会有一个朝鲜人前来在树洞里摸索一番。外事组见此“巧合”，打算等黄浚再次将糖纸放进树洞离开后，在朝鲜人尚未来取之前，将糖纸翻出来看看，拍照后再放回去，等着朝鲜人来取。可是，在中央军校逃车事件后，黄浚活动更为谨慎了，再也没有到过玄武湖区。外事小组的这次侦查宣告失败。

后来，外事组又发现一点可疑之处。黄浚家的司机小王经常到新街口附近一家外国人开办的咖啡店去喝咖啡，他每次进店后，会将自己的帽子看似很随意地挂在衣架上，而几乎与他同时，每次都会有个日本人进店喝咖啡，并将自己同小王一样的帽子挂在小王帽子的旁边。那个日本人喝完咖啡后，从容地从衣架上将小王的帽子取走；小王喝完咖啡，则拿上日本人的那顶帽子离去。而那个日本人从咖啡店出来后都骑车到中山路逸仙桥南一家“私人医院”去。经查证，这家“医院”其实是日本特务机关的一个秘密联络站。那个日本人名叫河本明夫，名义上是日本总领事馆的管理员，实际上是须磨手下的一个情报员。外事组还发现黄浚的儿子黄晟有时也来这里转悠。

这样，外事组就掌握了黄浚传递情报的渠道和手段以及涉案人员。

一天晚上，正是黄浚和日本人交换情报那天，当河本明夫骑自行车从“医院”出来去新街口时，突然被冲到路中间的三个“冒失人”撞到，河本连人带车一起倒在地上，头上的帽子也掉落在地，恰好被风吹出了十几步远，而“冒失人”却眨眼间不见了。

河本不顾身上的多处伤痕，赶紧起来拾帽子。可他刚走几步，便来了两名穿制服的交通“警察”，他们扶起他，并强行把他塞进汽车，说要带他到附近医院治疗。河本要先去捡回那顶帽子再去医院，其中一个“警察”就说：“帽子丢不了，我帮你去捡！你先去医院吧。”

其实，那三个突然闯出来的“冒失人”和两名“警察”都是外事组成员。河本离开后，“警察”赶紧将帽子送到附近一处偏僻的小宅里给办案人员。他们将帽子夹层中的情报拍了照，将早已写好的一封假信放进去，准备引蛇出洞。假信的内容是晚十一点，将其全部成员集合在自己的公馆内，等候日本人来发奖。待一切完成后，“警察”又将找到的“帽子”归还河本。河本拿到后捏了一下礼帽，以为情报没丢，心里一块石头落了地，连着对“警察”说了好几声谢谢。随后，他带着假情报进了那家国际咖啡馆，与司机小王碰头。小王带着那顶被偷梁换柱的礼帽离开后，外事组人员脸上渐渐浮出笑意，收网的时候到了……

1937年12月初，在南京沦陷前夕，黄浚及其儿子黄晟以卖国罪被判处死刑，并公开枪决。

第二节 忠义救国

上海别动队

抗日期间成立的上海别动队成为戴笠武装力量的起源。1937年，淞沪抗战伊始，戴笠向蒋介石建议，利用上海的散兵游勇建立民众武装游击部队，配合国军作战。得到批准后，戴笠飞赴上海与杜月笙商议。

9月，戴笠同杜月笙等上海名人成立一个叫"苏浙行动委员会"的组织，将武装队伍定名为"苏浙行动委员会别动队"。苏浙行动委员会由杜月笙、戴笠、俞鸿钧、吴铁诚、刘志陆、宋子文、张治中、杨虎、贝祖贻、钱新之、吉章简、蔡劲军、俞作柏、张啸林这15人组成，杜月笙、戴笠、刘志陆为常务委员，戴笠兼任书记长，下设机要、总务、侦谍、军事、技术、调查、交通、宣传8个组，军统特务骨干余乐醒、陈旭东、汪祖华、谢立公等人分任组长。

戴笠一向对建立和掌握武装部队十分感兴趣，他认为"搞政治必须有武力做后盾，否则是卖狗皮膏药，不为人所重视"。他借助上海黑帮大亨杜月笙的影响，动员了帮会成员、工人、学生、店员、失业青年入伍参加别动队。

在别动队的高层人事安排上，戴笠重用黄埔系的人，表面上这些人虽然是杜月笙提议的，但实际上全是复兴社的骨干。苏浙行动委员会别动队，下辖五个

蒋介石视察汉口军官训练团（1940）

支队：

第一支队共 2000 余人，由青洪两帮帮会成员组成，支队长由杜月笙门徒何行健（天风）担任，何是黄埔二期生。

第二支队 2000 余人，由上海邮务工会工人组成，支队长由杜月笙高徒、曾领导邮务工会的陆京士担任。

第三支队也是 2000 余人，由上海海员工会成员和部分码头工人组成，支队长由朱学范担任。

第四支队由戴笠所领导的京沪一带特工组成，支队长由特工骨干张邺担任，张乃黄埔四期生。

第五支队由高中以上学生军训总队组成，陶一珊担任支队长，陶则是黄埔六期生。

这么看来只有第二、第三支队的陆京士和朱学范不是黄埔系人马，但是戴笠也在队长之下设置副支队长、大队长、中队长等职位，安插几乎全是清一色的黄埔生。同时又以黄埔四期生王兆槐为总指挥部的直属特务大队长。

别动队的武器装备除国民政府部分拨给之外，杜月笙自己出钱捐赠了 5000 支快慢机手枪，还有一些是戴笠令手下特工从日本三洋、三菱等洋行抢来的，也有一些是戴笠请胡宗南援助的。

虽然有了抗敌的武装，但这些人到底是临时组建的，要去与正规军打仗，打胜的可能性实在太小。于是，戴笠命令军统骨干文强做了一系列的补救措施，调派了高中低各级将领担任指挥工作，总算让这支乌合之众像点军队的模样了，在抗战中发挥了一定作用。

首先，他让文强将上海帮会的各头目召集起来，号召他们抛却个人恩怨，共赴国难，同仇敌忾。

其次，为解决中、高级军事政治干部在别动队不够分配的问题，戴笠命文强通知南京特务处本部人事科长李岗白，要其调派 200 名以上的中、高级干部来沪。

第三，戴笠又致电南京黄埔毕业生调查处负责人黄雍，命令他考核军校尉、校级毕业生，派 600 名来沪支援，尤其注意宁缺毋滥。戴笠将这批军官分批安置为各中队担任领导。与此同时，南京中央警官学校也选拔了具有高中以上文化水平并受过警官正科训练的100名学员来沪支援，戴笠将这批人安置于各中队为政治指导员。

最后，为解决下层领导干部紧缺问题，戴笠又指派文强向在浦东担任防守工作的第8集团军总司令张发奎求援，请求调具有班长、副班长能力的600名军士级士兵到别动队任职。

在完成这一系列临时措施后，戴笠又抽调别动队精英进行培训，希望培养一批能够担当大任的战士。培训班地点设在青浦县西溪小学，这就是传说中的“青训班”了，这个班有400余学员；接着，戴笠又成立了“松江特训班”，培训学员500多名。戴笠自任为两个班的班主任，余乐醒任“青训班”副主任，谢立公任“松训班”副主任。

10月，这支仅以一月时间仓促成立的游击部队，在上海南市和苏州河两岸配合国民党正规军与日寇作战。尽管作战能力差，但大多数成员杀敌异常英勇顽强。

11月，第五支队和仅留下的第55师一个旅计划在十六铺与法租界间修筑一秘密通道与敌军周旋，但法方不同意。别动队只有苦守阵地三日，掩护我军10万人退入法租界。第四日，戴笠召见第五支队长陶一珊，发给他特别费让其离沪，五队化整为零，在京沪地区潜伏。由于战局混乱，撤离过程中队员损失严重。青浦班撤到历口的人员仅四分之一。松江班因遭日军轰炸，全班500人幸存者不满50人。该班设在金山卫的学员大队长、黄埔六期生廖曙东，在撤退途中被敌军包围，逼入一水塘，在开枪击毙多名敌兵后高呼：“中国不亡！抗战必胜！建国必成！”壮烈为国牺牲。

淞沪会战期间，别动队员共牺牲1500多人，受伤500余人。

淞沪会战是抗日战争中的第一场重要战役，也是整个抗日战争中进行的规模最大、战斗最惨烈的一场战役。在这场战役中，中国人民不论党派、不分性别，皆投入到了这场保家卫国的战役中，正如国民政府在“撤退声明”中所说：“各地战士，闻义赴难，朝命夕至，其在前线以血肉之躯，筑成壕堑，有死无退，阵地化为灰烬，军心仍坚如铁石，陷阵之勇，死事之烈，实足以昭示民族独立之精神，奠定中华复兴之基础。”

忠义救国军

关于这个名字，戴笠曾跟下属文强谈起，是因为该部队成员多为青洪帮徒众，对中国传统的忠义思想要比对“三民主义”更容易理解和接受，因此才取名“忠义救国军”。

在内地，“文革”时期有样板戏《沙家浜》，其中以胡传魁、刁德一为代表的忠义救国军成为反共媚日的典型形象，也成为土匪汉奸的典型代表。这种印象在几代人的脑海里根深蒂固。几年前，同是“文革”样板戏的《红灯记》得以在台湾地区公演，而《沙家浜》却被台湾地区当局禁演，这是为何？因为在台湾的许多当年参加忠义救国军抗日救国的老兵和亲属一致反对这种背离历史事实的剧本，他们在情感上也无法接受《沙家浜》的演绎，即使这只是一场戏剧。

处决汉奸

到底忠义救国军在抗日中的事迹有哪些呢？

1938年5月，退守上海后，苏浙行动委员会别动队改名为“忠义救国军”，由军统领导，戴笠任总指挥，徐光英任参谋长，设总部于汉口。这支军队主要活动在苏浙皖边界一带，尤其是在浦东、南京市郊等地，多次与日军发生激战，为牵制住大量日伪兵力做出了很多牺牲。例如1939年7月20日，在无锡璜塘，日军400人带三门小炮，向无锡以北的璜塘忠义救国军进攻，忠义救国军奋起反抗，日军顿感招架不住，立刻请求增援。忠义救国军与前来增援的日军展开殊死搏斗，双方大战至半夜，忠义救国军力量难以支持，才迅速撤退。此战忠义救国军伤亡80余人，击毙日军100余名。

随着日军的不断入侵，受忠义救国军感召加入抗日救国运动的人数越来越多，忠义救国军的力量不断壮大，活动范围不断扩大。到1940年，忠义救国军已组建成4个纵队，人数近3万人。活动遍及浦东及京沪、沪杭铁路、京杭公路沿线等地，忠义救国军更是插入到沪宁杭敌后沦陷区，吸收了大量的地方武装和抗日民众，组织民众抗日杀敌。

忠义救国军之所以被诟病，在于它队伍的扩大，人员变得复杂起来，为了争夺军队控制权，军中许多黑帮头目或者地方实力派大打出手，其中还有些为了钱财与日伪勾搭，甚至投降日军。其次，忠义救国军除从事于敌后抗日行动外，也与当地共产党“新四军”等武装不断产生摩擦与争斗，这些情况使得忠义救国军改变了其成立之初单纯的抗日初衷。

第三节 抗日锄奸

“孤岛”战场

上海是当时世界上人口最多的七大城市之一，人口仅次于柏林、伦敦、莫斯科、纽约、巴黎和东京。1937年淞沪会战后，国民党撤出上海，在日军的轰炸中，整个城市遭到毁灭性的重创。当时，除在黄浦江沿岸的公共租界和法租界外，其他区域全部沦陷。随着日军占领区的扩大，上海租界逐渐在沦陷区成为“孤岛”，长达4年之久。到1941年12月8日，太平洋战争爆发，日军才开进“孤岛”，清除英美势力，全面占领租界。

著名的民国记者陶菊隐曾用文字记录下孤岛上海和周围沦陷区的天壤之别：“苏州河一水之隔，一边是炮声震天，一边是笙歌达旦。每当夜幕降临，租界内彻夜通明的电炬，透过幽暗的夜空，与闸北的火光连成一片，映红了半边天。”

在沦陷区，日军在占领区上海，不仅搜罗了一批投日的政界和商界领袖准备成立伪政权，还利用上海黑帮组织“黄道会”进行以华制华的恐吓暗杀活动。为了鼓舞士气，国民党经常在上海租界以及沦陷区，特别是在日本人和汉奸活动的场所多次展开恫吓、策反、反间、暗杀、爆炸等活动以打击敌人的嚣张气焰，吓得日军和汉奸不敢单独上街；对于日军机场、兵营、仓库、粮库、弹药库等军事设施以及铁路、公路、水路等各种交通设施，特工人员则和忠义救国军配合无间，毁灭打击数不胜数。这些举动堪称为城市中的“游击战”。

相较于沦陷区的被日寇践踏和自卫反击，“孤岛”相对自由，成为各种政治势力的角逐博弈之地。上海租界大批涌进避难民众，有家财万贯的富翁，也有一贫如洗的穷人，有日伪渗入以削弱抗日力量，也有军统、中统特务潜伏杀奸，还有中共地下党员的救亡运动……总之，各种力量在上海租界交汇、摩擦和争斗。因此，日伪特工和国民党特工在“孤岛”展开了层出不穷的暗杀事件，有日伪政权对国民政府的恐吓，也有国民政府对日伪的锄奸行动，双方多次报复和反报复。

1938 年 2 月初，日本唆使“黄道会”对上海的各家反日新闻媒体进行恐吓威胁。他们暗杀反日报纸《社会晚报》经理蔡钓徒，并将其头颅残忍地悬挂在电线杆上，以示警告；不久之后，上海多家著名反日报纸《大美晚报》、《文汇报》、《华美晚报》、《时代报》和《上海报》等又均收到所谓恐吓信，称如有反日情绪，将与蔡钓徒同命运。接着这几个报纸的厄运开始：

2 月 10 日，《文汇报》、《华美晚报》被手榴弹袭击，《文汇报》两名职员受伤。

2 月 12 日，《华美晚报》、《大美晚报》经理分别收到方盒，内有一只血淋淋的手臂和一封威胁信。

2 月 22 日、24 日，《文汇报》、《华美晚报》报馆分别遭到袭击，十多人受伤。

2 月 27 日，被注有毒液的橘子、苹果、柚子放进三个篮子里送到《文汇报》，其中还附有三封英文恐吓信。

面对敌人的嚣张，潜伏在沦陷区上海的军统、中统的特工被迫进行反击，特别是在汪精卫等人投日到上海后，他们奉总裁蒋介石之命锄奸，活动日趋活跃。最初国民党特工的行动主要针对各类汉奸、租界中与日伪勾结的高级警探，到了后期，他们的行动范围扩及到诛杀日本人。军统上海区规定，只要是身着军服的日本人，无论军阶高低，职务大小，无须申报，得手就当场干掉。

戴笠这时也鉴于华东区和上海站的覆灭，在上海成立了两个行动组，由赵理君和林之江分别担任组长，专门刺杀汉奸头目。于是，地下特工们的锄奸活动频繁展开，威慑了在沪的大小汉奸。

1937 年 12 月 30 日，被疑投日的“上海改组委员会”的华商领袖陆伯鸿被刺；1940 年 1 月 15 日，为日军搜购军需物资的俞叶封被枪杀于上海戏院看台上；同年“维新政府”的“绥靖部长”周凤岐上任后不久被枪杀在上海亚尔培路寓所门口；伪上海市长梁鸿志被特工乔装成小贩击毙；1941 年 6 月 17 日，公共租界警务处副总监赤木亲被击毙于愚园路；《晶报》三日刊主任、汉奸俞大雄被斩杀于上海虹口北四川路新亚酒店的浴缸里；著名文人、国民新闻社社长穆时英投敌被打死……

据不完全统计，在“孤岛”的 4 年里，军统在上海的暗杀行动达到 150 余次。其中不乏几个大手笔的案件，最著名的有暗杀唐绍仪、枪杀张啸林、斧砍傅筱庵以及远赴河内刺杀汪精卫。

翦除“南唐北吴”

1938 年，抗日战争进入相持阶段，日本开始转变战略方针，在中国寻找“第一流人物”，建立起一个新的“中国政府”，并且需要一个能够“利用、操纵反蒋系统的实力派”。这个计划由日军陆军部中将、号称“中国通”的土肥原贤二负责。

他所选定的人选有原北洋直系军阀统帅吴佩孚、原北洋政府国务总理靳云鹏以及政客唐绍仪。只有寓居天津的靳云鹏坚决不答应，并立即将这个计划报告了蒋介石。而吴佩孚、唐绍仪对于日本的诱人计划态度暧昧，甚至叛向明显。于是重庆方面决定，如果“上海、北平的唐绍仪、吴佩孚答应了，就把吴、唐干掉”。

唐绍仪，1862 年生，广东珠海人。他是清政府选派的第一批留美幼童，他的同学中还有著名的铁路工程师詹天佑。唐绍仪留

唐绍仪蜡像

美回国后，跟着李鸿章、袁世凯办过洋务，深得袁世凯信任。武昌起义之后，唐绍仪曾代表袁与南方谈判，最终达成了“确定共和体制、优待清室、推举袁世凯为大总统”的协议。

这个时期，唐绍仪开始转向民主共和，经黄兴、蔡元培介绍，加入了同盟会，并成为中华民国第一任内阁总理。1917年，孙中山在广州建立护法军政府，唐绍仪担任军政府财政部长，后被推为护法军政府“七总裁”之一。总之，在民国初年，这位清末民初元老可谓是红极一时，可是，在蒋介石执政期间，这位民国元老颇不得志，对蒋的作风不满。

抗战爆发时，唐绍仪正在上海，蒋介石曾托人捎带亲笔信给唐，要他赶快离开上海赶赴武汉，但被唐拒绝。这时，中统得到情报：日本人有一个“南唐北吴”计划，正极力拉拢唐绍仪和吴佩孚为他们所用。而这时唐绍仪对外界盛传他落水当汉奸也不置可否，并且还派女婿岑德广打着他的旗号与日本人打交道。

唐绍仪落水的信息已经逐渐明显，蒋介石终于动了杀机。

蒋介石指示戴笠把唐绍仪除掉。戴笠派上海行动组负责人赵理君赴沪暗杀唐绍仪。

赵理君，四川人，黄埔生，是戴笠最信任的手下。之后，又通过赵理君，戴笠找到一个叫谢志磐的人。谢与唐绍仪有些交情，唐绍仪30年代在广东中山做县长时，谢志磐是广州《民国日报》的记者，经常采访唐绍仪，两人很熟，谢甚至还可以自由出入警备严密的唐绍仪家。于是赵理君做通了谢志磐的工作，要他协助剪除汉奸。

赵理君从各方面探询唐绍仪的情况。唐绍仪有个爱好就是十分喜爱古玩，他经常逛古玩店，购买古瓷器、古铜器之类。恰好这时赵理君从唐的好友口中得知，他曾在某古玩店看中一个古瓷瓶，但古玩店老板要价太高，唐未能成交。于是赵理君赶紧找到古玩店，高价将这个瓷瓶拿到手。

有了“诱饵”，一日，赵理君假扮古董店的伙计，在谢志磐陪同下，拿着瓷瓶来到福开森路 18 号的唐府。因谢志磐经常出入唐府，赵理君很顺利地见到了唐绍仪。唐绍仪见到这个心仪已久的瓷瓶当然很高兴，就细细把玩起来。赵理君在一旁看准时机对唐说：“店里还有一只瓷瓶，比这个更好，价格也不贵。”

唐绍仪一听马上说：“那你就哪天送过来吧。”

赵理君这时已经把唐府保卫情况摸得一清二楚。唐府大门保卫很严，而唐的客厅只有一个安南人做警卫，但没有召唤，警卫不能随便进入客厅。赵理君回到住地后，随即召集行动组，商讨如何下手。

1938 年 9 月 30 日，赵理君再次来到唐府，唐很快就接见了他。赵理君事先以拿火柴点灯为由，将唐绍仪身边仆人支开。之后，赵理君取出那只瓷瓶交给唐绍仪，让唐详细对比，一边绕到唐绍仪身后，给他介绍“这里有一处瑕疵”等等，眼见唐绍仪的注意力全在花瓶上，赵理君抽出事先藏在身上的一把很小的斧头，冲着唐绍仪的后颈就是一斧。由于速度很快，唐绍仪直接一声不吭地倒在地上，当场毙命。赵理君杀死唐后，将那个瓷瓶收拾好，离开会客室。他走出门口时，还假装寒暄了几句：“我走了，您慢送”，然后把会客室门关好，从容告知会客室门外的警卫说，他回去再拿个几个瓷瓶给先生鉴赏。于是，赵走出去登上等候已久的汽车离开了。

唐被杀之后，日本人十分恼火，但又不敢过分张扬。国民政府为了掩人耳目，也下令褒扬唐绍仪，拨给治丧费 5 千元，并将

吴佩孚

生平事迹宣付国史馆，以表示政府“笃念勋耆之至意”。

不久之后，在北平沦陷区的吴佩孚也因“牙疾”不治而亡，死得很蹊跷。他死后，重庆国民政府褒奖他为“民族英雄”，表扬他是与日军周旋，不肯当汉奸而死，死得坚贞。不过，也有研究者认为，吴佩孚是因为不肯当汉奸，被日本人给故意弄死了。但民国是非，岂是表面上那么板上钉钉的真实。

枪杀张啸林

1940年8月15日，《申报》上刊出了“昨华格臬路血案，张啸林遭枪杀”的醒目标题，上海报童大声叫卖，报纸被一抢而空。

20世纪20年代，张啸林、杜月笙和黄金荣是上海滩上有名的帮会大亨。这三人为了维护在上海滩的势力和地位，先后投靠了蒋介石。1927年4月，张啸林因支持蒋介石发动四一二事变，被任命为国民革命军总司令部少将参议。1932年后任上海华商纱布交易所监事及中汇、交通等公司、银行常务董事或董事。黄金荣比杜月笙和张啸林二人年纪大很多。杜月笙和张啸林扬名上海滩时，黄金荣已经垂垂老矣。剩下杜月笙和张啸林两方争霸上海滩。虽然黄金荣和杜月笙结拜为把兄弟，但二人在上海的地位和势力范围划分上存在着很多矛盾。张啸林出道时间比杜月笙早，资格也比杜高一辈，他还曾救过杜的命。但杜月笙比他年轻，手段灵活，善于笼络人心，因而在圈内的威望和权势日增。杜月笙还得到蒋介石更多的重视与支持，势力和地位渐渐超过了黄金荣和张啸林。

1937年，上海沦陷前，为了防止“三大亨”被日伪利用，蒋介石邀请杜月笙、黄金荣、张啸林一同西撤。黄金荣以年老多病，不问外事为由，决定不走；杜月笙避居香港；而张啸林拒绝了杜月笙的邀请，仍然留在上海。因为他此时正与日本人联系，伺机独霸上海滩。

11 月上旬，上海沦陷。张啸林迅速和驻上海的日本派遣军司令官松井石根搭上线，二人随即狼狈为奸。之后，张啸林趁机招兵买马，广收门徒，并命令门徒威胁上海各行各业与日本人“共存共荣”，大肆镇压抗日救亡活动，捕杀爱国志士。后张又当选日本人一手组织的“新亚和平促进会”会长，以此为招牌，大力协助日军在外地收购煤炭、药品、棉花、粮食，强行压价甚至武装劫夺，为虎作伥。张啸林的投敌活动，引起了国民党的极大不安以及社会舆论的强烈谴责。除掉张啸林，已是当务之急。

蒋介石指示戴笠对张啸林予以制裁。杜月笙表面上碍于结拜之谊，明说不愿插手杀张之事，但是私下也指示徒弟与军统配合，伺机杀张。戴笠派军统上海区区长、著名的暗杀专家、军统“四大金刚”之一的陈恭澍执行。制定了锄奸计划，建立了行动组。行动组长由陈默担任。行动组接到任务后，仔细观察了张啸林的一举一动，摸清了他的生活规律，甚至连他外出坐车的惯坐位置都侦察得一清二楚。

不久，行动组获知张啸林的一个习惯：每天晚上，他都去上海大新公司的俱乐部赌钱，赌完后，张会同他的保镖分乘两辆车回家。回家路上，车会要经过一个十字路口，如果路口红灯亮起，车便会停下来。于是行动组决定利用这短暂的停顿时间下手。以防万一，行动组又对交通红灯做了手脚，张的车一到，便可拉亮红灯。这次行动由上海区行动股长、杜月笙的门徒丁松乔主持。一切按计划进行着，红灯一亮，汽车一停，丁松乔立马和几个特工对车辆进行一阵猛射。可惜的是，张啸林的司机并没有被当场击毙，以致他听见枪响后立刻猛踩油门，闯过十字路口，疾驰而去。而张的坐车也是经过安全加固的，车身装有很厚的钢板，车窗玻璃也是防弹玻璃。虽然张啸林中弹，但并无大碍。这场刺张行动就这样失败了。

张啸林见有人暗杀他，于是又加强了周围护卫，行动组一时间无法下手。1940 年 1 月 13 日，行动组得知张啸林的亲家俞叶封将邀请张啸林去看京剧，于是行动组又展开了一次暗杀。组长陈默潜到到剧院第一排，特意坐在俞叶封旁边。可谁知戏快完了，张啸林还没出现。陈默只好先除掉俞，灭灭张的威风。张啸林获悉此事，吓得不敢出门整天待在家中，还向日本人要来了一个宪兵班保护他，未经他同意，访客一律不得入内。

连番经历了几次暗杀，张啸林已经把周围的保卫工作提到很高的程度。行动组绝望之际，突然发现了一条新的线索：张宅内有军统内线！此人名叫林怀部，原来是杜月笙的门徒，后秘密加入军统，武艺高强，枪法极准。在暗杀行动之前，林怀部已经通过熟识的张啸林司机阿四介绍，当起了张宅的门卫。张啸林遭到几次暗杀后，就希望能找到几个身手和枪法都超群的保镖。而这时，林怀部也和军统上海区联系上了，军统指示其潜伏，寻找时机下手。于是在阿四的帮助下，枪法极准的林怀部被张啸林聘为保镖。

林怀部当保镖后几次都未找到机会下手。1940 年 8 月 14 日，他请假出门，实际上是与行动小组商量刺杀事宜。谁知那天张啸林心情很不好，非但不准假还将他大骂一通，要赶他走。这时张啸林的朋友来访，张同吴去三楼议事。林怀部见自己要被赶走，以后再无机会，遂决定立即下手。他故意与司机发生争吵。惹得楼上的张啸林忍不住跨到窗前厉声喝问。林怀部乘机伸手去拔腰间的枪，射向张啸林，子弹正中张啸林面门，张当场毙命。林怀部为了确认张啸林的死活，提着枪冲上楼，发现客人正在打电话报警，又枪杀了他。林怀部确信张啸林死后，冲下楼逃离张宅。谁知刚到楼梯口，就被张的保镖拦住，一番搏斗，恰好这时法租界巡捕赶到，林怀部弹尽，自杀未遂，被捕。

法租界判处林怀部 15 年徒刑。重庆军统局本部为表彰林，特发给奖金 1 万元。上海滩一霸就这样被除掉，日本人虽然恨得心痒痒的，但也无可奈何。抗战胜利后林怀部被释放。

刀砍傅筱庵

傅筱庵是浙江镇海人，生于1872年，早年被盛宣怀夫人收为义子，也是盛宣怀的亲信与企业代理人。他在金融、矿业与交通业等行业发迹，20世纪20年代投靠军阀孙传芳，当上上海总商会会长。他参加过对抗北伐军和镇压工人起义的活动，先后被武汉和南京国民政府通缉过。1931年，傅筱庵重返上海，先后任中国通商银行总经理、轮船招商局总办等职。

日军战俘（1943年摄于中美合作所）

日军看上了傅筱庵日益膨胀的政治欲望，以及与国民政府不太友好的经历，同时傅筱庵在当地又是一个有名望、有能力的上流人士，对上海高层人士也有一定的影响力。傅筱庵眼看自己在国民政府升官无望，日本人又这么看重他，于是双方一拍即合，勾结在一起。1938年10月16日，傅筱庵正式成为伪上海市长。

起初，虽然傅筱庵积极镇压爱国人士，但重庆当局对傅筱庵还存有一些幻想，并无立即杀傅的决心，特别是汪精卫叛逃至上海后成功地吸引了重庆方面的注意。

1939年戴笠曾派人到上海暗杀汪精卫。军统两名少将特务戴星炳与吴赓恕接到任务后赶赴上海，鉴于汪精卫的森严戒备，不敢贸然下手。于是想通过汪伪集团内部寻找机会。他们找到开滦煤矿驻上海办事处经理许天民，希望他策反上海伪市长傅筱庵参加暗杀汪精卫。傅筱庵在许天民策反他时，假意答应，而后老奸巨猾的他又将事报告给了汪精卫，以求领功。结果许天民、戴星炳与吴赓恕迅速被捕，不久戴、吴也都被枪杀了。

于是，这次刺汪计划未出师就已失败，而且连丧军统两名少将，戴笠对傅筱庵真是恨得咬牙切齿，恨不得生吞活剥了他。于是他迅速决定除去傅筱庵!

戴笠派出军统上海特区区长陈恭澍负责行动。陈发现傅筱庵防范极严，不仅出入乘坐防弹轿车，而且前后还有4辆满载警卫的轿车护卫；在他的办公楼，更是布满了大量警卫队。

正当陈恭澍无计可施时，一条内线让他们绝处逢生。原来军统一直派有特工在傅宅附近监视，这些特工就以开酒店为招牌伺机监视。谁知道，酒店的一位常客竟是傅家的一位老仆人。这位老仆人名叫朱升，在傅筱庵父亲生前，已经深得傅父信赖，傅父死时托朱升好好照顾傅筱庵。就这样朱升忠心耿耿地跟在傅筱庵身边，30多年来，尽心尽力地照顾傅筱庵的饮食起居，可谓是傅家两代的“义仆”。而朱升同样是个忠奸分明、爱国护土之人，见傅投降日本人后，多次规劝傅筱庵，但傅依旧自行其是。于是，朱升经常来这家酒店借酒浇愁，久而久之，就和店主混得十分热络了，以致朱升将自己的心事和盘托出。这时伪装成店主的军统特工乘机力劝朱升为民除害，大义灭亲。朱升后又经过多次劝说和激烈的思想斗争，终于被特工说服，大义灭亲。

1940年10月11日，傅筱庵回府后，在仆人朱升的伺候下就寝。深夜，朱升拿着一把锋利的菜刀走到傅筱庵的卧室，站在傅的床边，借着屋外射进的月光，连砍傅头部数刀，然后轻轻关上房门，拎一只菜篮，若无其事地推着一辆自行车，从傅家后门逃走。后来，他在军统的安排下，匿于法租界，后又逃往重庆，最后在重庆开了一家小型手工卷烟工场。

傅被杀后的第二天，重庆《大公报》报道:“傅被砍三刀，一在眼部，一在下颏，一在颈部，尤以颈部伤势最重，头颅几将割断。”日军大为震惊，立刻戒严街道，搜查嫌犯，但搜查一天无果。傅筱庵被砍下的脑袋由日本军医用针缝在尸体上，再缠以白布，放到棺木中。傅筱庵的儿子被此事惊吓得精神失常。

傅筱庵被义仆所杀，引起了日伪汉奸的极大震动。当天，汪伪行政院副院长周佛海在日记中这样记载道:“五时为电话惊醒，士群报告上海市长傅筱庵为其跟随十余年之仆从用刀刺死。人心难测。为之心寒……”

汪精卫死亡之谜

1938年12月，国民党二号人物汪精卫，因为在对日方略上与蒋介石意见不一以及在权利斗争上的失败，遂决定率家人和随从，从当时国民政府所在的陪都重庆出走。他经昆明辗转来到越南河内，打算叛国投敌。蒋介石政府得知其逃跑后，立即发出了全国通缉令，并密令军统对汪精卫的行为进行监视和劝服。

当时时任日本首相的近卫文麿发布了第三次对华政策声明，提出“善邻友好、共同防共、经济提携”三条件，汪精卫随即在河内发出《致蒋总裁暨国民党中央执监委》的通电，刊载于香港《南华日报》，响应“近卫声明”，这就是历史上有名的河内“艳电”。

尽管如此，蒋介石还是多方劝阻汪精卫的投敌行为。1939年初，国民党中央委员谷正鼎受蒋介石委托两次到河内会见汪精卫，劝其去欧洲，但被汪精卫拒绝。

1939年3月，汪精卫致信云南省主席龙云，煽动其叛蒋自立。此信被戴笠手下截获。蒋介石大怒，他见劝和不成，立下杀机。1939年1月1日，在国民党中央执委会召开的临时会议上，全体委员一致决定：开除汪精卫国民党党籍和一切公职、动员全国报纸加紧揭露汪精卫投敌罪行、下令全国上下“严缉惩办汉奸”。于是，这项任务落在了戴笠军统手中。

戴笠感到这次奉命刺杀汪精卫形势复杂，任务十分艰巨，不能有半点差错，必须从长计议，周密部署。于是他决定亲自出马，但戴笠又考虑到如果自己前去河内部署指挥，如果行动拖延久了，很容易引起外界的注意。一旦被人发觉，汪精卫就会有所准备，不利于刺杀行动。并且当时河内是法国殖民地，有严格的枪支管理，行动很不方便。所以，他决定不去河内指导行动，而将指挥中心设在香港。

当时的香港是英国管辖的殖民地，是世界自由港口，进出十分便利，不需要签证等手续，同时香港又是中国人聚居的地方，便于隐蔽，不易被人觉察。而且香港四通八达的交通，为行动创造了很多便利条件：坐海轮一个昼夜便可到达河内，又有海上航线与上海、天津、广州、澳门以及海外各地相连，还有飞机直飞重庆。同时当时香港已有军统特务区，有较为齐全的人员和设备，调用十分方便。于是戴笠将刺杀行动的领导小组设在了香港，并于 1939 年 1 月中旬从重庆秘密飞到香港。

戴笠到港后，立即与军统局香港区区长王新衡研究刺汪行动，严密部署。当时香港区的电台几乎通宵值班，力保与河内、重庆的通讯联系，译电工作专门由戴笠的随行秘书王绍谦、季若恂负责。不仅如此，戴笠还不放心，他又规定所有往来文电必须由他亲自处理。

之后，戴笠从军统各区调来了一批暗杀专家去河内主持行动。这里面有军统技术专家余乐醒、北平区区长陈恭澍、重庆武术训练班教官唐英杰和跟随戴笠多年的警卫员、神枪手王鲁翘。这里值得一提的是余乐醒和陈恭澍。余曾是共产党人，与周恩来等人一起在法国勤工俭学过，法语流利，进入法属殖民地河内再合适不过了，而且余对军统特工技术极有研究，通晓爆破术和毒药制造，人亦精明干练，办事认真负责，但余有致命缺陷，便是没有任何独立指挥和行动的经验。陈恭澍恰好在这方面弥补了不足，陈经验丰富，有多次实践经验，他曾参与策划、指挥过数次重大暗杀活动，如暗杀汉奸张敬尧、石友三、王克敏以及共产党员吉鸿昌等，几乎次次成功。因此戴笠确定陈恭澍为行动组组长，负责具体实施，余乐醒则提供如爆破、毒气等特种技术支持。

河内当时处在法国殖民主义的统治之下，除非军警，否则任何人不允许私自携带枪支。为了解决暗杀所用的枪支问题，戴笠利用军统所掌握的“路路通”单位之一——交通部西南运输处，通过滇越铁路运进一批手枪至越南海防港口，再由河内行动组接应带进河内。后来又通过法国援华志愿军大队中方联络官曹师昂将美国新式左轮手枪藏入行李中，偷运到河内。这样武器问题便解决了，行动只欠东风一吹了。

余乐醒、陈恭澍等到达河内后，经过多方侦察，得知汪精卫住在高朗街25号。他们便在汪的住宅对面高价租到一栋楼房，日夜监视汪寓动静。

他们原计划派人强行冲入汪寓行刺。但汪寓门禁十分严紧，四周又筑有高大围墙，周围还有法国人派遣的越南巡捕保护，实在无法进入。于是，他们改为趁汪外出之际在马路上拦车狙击，但汪精卫在河内，深居简出，几乎不出门，行动组也没有机会下手。最后行动组苦思无良策，又迫于时间太紧，他们只好采取第一种办法，乘夜色迷茫之际越墙暗杀。

1939年3月20日晚，行动开始。刺杀行动由王鲁翘、唐英杰两人具体执行，王、唐两人还带有电筒和利斧，王负责刺杀，唐负责掩护，另外围墙外有五六个行动队员负责接应。

但不巧的是，当王、唐刚翻墙而入，便惊动了屋内一只恶狗，两人就向猛扑过来的恶狗开枪，于是枪声引来了屋外的巡捕。王、唐猛烈扫射朝他们射击的巡捕，之后，在唐英杰的掩护下，王鲁翘急速登上二楼，直扑汪精卫卧室。王举起准备好的斧头将房门劈开，拿着手电筒寻找汪精卫。他发现一男人正哆嗦地躲在床下，以为这就是汪精卫，于是对准他连发3弹，男人当场毙命。

王验尸后，与楼下做掩护的唐英杰一同越墙逃出，安全返回。当晚，行动组大大舒了口气，都以为大功告成了。谁知道却是空欢喜一场。第二天晨报报道：汪精卫高级秘书曾仲鸣被暗杀于汪精卫房间内。众人才发现原来杀错了人！原来那天曾的妻子方君璧从香港来到河内探亲，汪精卫临时将自己住的大一点的卧室让与曾仲鸣夫妇住，自己搬到旁边客房去了。这样曾仲鸣就莫名其妙地成了替死鬼。

汪精卫

行动小组的几个行动队员在那晚接应时，被越南巡捕当场抓住，后被法方以扰乱社会治安罪为由判处有期徒刑8年，一直关押在河内监狱，直到抗战胜利后才被释放回国。

暗杀汪精卫事件一发生，一时哗然，法租界又增派了大量巡捕守卫汪寓所。

戴笠见此良机已失，下令撤回河内行动组。但对王鲁翘等行动组的忠勇行为给予了赞赏和犒劳，并且向法方施压努力争取释放被捕人员。多年后，戴笠还是对这次失手心有不甘，多次遗憾地表示放走汪精卫后患无穷："我们检讨当时的得失，是计划不周密……汪精卫后来在南京组织伪政府，危害国家民族，这实在是我们的遗憾……"

汪精卫这次虽然侥幸免于一死，但经此恐吓，不得不加快投靠日本的步伐。为了方便与日本人策划、筹备伪政府的事宜，4月中旬他在日本人的护送下，秘密乘船从河内来到上海。

戴笠得知这一消息后，不得不加紧了第二次刺汪行动。他立即命陈恭澍率领王鲁翘和唐英杰赶往上海与军统局上海区区长王天木共同研究行刺行动。虽然他们经过了周密的部署和计划，但此时的汪精卫已经是惊弓之鸟，行动神秘且防范严密，刺杀一事始终没有进展，王鲁翘还一时不慎，被敌伪发现，投进监狱。之后，汪精卫又从上海前往南京，就职日伪政权最高领导，因此在上海刺杀汪精卫的计划又宣告失败。

汪精卫去南京后，暗杀工作更加困难，戴笠一连组织了五次刺汪行动，投入了大量精力与财力，但连折数将，寸功未获。1939年军统南京区区长尚振声，奉戴笠之命投敌，他曾集合手下，准备攻入汪宅杀之，事发后被捕，于1942年被杀；同年戴笠曾派军统两位少将级特务戴星炳与吴赓恕到上海暗杀汪精卫，被伪上海市长傅筱庵出卖，被捕枪杀；后戴笠又派军统大员陈三才在上海秘密成立据点，伺机暗杀汪精卫，陈计划用穿甲枪狙击汪精卫的汽车，但由于内部人员出卖，陈三才被捕；1940年，军统青岛站趁汪精卫赴青岛开会之机行刺，行动失败，青岛站随之覆灭；1941年，戴笠又说服大力士黄光逸在拜见汪精卫时将其打死，但被汪精卫察觉，提前逮捕了黄，并秘密处死……

戴笠军统的刺汪行动一再被对方识破，人员损失惨重，戴笠也就不得不暂时搁置行刺行动，改向策反汪伪集团内部高层高宗武、陶希圣等脱离汪伪集团，大获成功。

直到 1944 年，汪精卫病死日本。当时对外宣称汪的死因是因为脊椎长期受损，引发炎症。事情要从 1935 年上海暗杀大王王亚樵暗杀蒋介石说起，当时国民党四届六中全会在南京召开，会后要集体照相，蒋介石力劝汪精卫不要出席，汪精卫不听，于是在照相时被王亚樵连放三枪，一枪子弹更是嵌入脊骨，但当时医疗设备不全无法取出，于是这颗子弹就一直留在汪精卫身上，时时发炎，引起阵痛，并最终导致汪精卫的死亡。

虽然如此，外界还是传言颇多，他到底是病重去世，还是被人暗杀？如果是暗杀，那又是被谁暗杀的呢？一时间传言纷纷。有传言也说是戴笠收买汪的护士，在汪每天服用的中药中掺入玻璃粉毒汁，此毒汁人喝后无刺激、无反应，最终毒发身亡。不过确实，在汪死后不久，戴笠在军统的一次训词上说："我宣布一个消息，就是汪精卫已于 11 月 10 日下午 4 时在日本名古屋死了，致死的原因，当然与我们有关系。"至于汪精卫是不是军统毒杀的，现在已经无从查证了。一代枭雄最终因为自绝国家、投敌叛国而闹得身败名裂、客死异乡也是罪有应得了。

第四节　戴笠的"小黄埔"

抗日杀伪不手软

据军统统计，抗战期间，军统人员共计阵亡 18000 余人，其中相当一部分是死在对日伪的斗争中。军统参与抗战的方式，不仅有暗杀日伪军政要员，也有暗杀日本侵略者以及组织忠义救国军进行武装抗战等活动，还进行了无数次情报战、间谍战，多次侦破日情帮助国军，策反日伪，卧底敌营，在看不见的地方建立了一条秘密战线。

在南京，1938 年特务处派出八个行动小组同时袭击伪“维新政府”机关，向伪“立法院”、“教育部”、“内政部”等多处投掷手榴弹，并与敌伪警界展开枪战。一度冲入伪市政督办署，炸毁其“秘书处”、“工务科”、“卫生科”。

在华北，早在九一八事变之后，特务处北平区和天津站就先后组织了刺杀日伪平津集团军总司令张敬尧、冀东防共自治政府要员殷汝耕、冀北保安司令石友三、日本扶植的“临时政府”首脑王克敏等重大行动。虽然有失败，如刺杀石友三、殷汝耕，但是也有成功案例，如成功刺杀了汉奸张敬尧。其中刺杀王克敏时，军统特务还误杀了与王克敏同行的日本顾问山本荣治。1938 年 3 月 28 日他们在煤渣胡同设伏袭击王克敏，被他的日本顾问掩护而逃过一死，但当时在北平引起轰动。1940 年，北平区行动组又刺杀了伪“建设总署”局长俞大纯。这些刺杀行动成功地打击了日伪汉奸的气焰，一时间投日汉奸人心惶惶，寝食难安。

汉奸殷汝耕被绑赴刑场

在广州，1938 年 8 月 11 日，由军统广州站策划，日军厨师李昌德执行，在白云山日海军陆战队第 115 连队饭菜中下毒，毒死 19 名日军；1941 年 9 月 17 日，在纪念九一八事变十周年之际，军统广州站又策划在城内普炸日军军事机关和伪组织机关，一时全城爆炸声此起彼伏。当时在撤离至海珠中路时，广州站第三行动组组长江志强为掩护同志，最后撤离现场，路遇日本宪兵队，江志强将剩余炸弹引爆，与 5 名日本宪兵同归于尽。

在河南，1938 年戴笠命令军统安阳组组长谢梅村等人策反“皇协军”副军长徐靖远并深入到伪军当中潜伏与反正官兵。于是 8 月 7 日伪皇军在彰德西曲沟村校阅时，副军长徐靖远乘机命令反正官兵起义，击毙汉奸及日军官十多人，此举成功打击了日军扩充皇协军的计划；1940 年 5 月 7 日，在打入日军内部的共产党人吴凤翔的配合下，河南站特工成功袭击日本间谍机关“西山公馆”，击毙“华北五省特务机关长”吉川贞作、多田部队司令部参谋长山本大佐、开封日本宪兵队分队长上村四郎，击伤日本陆军特务机关长万田；12 月 19 日，军统河南站又成功击毙刚上任不久的特务机关参谋长兼伪河南绥署总顾问、陆军大佐皆川雅雄。连续两起刺杀，均轰动一时。

在武汉，为了配合武汉会战，戴笠指挥军统成立了武汉站并扩大其规模。10 月武汉会战结束，戴笠军统依照“焦土抗战”方针，配合武汉警备司令郭忏对武汉市区进行“反资敌大破坏”，抽调临训班学生 60 人及工兵三处，计划炸毁各类目标 38 处，纵火 67 处。由于军队不愿配合，戴笠只好独自指挥具体人员行动，当晚军统破坏了 60 多处日伪目标，较为著名的有汉阳兵工厂、汉口码头等。戴笠亲赴行动前线，被困于法租界，直到敌军撤离才得以脱身。

可以说，抗战期间，戴笠和军统对抗击日伪是拼尽全力的。

拉帮结派有一手

戴笠在这期间，同时发挥了其天才般的智慧和精湛的秘密才能，不仅亲自参与了多起暗杀事件、间谍战争以及组建忠义救国军活动，并且拉拢了一帮为他效命的“忠义之士”，组建了自己的“黄埔系”。

其中拉拢黄埔出身的同学。身边不仅有毛人凤、郑介民等资格深厚的“元老”，还有很多为其卖命的下属。如军统头目文强，黄埔军校四期生，原为中共要员，后叛投国民党，被戴笠倚重，多次参与暗杀、保卫等秘密活动。1945 年春，戴笠将其调到西安，提升为军统北方区

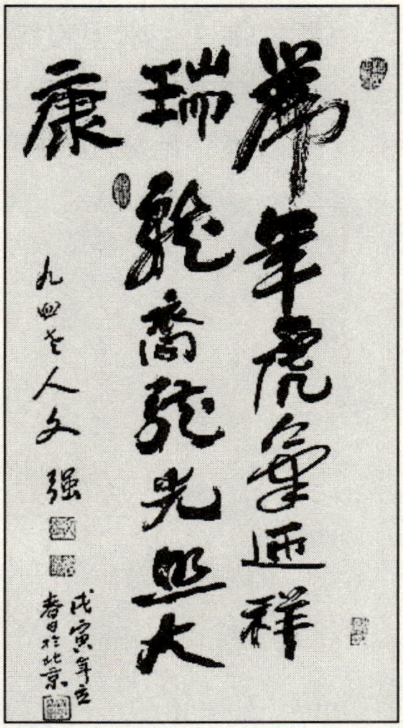

文强书法作品

区长。其间，文强成功策反了华北、东北近百万之众的部队。由于功绩卓著，他被晋升为中将，时年38岁，是当时国民党军内最年轻的中将。

军统“四大金刚”之一陈恭澍，黄埔军校第五期警政科毕业，外号“辣手书生”。因为他一生参与策划了200多起行动，是个职业杀手，例如暗杀张敬尧、刺杀汪精卫等。

还有军统下属的各区站长、副站长等黄埔系出身的这些人，就更不用说是戴笠的死党。戴笠用人的原则就是：但凡有黄埔老大哥来投靠，不论草包、饭桶，一律来者不拒。一来是可以增加军统的黄埔系色彩，巩固在校长心中的地位；二来也可以提高他这个黄埔六期肄业生的身价；三则筑巢引凤，黄埔军校学生满天下，振臂一呼，必然群居于此。

另外，戴笠还通过创立特务训练班，广收学生，打造自己的“小黄埔系”。从特务处的洪公祠训练班开始，戴笠慢慢地在摆脱力行社的影子，到1937年的青浦训练班，再到1938年的临训班，戴笠成功组建了自己的“小黄埔系”。

戴笠将这些学生聚拢在军统组织内，安插在重要岗位，成为自己的千里眼和顺风耳，牵制军统局内的其他势力。毛人凤、郑介民随后也开始效仿，组建自己的训练班，军统局内的派系斗争日益尖锐。

第十一章
抗日情报战

第一节 绝密情报："日本将偷袭珍珠港"

情报网向海外拓展

抗战八年，使得军统的势力极速扩张，不仅在国内远超过中统，势力更远达海外。特别是抗战后期，军统与美国海军合作后，军统在海外的工作又大大地加强了。除了派出军统大将萧勃以中国驻美国大使馆武官的身份在美国组建情报站，担任对美联络、搜集情报工作外，还在巴黎和伦敦设立了情报站。但这个时期军统活动的重点，仍是与中国相邻近的东南亚地区，特别是在日军占领的缅甸、泰国、马来西亚、新加坡以及法国控制的越南等地。在这些地方，军统情报系统为美方提供了大量的军事情报以及武装力量，军统也依靠美国的支持，情报网络和势力达到了巅峰。有这么一种说法，在第二次世界大战期间，军统被评为世界上规模最大、效率最高、电讯破译技术最先进的情报机关。而当时美国 CIA 前身美国战略情报署（OSS），它才不过是个刚刚学会走路的孩童而已。

不过，八年抗战期间，国民政府的破译日密电工作经历了从无到有的艰难发展过程。抗战前，国民党的特务情报工作都用在了内战上，对外情报缺乏经验。直到抗战爆发，才匆匆组建。最初涉及这个领域的，除了中统局、军统局外，还有交通部电政司、军委会机要室以及军政部无线电台，可谓是"四国五方"。工作之初，也只是涉及到研译电码，还没有开展侦破工作。

1938年夏，双方进入相持阶段之前，日本通过德国驻华大使陶德曼提出了六条苛刻的“停战协定”。蒋介石一时陷入僵局，不知日军是否可信，是否还会继续西行，攻占武汉。于是他令军委会机要室主任、内弟毛庆祥，紧急召集各部门侦译精英组成“日帝陆军密电研究组”，研究破译技术，以便从日军无线密码电报中探知日军是否要攻武汉，继续西进。

军统成立后，戴笠想把这项研究破译密码的工作抓在手里，以壮大自己的势力。军统局下设了电讯处，电讯处专门开辟一个技术室研究电报破译工作。

罗斯福想见他

1940年，在日军对重庆的疲劳轰炸中，军统电讯处搜索到了一名日本飞行员提供的日本飞机联络暗号，据此成功破译出了当时日机的联系密码。戴笠立即把日军计划轰炸盟国使馆的情报转告了驻重庆的盟国使团。盟国使团因此得以迅速转移，脱离危险。此后戴笠的电讯处获得了美国情报部门的重视，双方有了初步的技术合作。

但是，1941年12月7日发生在太平洋小岛珍珠港的日军轰炸事件，却没有像这个事情一样得到美国人的重视。1941年，军统机要室经济秘书邓葆光在档案室查阅情报时，一本叫“日本外交密电本”的情报文书引起了他的注意。经过两天的专研，邓解开了密电码，上面显示日本和苏联在做一笔交易，由日本向苏联提供20万吨橡胶。可是能源缺乏的小日本，哪里去找这么多橡胶？邓敏锐地感觉到日本为了解决能源危机，可能向东南亚出兵。

不久之后，邓又得到一条重要情报，日本海军主力舰队出现在南中国海，可能是一个南下备战信号。

于是，他赶紧向戴笠报告了此一重大情报。戴笠很重视邓的分析，又联合其他情报进行综合分析，得出了日军将袭击珍珠港的结论，随即将情报转告了美国海军参谋部。没想到美军根本就不重视这条情报，甚至怀疑情报的真实性……

1941年12月7日，日军突袭珍珠港，使美军太平洋舰队受到重创。

遭日军突袭后的珍珠港

美国人一下子如梦初醒，一夜间戴笠在美国人眼中似乎成为了中国版的“希姆莱”。在开罗会议上，罗斯福总统甚至向蒋介石表示想见见这位“中国的希姆莱”。戴笠从此获得了美国人的信任，美国人派将领了解中方的无线电侦译技术，对其技术感到惊讶，双方一拍即合，迅速走到一起。

第二节 “中美合作所”真相

SACO是军统“魔窟”?

最初和中国有情报往来的是英国。1941年，英国政府要求设立中英情报交流合作研究所，并提出各组一支游击部队，由中方出人训练，英方担负所需经费和武器弹药。蒋介石命令戴笠军统着手办理。戴笠将军统大将、担任忠义救国军代总指挥的周伟龙调到重庆主持训练工作，而后军统又经过多次与英方代表谈判，终于在重庆小龙坎周家湾成立了中英情报合作研究所。

随后，英国远征军统帅蒙巴顿将军，派遣了一个约40人的青年军官学习团来华学习游击战术。这个团先后到西北、中原、东南等游击边区进行实地察看，然后被送到湖南衡山游击干部训练班受训。这个班名义上是国民党人士李默庵负责主持的，但实际不论是讲授的教材还是主要的教官，都是由八路军参谋长叶剑英提供和保荐。叶剑英还亲自驻班协助，这样才使这个班初具规模。

这时西欧战场更是吃紧，英国财政紧张，已经自顾不暇。而周伟龙又向英方提出巨大的物质和武器要求。英国人本来就是很吝啬的，加之在训练等问题上与军统存在着严重分歧，于是双方合作就此停滞。据蒋介石侍从室情报组组长唐纵1942年4月日记中记载，双方合作破裂还有更深一层的原因，在于军统发觉英国人在中国的特务活动动机不纯："英国与我国特务工作之合作，我始终认为英国另有企图……其目的在取得我特务工作之掩护，以便各地活动。周伟龙得我指示后，已渐渐发觉其真面目矣。英人想在第三战区设立爆破训练班，已令顾长官制止。别动军之工作，已严令约束英人不得自由活动……"

法国也想同蒋介石政府建立情报合作关系。1942年夏，流亡在外的法国戴高乐政府曾派代表来中国，与军统局谈判建立中法特种技术合作所，主要是为了侦译法国维希傀儡政府的密电。但法方代表对合作外行，而军统局对这一流亡政府又不大看得上眼，双方最终未能谈妥。

中美合作所美方领导人梅乐斯

太平洋战争爆发后，美对日、德宣战，远在大洋彼岸的美国军队，对日战争主要采取的是海上和空中袭击。因此美国需要获得关于在亚洲及太平洋地区的大量气象水文资料。戴笠抓住这个千载难逢的机遇，迅速通过驻美军统特务萧勃联系美国方面，洽谈合作事宜，最终迈出了实质性合作的第一步。

1942年4月，美国海军参谋部派出海军中校梅乐斯带领一个代表团，由萧勃陪同抵达重庆。

梅乐斯此行的目的，本来是为了在中国东南沿海地带筹建海军水文气象站，供给美方有关作战情报需要。

戴笠在中美合作所成立文件上签字（1943）

戴笠在与梅乐斯的谈判中，提出了中美特工全面合作草案，包括情报交换、人员训练等方面。梅乐斯回国后立即报告美国海军，并于1942年秋得到了美国国会的批准。美海军为了表示对即将成立的中美合作所在级别上的认可，同时也是表彰梅乐斯的功绩，破格晋升他为美国海军准将，于是梅乐斯带着准将的头衔来到了中国，展开同戴笠的合作。

1943年4月15日，“中美特种技术合作协定”在美国华盛顿签字。7月1日，中美特种技术合作所（SACO）在重庆磁器口杨家山缫丝厂定址，机构简称“中美合作所”。

由于“中美合作所”所在的重庆歌乐山纵横延绵10余公里，建有房屋800余间。其中不止有这个合作所，还有渣滓洞、杨家坪、白公馆等监狱也定址在这大片土地之上。于是，后来很多人就误以为中美合作所就是镇压、残害革命人士的地方。

在著名的长篇小说《红岩》中，令人印象深刻地描述了中美合作所的“恐怖”，它也成为几代中国人心目中的“魔窟”：

“共产党员成岗被带到‘中美合作所特别医院’接受审讯，‘医生’在一个长着‘黄麻似的卷发’、‘高高隆起的鼻梁’、‘灰蓝颜色’眼睛、‘白皮肤’的‘美国医生’指挥下，给成岗注射麻醉剂后进行诱供……”

小说中类似这种将中美合作所描绘成为一个杀人不眨眼的“魔窟”的例子还有很多很多，但是真实的中美合作所，其实并不是这样的。

太平洋战争的大功臣

中美合作所成立的目的，并是不用来反共的，而是二战时期用来加强中美之间抗日作战，获取情报的；美国人也没有直接参与军统对共产党人的迫害，当国民党特务将中美合作所等作为反共监狱时，美国人早已全部撤回美国了。

在抗战后期，中美合作所在电讯侦测、密码破译等方面发挥了重要作用。如在气象情报搜集方面，中美合作所共向美军提供了 84366 件情报，帮助美军轰炸台湾岛和空袭日本本土提供了关键的气象服务，从而保证了战争的胜利。特别值得一提的是 1945 年初，中美合作所成功袭击了被日军占领的处于福建与台湾海峡之间的乌丘岛，获取岛上保存的自 20 世纪初以来积累的最完整的中国东南沿海地区的气象资料，确保了盟军在冲绳岛战役中的获胜。

1944 年 9 月到次年 8 月，不到一年的时间里，中美合作所向美方提供了 11.0537 万件破译情报，破译日方多种密码。美国海军据此对日本舰船发动攻击，击沉日本舰船 25 艘以上，特别是在雷伊泰海战、帛琉登陆战役中，美方获得了很多中方提供的情报，从而保证了军事战略的实施。1945 年 1 月 7 日，根据中美合作所的情报，美军大举空袭日本设在中国领土澎湖、琉球上的海军基地，击沉敌舰船 83 艘、炸毁敌机 210 架，给日军以最后的毁灭性打击。为了表示感谢，美国总统罗斯福曾专门致电感谢蒋介石。

蒋介石、宋美龄与罗斯福、丘吉尔合影

另一方面则是由美国为国民党当局训练特务。中美合作所除举办两期正式训练班，培训了具有特种技能的专门特务 1000

多人外，还集训了军统局的“忠义救国军”、别动队的武装特务三四万人。在国内战场上，这些特务们在敌后发挥了巨大的作用。经过中美合作所训练的中国特工们在豫湘贵战役时，在各省的战区组织各类敌后武装进行了多次牵制性破坏与袭扰作战，如炸毁了焦作煤矿、黄河新铁桥、钱塘江大桥，破坏了浙赣铁路等，还进行了一些广播、宣传作战和对日军战俘的心理战。

虽然中美合作所的目的是为了加强对日情报，但是在客观上也对蒋介石发动内战负有责任。对这一点，美国人也曾深刻反省过。美国著名汉学家费正清就曾正视过这一事实：“中美合作所确实曾经部署过骚扰日军后方的行动，并为美国海军的登陆作了准备，但中美合作所的弊端在于，当1945年国共内战爆发时，它把美援全部用在了国民党一边。这就在客观上意味着美国‘过早地’正式加入了反对中共的活动。这为中国共产党所深恶痛绝，并完全有正当理由把它看作是美国帝国主义的不义行为。”

另一位对戴笠有过深刻研究的美国汉学家魏斐德更加深刻地反省了中美合作所的责任以及梅乐斯对戴笠的纵容：“美国特别行动官员为了在收集情报方面训练警察，而到头来却被指控为同右翼独裁政权相勾结，这在历史上还是第一次。从这个意义上说，中美合作所训练戴笠秘密特工的项目使战时美国情报机构的努力成为赤裸裸的犯罪行为”，“既然戴笠的许多职责中也包括蒋的军事情报头子，与他进行部分的技术合作是不可避免的。但是，中美合作所似乎远远地超出了这一点。戴笠很快毫无顾忌地利用空运到歌乐山的美国武器来与新四军和其他爱国游击队作战。而梅乐斯的人则企图为戴笠的政治名声涂脂抹粉。”

第三节　梅乐斯与戴笠

礼遇梅乐斯

在合作上，中国陆军少将戴笠和美国海军准将梅乐斯不仅进

歌乐山梅乐斯官邸

行了多次成功的合作，而且还发展了一段良好的友谊。戴笠对梅乐斯的到来，进行了慷慨的接待，将歌乐山下的“神仙洞”公馆拨给其居住，派重兵把守。神仙洞原来是重庆市市长的住宅，后成为重庆警备司令部的公馆。戴笠在生活上也对梅乐斯关照得无微不至。军统为梅乐斯等人提供了优越的生活与工作条件，戴笠甚至于还为美方人员提供了包括美眷、陪酒员、跳舞作乐等“全方位”的服务。

戴笠为了赢得美国人的心，连开一场 Party 都费尽心思。

1945 年 12 月，为了让美国人尽兴，他建造了一座可容纳 4000 多人、完全是欧式设计的礼堂。为了舞会的音响效果，戴笠特地从美国运回所需要的设备如扩音、照明以及电动舞台等，还专门命人由印度空运来了六十多件西洋乐器。梅乐斯为了配合，还命人在美国定做了几十万面、用上好的丝绸做成的、镶上金边的美国国旗，把他们挂满了整座礼堂。戴笠更是命令奏乐乐队成员换上用将军呢做成礼服，并换发了新皮鞋和白手套，甚至从美国请来了指挥，加紧排练。

根据沈醉等人的回忆，戴笠为这次晚会赠送美国教官礼物，特地从各地买来了大量古董；对晚餐要求也极尽奢华，为了能让美国军官吃上西餐，数十名西洋厨师被请来主厨；又因为重庆缺少火鸡，只能用动物园和公园里饲养的供观赏的几只火鸡来供贵宾享用，其他的教官吃鹅肉；戴笠不仅在物质上尽量来满足美国人，还派来了多名年轻貌美的女特务热闹气氛，他规定如有不去的，要追究责任。

戴笠为什么这么煞费苦心地为梅乐斯和他的美国教官们准备这些丰盛的“大餐”？这又是戴笠的一个高招：放长线，钓大鱼。现在这些都是些小钱，等到美国人高兴了，美元、武器不就像天女散花一样一下子散下来了吗！

梅乐斯面对戴笠的尽情款待，也懂得投桃报李。在中国重建海军这个计划上，他积极支持戴笠，为戴笠打通了与美国海军高层的沟通渠道，并且帮戴笠获取了海军高层的信任——由戴笠来管理美军援建物质并主持中国海军的重建计划。这样戴笠就得意地做起了当海军总司令的美梦。

梅乐斯对戴笠这个人非常赞赏，还有另外一个方面的原因。原来，梅乐斯来华，与戴笠有着惊人的默契——反共，梅乐斯多次纵容和包庇戴笠的反共行为。

援华抗日物资的用途之争

梅乐斯的反共活动和包庇行为，引起了美国陆军方面的关注。本来美国陆军和海军就在与国民党合作上存在分歧，而当下梅乐斯和中美合作所又绕过盟军中国战区参谋部直接向华盛顿报告，这更加加剧了美国陆军的不满，尤其使中国战区参谋部长史迪威将军十分生气。史迪威将军是一个对蒋介石及其政府持有非常强烈保留态度的美国人，他十分不满国民政府的腐败作风，尤其对中国的“盖世太保”戴笠表现得特别不满。在一次欢迎史迪威的晚会上，这个“盖世太保”走上前去想与史迪威攀谈几句，当时，史迪威便给了戴笠一个难堪，一言不发，转身就走开了，以至于戴笠脸一下子涨得通红，在原

史迪威将军

地站了半天。

在战备物质使用上，史迪威更是与梅乐斯和戴笠矛盾激烈。他认为将大量的美元、大批的武器用来反共和培养中国的“盖世太保”，而不用在对日作战的正面战场上是极端错误的，但史迪威又无权管辖梅乐斯，因此只能向罗斯福总统提出了严正的抗议，并派人来直接干涉。

因为史迪威支持青年军官“清君侧”的行动，蒋介石早就对史迪威不满意了，于是他站在了戴笠和梅乐斯这一边，不断地向美国政府施压，指责史迪威将军。终于把史迪威赶走了，由魏德迈继任。

魏德迈虽然表面上不与蒋介石等人为敌，但是私下也有自己的打算，他希望能够尽快解决远东战场，因此对蒋介石、戴笠等人利用美国帮助他们反共拖延抗日的行为感到十分的生气，同时对梅乐斯这种不顾国家利益，一意孤行支持国民党反共，尤其是对他跟“希姆莱”戴笠一伙人沆瀣一气的行为看不上眼。他上任之初，就开始着手进行了一系列改变中美合作所格局的行动。

戴笠送给梅乐斯的亲笔签名照

首先魏德迈在参加美国参谋长联席会议时，促使会议通过了修改中美合作所章程的条款，这让盟军中国战区司令部对中美合作所享有和美国海军一样的领导权，于是魏德迈就有权过问中美合作所的事宜了。

之后，魏德迈对梅乐斯发出严重警告，让其以后的活动都必须严格地以对日作战为前提，行动必须经过他的批准。作为筹码，魏德迈又调美国战略局局长、在与梅乐斯争夺中美合作所指挥权中失败的杜诺万来重庆，加入中美合作所，力图打破梅乐斯与戴笠两方独霸的局面，进一步迫使两人脱钩。

但海军准将梅乐斯全未把这位美国陆军长官魏德迈放在眼里，依旧支持戴笠的反共行动。魏德迈无计可施只能将搜集到的梅乐斯在中国的反共行为报告给美国海军，希望海军部调其回国。梅乐斯知道后，急忙回电海军部据理力争，就“调”与“不调”，魏德迈和梅乐斯开始了长达几个月的拉锯战。

恰在此时，西安附近发生了中美合作所训练班的美方主持人当场痛斥戴笠部属“有意保留力量，以便战后打共产党”的事件。梅乐斯害怕此事传入魏德迈耳中，迅速飞往古城西安，将一干人就地免职，改派“对戴将军怀有最高崇敬”的美国人接任。

魏德迈听闻事件后，一怒之下，飞回美国向罗斯福总统告状。当时美国军方高层也在国民党反共问题上持谴责态度，他们并不支持梅乐斯的反共，于是在魏德迈指控梅乐斯将武器转手于军统用于反共，支持国共两党开战，破坏抗日时，美国军方终于同意将梅乐斯调回美国。

而这时的梅乐斯也由于精神过度紧张，而患有精神衰弱症，最后严重到轻度的神经病，以致不能继续工作。戴笠和梅乐斯的合作就以梅乐斯在美国的失宠而结束……不过，戴笠死后，梅乐斯要求来华参加吊唁，开始也被美方阻止。但是，经过蒋介石的再三努力，才得以来华祭奠。

第十二章
反共一利剑

第一节　念念不忘“反共”

反蒋斗士宣侠父

如果说戴笠在抗战期间，投入七分精力在对日情报、锄奸工作上，那么剩下三分力气又用在哪里了呢？答曰：反共。无论是在日伪控制区，还是在革命圣地延安，戴笠都曾不遗余力地派军统特务秘密渗入共产党内部潜伏，或者搞恐吓、暗杀等活动。

宣侠父，黄埔军校一期生。因与校长蒋介石政见不合，愤然退学离校，成为黄埔学员中最早退学的学员。后宣侠父受李大钊派遣，以国民党员的公开身份带领一批共产党员去帮助西北军冯玉祥部做宣传工作。1933年，冯玉祥成立察哈尔民众抗日盟军，宣侠父积极参与其中并任要职。他的深厚理论素养和雄辩才能使冯玉祥颇为佩服，他曾对部下宣称：“宣侠父的口才能顶200门大炮。”不久，“抗日同盟军”失败，冯玉祥宣告下野。宣侠父又积极参与吉鸿昌、方振武和康生等人在天津组织的“中国人民反法西斯大同盟”。在大同盟失败后，宣侠父又成为吉鸿昌的入党介绍人，陪他赴上海办理了入党手续。

宣侠父

这样宣侠父又转战上海工作。当时他在中央特科工作，为特科负责人之一，成为我党早期的优秀情报人员。因为行踪不定、做事出人意料，被人称为“怪杰”，而与中共另外两名情报工作者，英杰梅龚彬和隐杰陈希周并称之为“中共情报战线三杰”。在上海时，宣侠父的公开身份是上海《申报》记者。不久，便遭到了军统特务的盯梢，工作受阻。正巧这时，在香港的陈希周和梅龚彬来信邀请他去香港参加统战工作。潘汉年就报请中央，获得批准后，宣侠父随即又转战香港。

1935年在香港，宣侠父化名宣古渔，与梅龚彬和陈希周一起协助李济深等人成立了“中华民族革命同盟”，反蒋抗日。李济深任主席，陈铭枢、蔡廷锴、蒋光鼐、冯玉祥等12人为同盟会中央委员。

1936年，为推动两广势力共同抗日，宣侠父、陈希周随李济深和蔡廷锴奔赴南宁，与李宗仁和白崇禧等计划发动“两广事变”，以兵变的形式反蒋抗日。在广西半年多的时间里，宣侠父任重建的第19路军政治部主任兼第61师参谋长。“西安事变”时，宣侠父正任李济深处秘书，帮李济深草拟了对“西安事变”的通电，积极支持中共的抗日统一战线方针。

不久，宣侠父又奉周恩来、叶剑英之命，转战西安，在西安红军联络处工作。之后又北上延安，参加中国共产党全国代表会议。

因为长期从事情报和统战工作，1937年9月，宣侠父被任命为国民革命军第18集团军（即八路军）高级参谋，成为八路军驻西安办事处的领导。在西安工作时，宣侠父利用自己是黄埔生的身份，继续在国民党高级将领中进行统战工作。

宣侠父与“西北王”胡宗南曾是同班同学。在西安，宣侠父因为工作关系再次见到国民党军西北战区司令员胡宗南，胡宗南很佩服宣侠父的过人才学，存心想笼络他，但每次宣侠父都微笑婉拒。

宣侠父之死

胡宗南时不时地找机会说服宣侠父。一次他想推荐宣侠父到终南山中央军校西安第七军分校教课，宣侠父似真似假地开玩笑说：“你不怕我去军校宣传红色理论？”胡宗南顿时哑口无言了。一计不成，胡宗南又施一计：把他推荐给黄埔校长蒋介石。他深信凭借宣侠父如此的才华，又是黄埔佼佼者，蒋介石怎会不要？谁知计划首先在宣侠父那里遭到拒绝，宣坦率对其表达了与蒋势不两立的决心：“请你看看反蒋的历史，哪一页上没有我宣侠父的名字？我想这是蒋先生永远都不会忘记的！”

虽然胡宗南在宣侠父这边碰了钉子，却还是向蒋介石推荐了宣侠父。不提还好，一提就让蒋介石想起了宣侠父这个当初在黄埔军校与他对着干的捣蛋学生，于是只哼了几声，就没有下文了。鉴于宣侠父现在在中共的地位以及同胡宗南的密切关系，蒋介石其实还是有自己的担心，于是他私下悄悄命令戴笠秘密监视宣侠父——防范宣侠父在国民党高级将领中做统战工作，尤其是策反胡宗南。

不久，宣侠父的傲骨终于惹怒了蒋介石，戴笠奉命对宣侠父下毒手。当时西安盛传军统要暗害宣侠父，朋友们都劝宣侠父暂时避避风头。但是，宣侠父却天真地以为凭着和“西北王”胡宗南的交情，短时间应该不会有生命危险。他怎么会知道，这正是蒋介石急于除掉他的原因——避免策他反其得力干将胡宗南。

1938 年 7 月 31 日，宣侠父在西安八路军办事处参加庆祝八一建军节活动，活动完后，宣侠父深夜独自骑车回家。突然从路边冲出来一伙蒙面大盗，强行将他连车带人一起掳走。就这样，宣侠父莫名其妙地消失了在马路上，生不见人，死不见尸。宣侠父失踪后，周恩来曾先后三次要求蒋介石追查宣侠父的下落，蒋却回答说：“宣侠父是我的学生，他背叛了我，我愿意怎样处理就怎样处理。”于是宣侠父失踪案从此就再无音信。

直到解放后，军统特务落网，真相才浮出水面。原来军统特务奉了蒋、戴密令，秘密绑架了宣侠父，当晚便用绳子将其勒死，投入下西安郊区马陵的一口枯井中，用土填平。遇害时，宣侠父年仅 39 岁。

对宣侠父的被害，李济深深感悲痛，多年后他还回忆说：“我身边有个秘书，代我写文章的，也是共产党员，以后派去西北联络，被胡宗南枪毙了。看起来这个蒋校长，先是没有知人之明，接着没有用人之能，最后没有容人之量，安能不败！”

第二节 “中共缔造者反对中共”

张国焘的转变

张国焘是中共产党内资格很老的党员。五四运动时，他即为北京大学的学生领袖之一。在其后的中共一大会上，又作为代表参加并主持了大会，并与陈独秀、李达共同当选为中央局领导成员，主要负责组织工作，而李达负责宣传工作，陈独秀任总书记。随后张国焘又三到莫斯科，期间还受到过列宁的接见，也使他成为中国共产党人中唯一见过列宁的人。1931 年初回国后，张任中央政治局常委。就这么一位在共产党内德高望重的老党员，却在其后的工作和对党的认识上产生了无可挽回的偏离。

1931 年 4 月，张国焘受中央派遣到鄂豫皖苏区，任鄂豫皖苏区中央局书记兼军委主席。不久之后，张便积极推行王明“左倾”冒险主义方针，对党内和红军进行全面改造，开展错误的“肃反”活动。这次的“肃反”和之后的“另立中央”，这两条罪名即让张国焘在中共产党内名誉扫地。张国焘的这次“肃反”到底杀害了多少人，至今没有一个具体的数字，徐向前在《历史的回顾》中回忆到：“将近三个月的‘肃反’，肃掉了 2500 名以上的红军指战员。”但当时的红四方面

张国焘

军仅1.5万人，而这场苏区“肃反”杀害掉的优秀营、连级将领竟占了六分之一!

1932年10月，张国焘率领红四方面军撤出鄂豫皖苏区进入川北，与川陕边党组织共同创建川陕根据地，并出任西北革命军事委员会主席。1935年，张国焘等红四方面军主要领导人擅自决定放弃川陕根据地向西转移，开始长征。6月，与红一方面军在四川懋功成功会师。会师成功后，张国焘公然拒绝执行中央关于北上建立川陕甘苏区根据地的决定。10月，率红四方面军南下川康，在卓木碉宣布另立“中央”，分裂红军。1936年6月，张国焘被迫取消第二“中央”，同意北上回到陕北。

长征结束后，中央在陕北根据地开始批判张国焘的错误路线。尤其是王明，不仅在大会上批判张，还私下找张谈话对其恐吓。王明私下专门找张国焘谈论他的错误，并且告诉他，他的红四方面军老部下李特、黄超在新疆迪化经审问已招认是托派，并被执行枪决了。从和王明谈话的那天起，张国焘就开始心神不定，夜不能眠。他判断，王明的归来会让他在接受斗争和批判上走得更远，说不定还会有杀身之祸。他知道王明绝不是心慈手软、顾全大局之人；他也记得当年上海地下党领导人何孟雄、林育南即是在王明的打压陷害下被国民党当局逮捕并杀害的。同时他也深知自己犯过大错误，在鄂豫皖苏区大搞“肃反”，杀害过不少红军将领。如果中央清算他的这些错误，其后果可想而知。于是，张国焘开始寻机逃离延安，打算叛变革命。

1938年4月4日，国共双方在经历内战后，首次聚首共同祭拜黄帝陵。张国焘以陕甘宁边区代主席身份代表共产党前往参加祭拜活动，并在陵前见到了当时的国民党西安绥靖公署主任蒋鼎文。祭拜完毕，张国焘谎称有事，趁机上了蒋鼎文的汽车，逃至西安。

到了西安，张国焘并没有马上联系八路军驻西安办事处，而是住进了国民党的西京招待所。4月7日张国焘又被安排去武汉(当时蒋介石国民政府驻地)。这时，他才打电话给“八办”西安办事处主任林伯渠告知自己要去武汉。林伯渠预感事情不妙，立即向中央汇报。4 月 8 日清晨，周恩来派李克农等人前去说服张国焘，想方设法一定要他回来。

他们在汉口火车站一连等了三天，终于在 11 日晚上七点，第四次去接车时，在最后一节车厢发现了张国焘。李克农要将张国焘带到武汉长江局办事处，而张坚死活不肯。于是相持之下，李克农只好给他找一家小旅馆住下，留下丘南章、吴志坚两位同志负责“照顾”张国焘。

当天晚上，李克农就陪同王明、周恩来、博古等长江局负责人来到旅馆，期望挽回张国焘。张国焘在他们面前很紧张，说话语无伦次，但唯一坚定的一点就是不回延安。王明一味批评他擅自出走的错误但也表示了希望他回去，凡事都可再商量。最后见张还是不答应，周恩来只好退一步，不再坚持让他回中共办事处，但必须给中央打电报承认错误。无奈之下，张国焘只好拟了份电报稿交与周恩来。

12 日，在接到周恩来等人汇报后，中央书记处复电张国焘，以示挽留：“国焘同志：我兄去后，甚以为念。当此民族危机，我党内部尤应团结一致，为全党全民模范，方能团结全国，挽救危亡。我兄爱党爱国，当能明察及此。政府工作重要，尚望早日归来，不胜企盼。弟毛泽东、洛甫、康生、陈云、刘少奇。”但这份电报仍旧没能劝服张国焘返回延安。14 日晚，周恩来、王明、博古、李克农第三次劝说张国焘。

张国焘全家福

自那以后，张国焘便一再提出要求要见蒋介石，向其报告边区政府工作。由于张国焘还未被罢职，周恩来也不好拒绝。16 日上午，周恩来亲自陪同张国焘去武昌见蒋介石。可惜此次会面气氛尴尬，只几句便草草收场。回到住所后，张国焘相当消极，向周恩来表示自己想回到江西老家，此后再也不过问政治。当天下午，张国焘又寻机想外出，周恩来便派吴志坚一路跟随。张在街上一直闲逛到天黑，随后又提出要过江。在码头等待轮渡时，张国焘趁开船前关铁栅门之机，突然跳上船想摆脱吴志坚。好在吴早有防备，紧跟着上了船。张国焘下了船就再也不肯回去，说什么也要留宿在武昌。吴志坚只好趁张国焘休息，赶紧将情况报告长江局。此时办事处也正四处寻找张国焘，得到消息后立即派人前往。可这次张国焘坚决不肯再回去，吴志坚只能将其安排在太平洋饭店住下。

17 日上午，周恩来连同王明、博古来到饭店，对张国焘进行最后劝说。在最后通牒前，张国焘表示要再考虑两天。等周恩来等人一走，张国焘就立刻电话联系了军统特务头子戴笠，表示自己愿意投靠国民党。军统很快派人到达饭店，制住看守的丘南章，接走了张国焘。

一失足成千古恨

蒋介石获知张国焘“弃暗投明”的消息后，喜出望外，立刻吩咐戴笠为其打理一切。戴笠连忙安排好张的衣食住行，并派其同乡、武昌警察局长蔡孟坚前去“保护”，简直把他视为“宝贝”，走到哪都带上，还亲自出席了张国焘欢迎仪式。张国焘迅速成为军统最受关注的“热门人物”，每天邀请他的宴会不断，请求拜见的人络绎不绝，走到哪里，哪里都簇拥着一大堆人，大家争相目睹这个“共产党领袖”的尊容。

1938 年 9 月张国焘抵达重庆，接管国民党特种政治问题研究室，主要负责所有有关从共产党方面的叛逃人员的安排，并且戴笠还为他设立了西北、东南两个特别侦查站，以分别对八路军、新四军进行特务侦查。戴笠想利用张过去在中共内部的地位和关系，对中共进行策反和瓦解活动，对他抱有极大的希望，希望靠他打开军统反共的新局面，以抗衡中统。

之后，戴笠又为张国焘专门办了一个训练班，培养专门工作人员。张为了彰显自己的作用，主动请缨准备在陕甘宁边区设立一个“策反站”，戴马上照他的计划增加经费。另外戴笠还专门设立了一个叫特种联络站的策反机构，派专人前去张国焘旧地华北、华中、华东及川东活动，搞分化中共产党组织的工作。

这个时期，戴笠军统对张国焘是要人给人，要钱给钱，已到了言听计从的程度。军统所有人都知道，张国焘是戴老板眼前的“红人”，最为得意的部属，戴笠也常常招摇地带他四处炫耀。

但一年之后，张国焘的“雄图大略”，一点也没兑现。他不但不能从中共拉出什么人来，也无法派人打进去。戴笠计划在延安成立一个“延安站”或“延安直属组”，以便向蒋介石邀功。于是张国焘便拿着戴笠的信，去请当时驻防太行的、旧时部下、时任第27军军长范汉杰帮忙打入八路军防区活动。结果不但建立延安站遥遥无期，连派出去的人也没能回来。最后戴笠只得在距离延安不近不远的汉中成立了一个特别侦察站，在榆林成立了一个陕北站，再伺机对延安进行活动。

戴笠在张国焘身上挖不到什么宝贝，于是对他一天天地冷淡下来。所成立的陕甘宁策反站也因毫无成绩可言，被撤销掉了；原来交到他手上的特种政治工作人员训练班，因为学生无法再按照计划派出去工作，办了两期后也宣告停止。戴笠有时候火气没地方出，便派人叫来张国焘指着鼻子大骂一通。特务们也幸灾乐祸，时常拿张开玩笑，说他“饭桶”、“蠢货”之类。最后，戴笠实在在张国焘身上挖不到一点东西了，于是他当着军统众人的面宣布：即刻撤掉张国焘的一切职务和一切生活待遇，包括专用汽车。可见，张国焘这个被蒋介石视作“对延安的致命打击”的叛党分子，在戴笠的“妥善运用”下，并没有起到任何作用。在屡屡受挫后，张国焘已“黔驴技穷”，丧失其利用价值。

不久，张国焘见在军统混不下去了，便转战中统继续搞特务工作。中统局长朱家骅是张国焘的北大校友，对这个学长可谓是久仰大名，特聘张国焘为“对共斗争设计委员会”的中将设计委员兼主任秘书。可惜，中统内部对张国焘这位“中将设计委员”

十分不服气。特务们恨他到中统来抢饭碗，除了暗地里骂他是叛徒外，甚至还在公开场合奚落他，拿他在军统被戴笠责骂的经历开玩笑。

张国焘与毛泽东在陕北（1938 年 3 月 7 日）

张国焘一忍再忍，希望在工作上能让人刮目相看，但无奈在“对共斗争设计”方面实在拿不出什么好主意。他所知道的共产党的情报，不是国民党已经了然一切，就是情报根本没有价值，因为共产党方面对于他的叛变已经做了充分的准备，一切工作都重新调整了。几个月过去，张国焘在中统地位甚是尴尬，一直处于“无计可设，无员可用，无公可办”的情况。

此后，失宠的张国焘一直在国民党内过着寄人篱下的生活。直到国民党退守台湾地区，张国焘慌忙南撤。可惜在台湾岛，生活光景也不怎样。最后他移居海外，死在加拿大的一家养老院里。

第三节　苦心经营陪都情报网

情报网无孔不入

抗战期间，重庆成为国民党的陪都和国统区的政治、经济、文化中心，各种政治力量汇集于此，社会复杂多变。为此，戴笠几乎调动了军统在重庆的全部力量来维护蒋介石国民政府“陪都”的稳定。

军统在重庆编织了一张巨大的情报网络。当时在他们手中掌握有各种公开国家机关，帮助其维持公共秩序和收集情报，如重庆卫戍司令部稽查处负责社会治安、重庆市警察局侦缉大队负责政党情报、兵工署警卫稽查处负责兵工企业保卫、特务大队负责特务行动。不仅如此，戴笠还集结了社会上各种帮会势力，如洪门、青帮、袍哥等力量，成立“人民动员委员会”，从事反共和各种情报工作。

除此之外，戴笠不仅在社会上网罗了一批各职业的闲散人员，扩张情报来源，还注意培养在社会各界，如饮食业、医疗卫生界、新闻界、文化界、交通运输业等线人，建立秘密据点，获取情报，开展防共、反共活动。这些被发展成为线人的情报员，一般都具有较高的身份、地位，既有来自社会团体的知名人士，也有来自政府的高级职员，还有一些来自经济、金融、新闻、文化、旧军队、帮会、宗教等各界人物。戴笠善于结交他们，一方面是利用他们的身份和地位获取情报，另一方面也是为了争取他们的认同，以抵制共产党。

在金钱上，戴笠为了发展这些人毫不吝啬，在各方面给予线人以优待。虽然有些人收了钱，但不好好为戴笠收集情报。这些人提供上来的情报往往都是一些“边角料”拼凑而成或者是过时消息。戴笠遇到这种吃闷亏的事情多了，再拿钱出来补贴他们就不那么心甘情愿了，他常常发牢骚说：“有些人拿了我的钱却不给我们做事，有的人不要我们一点好处却异常卖力地帮助我们。”为此，他常常让特务们反复核实线人提供的信息，但给他们的津贴还是一文不少。这不奇怪么？戴笠的想法是：放长线钓大鱼，一旦一条大鱼上钩，一切都补回来了！

当时在重庆，聚集很多社会知名人士、民主党派以及共产党代表，于是戴笠命令特务不论什么人，只要发现形迹可疑，立刻给予秘密监视。当时的重庆就是被特务们秘密编织着一张巨大的、密不透风的监视网络：每个来重庆的人，不论是从天上、从地上还是从水上，一进入重庆区域便会遇上特务们防备盘查的面孔；只要你要从重庆寄出什么信件，必定会先被特务们以审查的名义“偷看”一通；如果你要打电话，那更是一切信息全在特务们的监听之下；如果不小心进入一家饭店，你也许会遇上很多贼眉鼠眼盯望的人，其实这家店就是军统特务开的，你的一切行动均在他们的监视之下；稍有声望的人一来重庆则会被记者们围得里三层外三层，向其问长问短，其实这些人里面很多是混进去的军统特务……

对民主人士和中共代表团进行监视，军统特务则采取盯梢、尾随、无线电侦听等多种手段。像宋庆龄、史良、沈钧儒、张澜等这样的民主爱国人士，成为他们监视的重点。有一次，因为特务们监视宋庆龄的活动过于嚣张、露骨，终于惹恼了宋美龄。为了此事，宋美龄在电话里很严厉地对宋子文说："你关照他们（戴笠）一下，不准在阿姐那里胡来，如果我听到有什么的话，我是决不答应的。"戴笠接到宋子文的电话，感到很为难，但一想宋氏家族的权势，以及宋美龄的威严，于是只好嘱咐对宋庆龄的监视活动要收敛点，注意策略，不得胡来。

沈钧儒与张澜等人合影

自左至右分别为：沈钧儒、张澜、鲜英、李公朴。

史良与张澜等人合影

自左至右分别为：王立明、刘清杨、张澜、史良、李文宜。

戴笠不仅对这些民主爱国人士秘密监控，更是对中共办事处、八路军驻重庆办事处、新华日报社等中共组织机构及工作人员严密监控。

由于这时国民党不得不在表面上承认共产党的合法身份，戴笠不敢明着胡来，甚至还假装缩小或撤销公开的反共组织建制以示维护国共合作的诚意。但在私下里，戴笠反共情绪依旧高昂，他指示军统在重庆50多个内部组织：不准放弃对中共的斗争，军统每个特种工作人员的首要任务依然是反共防共！

此时，军统重庆区辖制重庆市区以及川东数十个县的特务情报工作，是抗战时期军统最庞大、最重要的外勤组织。同时这时重庆又是战时陪都，国民党政府心脏所在地，汇集了各类势力和各路人马。鉴于重庆特务工作的重要性，历任重庆区长上任时，戴笠都要找其谈话嘱咐，反复交代任务的艰巨性以及工作的重要性，尤其嘱咐要把防共反共放在工作的重中之重。为此戴笠特别注意负责监视中共办事处与《新华日报》的西郊区特工组，不断从人力、物力上进行充实和加强。

当时军统在重庆的反共活动主要是针对集中在以红岩村、曾家岩的中共代表团和《新华日报》等为中心的防共与反共情报战。他们24小时派人监视曾家岩中共办事处。利用周围一切可以利用的条件派人潜伏监视。一般情况下，特务们以小商小贩的形式出现在中共办事处门口，甚至还在办事处附近开设茶馆方便监视。他们监视的原则是：遇到延安有什么新人来，或者共产党纪念日，又或者国共有重大会议，他们就加派人手盯梢；凡是周恩来亲自送出去的人可以不盯，周恩来秘书送出去的人看情况，可盯可不盯；而自己推门进去的人一定要盯。不过由于当时进出办事处的人大多都小心谨慎，很多时候特务们发现不到什么，于是写的汇报也就空空洞洞了，没有一点建树。

为了监控中共在重庆的办事机关和所有领导的信件书刊往来及电话，戴笠利用手中掌握的军统公开机关——军委会办公厅特种邮电检查处，严密防范。这是戴笠军统用来反共防共的最重要的地方。迁都重庆后，戴笠为了防范中共派人打入这些机关，经报蒋介石批准同意，以后进入这个机关的都必须是忠实可靠的，经过特检处进行反间谍训练的人。

戴笠反共，有时甚至谨慎到恐惧的地步。他夜不能寐、日不能食，就怕重庆发生由中共组织的游行示威或暴动，自己没有察觉或没有力量进行应变或镇压。于是戴笠便成立了重庆侦察大队，挂在重庆卫戍总司令部稽查处下。他亲自从各地挑选了200多名武装特务，一边进行训练，一边整装待发，随时准备应付突发情况。

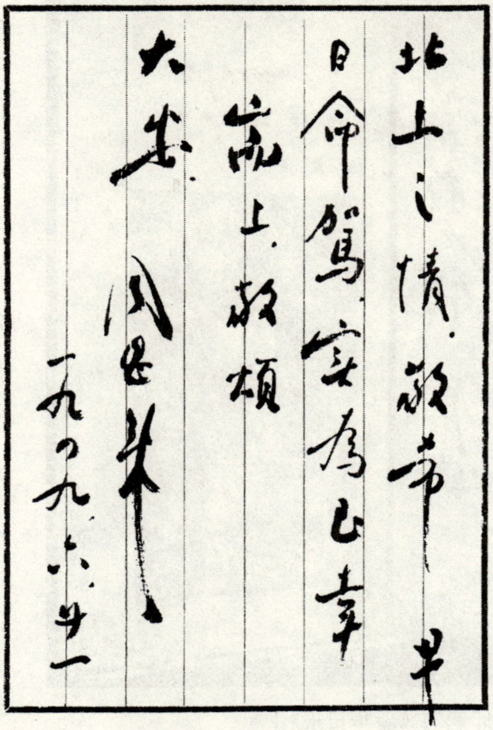

周恩来信札手迹

遏制《新华日报》

戴笠在重庆时期最感头痛的是关于阻止《新华日报》的发行问题。国民党当初允许《新华日报》在重庆的发行纯属无奈，尤其在国共合作的大旗下，找不到任何理由禁止《新华日报》在重庆公开发行。但在当时，国民党对新闻舆论控制极严，只有《新华日报》敢于报道事实真相，而且《新华日报》每天发行比别家报纸早，而且还有专人递送，工作效率极高，这使《新华日报》销路大增，以至风靡重庆，行销全国。当时稽查处为了了解中共动向，还不得不付钱订购了一份，而当时其他的报纸都是免费向稽查处提供的。因此，稽查处出钱买气受，恨得《新华日报》咬牙切齿。

早期印制的《新华日报》

虽然戴笠指示特务们先后用殴打报童、从报童手中强抢报纸销毁、通过邮检扣压、策动流氓阿飞到《新华日报》门市部捣乱等手段，但往往第二天早上特务们一到办公室，第一眼看到的仍然是桌上放着的《新华日报》。戴笠经常把负责这项活动的重庆稽查处处长陶一珊找去痛骂一顿。戴笠虽然着急，但又慑于政治原因，因此也不敢对中共代表和《新华日报》做太过分的举动。

为了把重庆布置成反共防共的大本营，戴笠几乎是绞尽了脑汁，使尽了浑身解数。尽管如此，他的防共反共一直没有取得什么效果。

第十三章
“至情”与“至性”

第一节 红粉军团

原配毛氏

戴笠曾跟下属说，他把三件东西当宝贝：学生、手枪和汽车。“只要有了这三件宝，什么事都可以办得了。”其实，除了喜欢这三件情报工具之外，特工王戴笠和历史上一干枭雄一样还喜欢另一件宝贝——女人。

戴笠元配毛氏，是奉母亲蓝氏之命迎娶的。毛氏是一位纯朴善良的乡下妇女，虽然没有多少见识，但在家相夫教子，伺候婆婆也十分尽心。据说，戴笠早期和她感情也十分融洽，育有一子戴藏宜。可惜此子不争气，在家乡为非作歹，戴笠也就懒得管他了。毛氏曾经在南京鸡鹅巷住过一段时间，抗战后便被戴笠送回家乡，后来毛氏患子宫癌，戴笠还专门接她到上海就医，不久，毛氏便去世了。

毛氏是乡下人，戴笠的官越做越大，权势让毛氏和戴笠的差距一下子拉开很远。戴笠开始不满足像毛氏这么一个纯朴善良的乡下女性，他想要和校长蒋介石一样，找到一位宋美龄式的女人。可惜，戴笠不是蒋介石，或者戴笠没有蒋介石那样的宏图大略，只能学到蒋介石早年的风流好色。十人团之一成员、黄埔六期生、军统大头目之一的唐纵，曾经在日记中写道：“戴笠最大的毛病就是爱色，他不但到处有女人，而且连朋友的女人都不分皂白，这是他私德方面，最容易令人灰心。”唐纵和戴笠交情不浅，这一番评价可谓是十分公允的。

色迷心窍“特工王”

戴笠经常与自己手下的女特务和部下的妻妾密切来往，丝毫不顾及人言。传言戴笠和很多军统女特务、日本女特务、女学生、红极一时的电影女明星等有过桃色新闻，其中不乏很多“名女人”，如川岛芳子。传言也曾夸张地描述，戴笠不管是他的佣人还是他的女学生，是下属女特务还是女医生，是朋友的妻子还是妓女，只要他看上了，一切都不是问题。例如，有一次，戴发现军统局人事处李修凯的太太有几分姿色，于是就派自己的秘书王汉光把李太太请到家里来，强制她在戴公馆过了一夜。李修凯下班后，听说妻子被戴笠接去，一时如五雷轰顶，整晚未睡，直到第二天早上李太太回家。李修凯见妻子使自己受辱，气愤万分，一时拿起剪刀就要剪去太太头发。后来，李修凯还不解气，休掉了太太，另娶了一个老婆。可怜李太太何其无辜地受此屈辱，又被丈夫嫌弃。

虽然戴笠在野花丛中招摇，但有几个女人和戴笠的关系匪浅。

“新娘梦”破碎

和戴笠深交的所有女性中，最悲惨的莫过于一个叫周志英的女性。1935 年，她在浙江警校毕业，留校任事务员。当时，浙江警校是戴笠的势力范围，他本人任政治特派员，经常下警校，以关心学员教工生活为由，与师生进行谈话。相貌姣好的周志英就是这个时候被戴笠看上的。

一天晚饭后，戴笠把周志英找去谈工作。他开始有技巧地问道:“周志英，你觉得生活怎么样?”

刚开始周志英还认真地回答上司的问题:“不算好，但也不算坏，总的来说，其实还算不错。”

戴笠见周志英如此不开窍，接着就直接进入主题:“一般的工作问题咱们以前都谈过了，没什么可说了的。既然这样，私下里咱们就聊点别的吧。来说说你的生活吧，你想要的生活是怎么样的呢?”

周志英这时还是没明白过来戴笠所指的“生活”的潜台词，她仍是一本正经地就生活而谈生活:“我觉得现在生活就挺好的。”

戴笠仍旧锲而不舍地慢慢引导:“我所说的不是吃饭穿衣这些物质生活，而是人类的高级生活精神生活，你不觉得一个人在警校很苦闷吗?”

戴笠紧接着又进一步逼她:“我们都是成年人了，应该懂得生活是什么，应该享受生活。”这时周志英才慢慢地醒悟，戴笠所谓的生活是指什么了。但出于女性的娇羞和对上司的谨慎，她又不好意思表达什么，只能低下头去，默默无语。

戴笠见此情况，知道有机可乘，于是又进一步表达了自己的爱慕之情。一番“每当你出现在我的面前时，我就觉得精神特别愉快，但看不到你时，又觉得非常烦恼”等类似的甜言蜜语，让周一下子失去了防线，平常如此严肃的上司能对自己说出这样的话，周就这样轻易地被戴笠收为情妇。

从此以后，戴笠和周志英在一起“研究生活”的次数一次比一次多起来，两人更加亲密。在共同“研究生活”的基础上，周志英也平步青云。她被调到戴笠的身边，当上了“秘书”。这种双方“公私兼顾”的事情，对戴笠来说十分方便。

时间一久，周志英开始对戴笠产生了错误的认知，她觉得戴笠对他是真心爱护的，因此向戴笠提出了结婚的要求。哪知道戴笠对女人，就是一股子热情，过了那阵蜜月期后，就翻脸不认人，完全不念旧情。

周不断地向戴笠提出结婚的要求，戴笠口蜜腹剑，一开始还很耐心地敷衍她，后来觉得厌烦了。一不耐烦，戴笠便心生一计，让秘书将周志英骗上小车，说是去看房子，结果却将车子开到了息烽监狱……于是，周志英没当成“戴笠夫人”，却成了阶下囚。

1943 年，被关两年后，周志英被放出监狱，她还是死心不改，她天真地以为戴笠会回心转意。于是被放回去的第二天便打扮得花枝招展地去见戴笠。谁知道戴笠这时正一股脑地迷恋影后胡蝶，看见周志英像看见鬼一样，生怕被胡蝶看见，让卫士告诉周，不见客。可是周志英继续执著地要见戴笠，还在门口大哭大嚎起来。戴笠怕胡蝶知道，于是将周叫进去大骂一通，让她不要做白日梦了。周志英还是坚持着宁可死也不离开。戴笠无可奈何，拿着鸡毛掸子打她，周也不退步，一声不吭地忍受着。沈醉当时在一旁劝，要周死心。但周向沈诉苦道，不论戴笠待她怎样，她都是一心一意地对待戴笠，不管当什么姨太太、小老婆都愿意。戴笠见苦说不听，于是想一走了之，可周志英眼尖，一看戴笠要走，这下子不知道什么时候再能见他了，于是头脑发热，一下子扑上去抱住戴笠的小腿，拉着不让他走，任凭戴笠拳打脚踢都不放开。最后，还是沈醉和另一名特务将其拉开，戴笠才得以脱身。之后不久，周志英又一次被戴笠送进了息烽监狱……直到戴笠去世，周志英才被放出来，可是那时她已经有点精神失常了，不得不送往医院治疗。

“宋美龄式”的女人

戴笠一心想找一位宋美龄式的夫人，这是人所共知的。有段时间，戴笠和人品、学识、长相都不错的余淑衡在一起，很多人暗自猜测戴笠终于找到了自己心目中的如意夫人。可惜时间也不长，等余出国回来后，戴笠也移情别恋了。

余淑衡到底是哪些方面最接近戴笠心目中的“宋美龄式”的女人呢?

长相上，余淑衡生得十分标致，弯眉大眼，端庄秀丽，让戴笠一见倾心。

学识上，湖南人余淑衡是国民党中央政治大学外语系毕业生。早在学习期间，她就是全校闻名的高材生。她不仅生得漂亮，而且才华出众，又能说一口十分流利的英语，因此，成为许多人倾慕的对象。

与戴笠的其他特务情妇不一样，她是经过朋友介绍才认识戴笠的。1938 年冬，戴笠由长沙去临澧，主持临训班第一期学生毕业典礼。路过常德时，戴笠特别邀请了他在黄埔军校第六期的同学、好友唐生明和他的夫人徐来一同前去观礼。他向唐表示需要一个女秘书，恰好唐夫人徐来有一个同学，便介绍给了他，这个人就是余淑衡。

戴笠得知余淑衡在家已经与其表哥周光订婚后，就千方百计地进行阻挠。以军统局特工人员在抗战期间不准结婚为由，强迫余淑衡和表哥解除了婚约。

为了讨得余淑衡的欢心，戴笠也是不惜一切代价，甚至特地从湖南老家把余的妈妈、妹妹和弟弟接到重庆，并且经常去看望未来的岳母，问寒问暖，表示百般孝敬。为了表示至亲关系，遇有空袭警报时，还特许未来的岳母一家人躲进他自己的专用防空洞。戴笠还专门为了讨余淑衡欢心，那段时间的特务化名一律改为“余龙”，以表示自己是余家的乘龙快婿。但自从送余淑衡出国后，戴笠的热情就立即转移了。有次在写信时，戴笠无意中署名“余龙”，当时胡蝶就在戴笠身边，娇嗔地“嗯”了一声，戴笠立即意识到出错误了，便在“余”字下面加了一横，把化名改为金龙。

余淑衡虽然被戴笠的热情和权势所屈服，白天是随行秘书，晚上是曾家岩公馆夫人，不过，余淑衡毕竟不是普通的女子，心中还是有自己的一番抱负。她多次向戴笠提出要到美国深造，戴笠当时还没对其生厌，多番不答应。

不过，后来，戴笠自动送上了去美国的机票，送余淑衡出国深造。这又是为什么呢?

迷恋民国影后胡蝶

原来，戴笠猎艳又有新的目标了。

1938 年上海失陷后，胡蝶与第二任丈夫瓷器商人潘有声带着女儿去了香港。可没想到，香港不久也沦陷了。胡蝶不愿意同日本人打交道，多次拒绝为日本人演出。在没有办法的情况下，他们决定秘密潜回广东。

行前，胡蝶夫妇把历年积存的财物分装成 39 个大箱，并把这些箱子托付给了当时在香港的杨惠敏女士，拜托她代运回国。谁知道，装这 39 箱财物的帆船在东江途中，被一伙强盗用快艇拦截抢走了。

胡蝶心急如焚，急忙报案。几经周折，胡蝶终于托到关系帮忙——上海警备司令杨虎和上海大亨杜月笙。杜月笙随即把此事告诉了已是军统局老板并兼任水陆交通统一稽查处处长的戴笠。

这件事情可让戴笠高兴了很久。原来早在戴笠“打流”上海滩还是个混混时，胡蝶就已经声名鹊起了。当时戴笠是个连吃饭都成问题的小子，但却是个十足的“胡蝶迷”，只要有胡蝶的电影，几日不吃饭，他也要攒钱去看。当了复兴社特务处长后，戴笠仍旧对胡蝶演的电影喜爱有加。当时在南京的白天鹅电影院里，只要有胡蝶的电影在上演，就能够看到戴笠的身影。他曾多次在众人面前夸奖胡蝶，说她演技精湛，什么角色让她一演就活了，那一颦一笑和一举一动都完美无瑕，是中国特有的艺术之花。

而此时的戴笠早已不同往日，以他的地位和权势，不但答应立即调查此案，并发函邀请胡蝶夫妇来重庆，而且腾出自己在中四路的公馆让他们居住。这家公馆设施完备，家具、卫生设施以及所需的各种物品应有尽有，甚至连勤杂和服务人员戴笠都代为打理周到。这对过惯了优越生活而今成了落魄之人的胡蝶来说，实在是非常贴心的关怀。

民国影后胡蝶

胡蝶来重庆后，一颦一笑、一举一动又勾起了戴笠心底里的迷恋和崇拜。为了表示关怀，除夕夜，戴笠还特意邀请胡蝶一家到曾家岩公馆吃年夜饭。在私下的酒宴上，戴笠一改平时的严肃和冷峻，在饭桌上诙谐幽默、谈笑风生，仿佛就是一个天真的大孩子因为有机会和偶像在一起吃饭而兴奋不已。散席后，戴笠还殷勤地同胡蝶的小孩玩起了纸牌，不时地做着各种怪模样惹得孩子哈哈大笑，让人觉得仿佛就是一个普通的叔叔在逗趣小孩。接着，他又带着孩子们到园子里放起了烟花……

戴笠为了支开胡蝶的丈夫，推荐潘有声去了昆明，担任财政部广东区货运处专员。潘有声知道这个肥缺是戴笠刻意安排给自己的，可能是戴笠看着胡蝶的情面，也可能还有别的什么目的。不过，潘知道自己不能够不识抬举，于是决定择日启程前往赴任。

胡蝶虽然在重庆已有落足之地，仍想着那遗失了的39箱物品，食不下咽，睡不安眠。戴笠为此急得焦头烂额，一面安排厨师烹调各种可口的饭菜，一面又安排手下人员购买各种名贵补药，自己则天天慰问陪伴。这股关怀备至的劲儿，连胡蝶的丈夫潘有声看见都自愧不及。但胡蝶本就不是什么大病，戴笠明白她这是心病，病根就是那失盗的财物。于是戴笠按照胡蝶失物清单上的条目一一派人四处收罗、购置，把可以买到的东西尽快买来。

戴笠对胡蝶的嘘寒问暖，体贴入微，让她十分感激。一方面鉴于戴笠的权势，一方面又感念戴笠对她的真心，两人最终走在了一起。为了避人耳目，戴笠与胡蝶先幽居于重庆的杨家山公馆，后又为胡蝶修建了神仙洞公馆。为了避人耳目，公馆内所服务的人员全是戴笠从他江山老家招来的自己人。

可二人长期姘居也不是办法。胡蝶在重庆时，经常与文艺界的人士来往，还常常被邀请去参加援助抗战的义演活动，又接手了一部以她为主角的电影拍摄。因此这位红极一时的名演员一举一动都被世人看在眼里、都逃不掉媒体的灯光，她必须要加倍爱护自己的名声。对于戴笠，拥有权势和地位的他也很在意面子，决不可为了私生活给自己政治上增添败笔。这时，胡蝶与丈夫还没有离婚，戴笠一方面实在不愿意和自己的意中人分开，一方面又怕人在背后说闲话，于是戴笠与胡蝶在婚姻的事情上深谈过多次后，俩人最终达成一致：抗战一结束胡蝶就与丈夫离婚，戴笠正式迎娶胡蝶。

1945年，抗日战争胜利了。戴笠准备与胡蝶正式结婚，嘱咐胡蝶飞往上海，与潘有声办理离婚手续。潘有声迫于权势，同意与胡蝶解除婚姻关系。胡蝶掉着眼泪对丈夫说："姓戴的只能霸占我的身体，却霸占不了我的心。有声，我的心永远属于你。"正在这个节骨眼上，戴笠因飞机失事摔死于南京近郊，与胡蝶结婚即刻化为泡影。以后，胡蝶便与潘有声一起，神不知鬼不觉地离开上海到香港去了。

妙用"裙带花"

戴笠的女人们，不仅包括以上这些局外人，还有很多女特工被卷进他的私生活之中。因为戴笠的原则就是特务行动，不仅包括绑架暗杀，也需要运用柔情——美人计。因此特务班的学员，除了大部分是男生外，还有一批优秀的、有特务潜能的女生。戴笠通过对他们的控制，从中达到了靠暴力行动无法完成的任务，他也擅长挑选亲近的女特务，给部下婚配，从而达到双管齐下的目的。

上文提到，在"西安事变"之前，戴笠对于西北军的情报工作中，偶然发现了一名叫向影心的交际花，随即收罗为手下，利用她获取了不少重要情报。

向影心，生于西安一户书香家庭。她不仅天生丽质，而且聪颖好学，琴棋书画，无一不通。不过，这个女人心比天高，不甘心嫁一个碌碌无为的人。于是不顾父母的反对，执意嫁给了西北军某团长胡逸发。胡大她很多，而且已有两房妻妾，向影心也并不介意，就这么成为胡逸发的第三房姨太太。"西安事变"之前，胡逸发被杨虎城派驻南京、武汉，任这些地方的办事处长，代表杨虎城同国民政府一干人等打交代。就这样，向影心跟随着胡逸发进入了政府社交界，并成为一只交游广阔的花蝴蝶。她的交际手腕连见多识广的戴笠也叹为观止。戴笠经过多方试探和拉拢，终于成功收服了向影心。一来他可以慢慢享受美人的妩媚，二来可以用她的交际花本领去攻破敌人的堡垒。这样，向就成为军统第一个"美人"，戴笠给她起了一个暗名，叫做"裙带花"。

不久，经过向影心的"穿针引线"，杨虎城手下的宪兵营长、军需处长、办公厅主任和兵工厂厂长等重要人物很快落入戴笠编织的金钱权力陷阱中。原本固若金汤般严密的军事防线就在一个女人的石榴裙下，名存实亡。从此，首领杨虎城将军的一举一动尽在戴笠的掌握之中。

发现自己的姨太太和心狠手辣的军统魔王勾搭在一起，胆小怕事的胡逸发气愤万分，又不敢声张，怕牵连自己，于是只好自认倒霉，寻了个借口，打发向影心走人。之后，向影心正式成为戴笠军统的美女特务。不久，戴笠又将向影心派往华北，要她打入殷汝耕汉奸集团内部。风情万种的向影心把殷汝耕迷得团团转，并许诺接纳她为小老婆兼秘书。向影心因为得到殷汝耕的信任与宠爱，便经常帮他处理一些机密文件和来信，从中获取情报。

1937 年，戴笠给向影心下达诛杀汉奸殷汝耕的密令。向影心想到殷汝耕有一个习惯，每晚临睡前都要吃夜宵，总是一大碗面条，于是她决定在面内下手。谁知当天晚上，恰好有人深夜来访，殷汝耕认为定有急事，便把手里的那碗面连同筷子一齐放下，转身去客厅与来人密谈去了。不幸的是，那客人与殷汝耕竟足足聊了 3 个小时，殷汝耕回到房中，发现面条已经变色，断定面里面被人下了毒。于是，向影心暴露了。被捕后，她始终否认下毒。殷汝耕无可奈何，无凭无据，只能下令将其囚禁。

两个月后，戴笠探知殷汝耕防范已松懈，通过内线，将向影心偷偷救出来，回到军统。向影心因为大难不死以及毒杀殷汝耕的壮举受到戴笠的重赏。当时她成为军统中无人不知无人不晓的“裙带花美小姐”。

戴笠还曾利用向影心的美色去接近过陈果夫、陈立夫二兄弟，以便打入中统内部。二陈兄弟本来已经上钩了，成功地被向小姐的美貌吸引。可是向影心一次不幸被中统特务认出，二陈这两条大鱼，才恍然大悟，匆忙脱钩。

戴笠利用向影心的美色干了不少暗杀、劝降的事情。最绝的是，为了安抚手下，收归己用，以便监视，戴笠还将向影心嫁给了自己的好兄弟——毛人凤。

毛人凤一直在戴笠身边当差，效犬马之劳，深得戴笠器重。但戴笠也是疑心很重的人，毛人凤虽然充当“管家”，但为人心思细腻又善于拉拢人心，不但在军统内部有很好的人缘而且和戴笠的死对头像陈诚等人也有较好的关系。戴笠为了更加严密地控制毛，不惜将自己的情妇向影心送与毛做妻子。而毛人凤深知戴笠的这种心理，另一方面他更想利用向影心这个会张罗的女人，这样不但可以在老板枕边吹吹风，而且还可以在其他方面为自己加把劲，于是他便随水推舟，使出浑身解数追求向影心，最后终于赢得美人归。

婚后，毛人凤也奉行自己人生谋略的“忍”、“等”、“狠”三字诀中的“忍”字。对向影心和戴笠的私情装糊涂，他甚至可以熟视无睹向影心常去与老板“个别谈话”这种莫名事情。即便人家拿这件事取笑他，他仍装疯卖傻地说：“我怎不知道呢？”

“笑面虎”毛人凤

结果聪明的毛人凤步步高升，最后成了军统的二老板。军统中人虽都知道这个中奥妙，但谁也不敢点破这层薄纸。

毛人凤不仅了解，而且调查得一清二楚，他之所以隐忍，只是因为时机不到。终于，功夫不负有心人，机会终于来了。1946 年 3 月 17 日戴笠坠机。戴笠之死给毛人凤带来了曙光，他成了军统副局长，随之又升为军统局长，在军统一手遮天，毛人凤的人生达到了巅峰。坐上了军统局的第一把交椅，毛人凤人生谋略中的“狠”字诀也到了发挥作用的时候了。他开始在军统内部排除异己，在外部大力捕杀共产党，对向影心也开始充分报复。

1947 年 5 月，乘向影心因患感冒持续发烧被送进了医院这个机会，毛人凤让她再也出来不了了。在向影心的病情很快好转时，毛人凤以其患有精神病为由，将向影心转送到了精神病院接受检查。向影心大声哭喊着：“我没疯！这是一个阴谋！是陷害！”但此时已经无力回天了，无论她怎样争辩和反抗，精神病专家仍在她的诊断书上写上了“严重的精神病患者，需强化治疗”的字样。随后，向影心被送进了位于青岛市郊的一家全封闭疗法的疯人院。

戴笠手下的另外两个美女特工赵霭兰和叶霞娣，也被他当作工具来利用。

叶霞娣毕业于浙江警察学校特训班，这时改名为“叶霞翟”。毕业后她被分配到军统机要处任职时得到戴笠的垂青。戴笠为了培养她，把她安排到上海魏大铭主持的无线电通讯培训班工作，还许诺要送她到美国深造。外界传言，当时这是戴笠为了让叶学习如何做女人，还特意送她到上海警备司令部司令杨虎的公馆里。因为杨虎拥有众多姨太太，并且戴笠很是羡慕杨虎有这么一大群女人在他身后替他社交周旋，而杨又是戴笠的密友，于是戴笠便让杨虎的姨太太们教会叶霞翟一套如何收服男人的技巧。学会了这方面的技巧后，1939 年戴笠替叶安排了到美国乔治华盛顿大学、威斯康星大学研究院学习。后叶获博士学位后回国，戴笠又安排她在成都华西大学教书。有了教授的光环，叶霞翟已经被成功塑造成一个有学问有手段又美艳动人的官太太了。于是，戴笠便将自己一手调教出来的叶送给了胡宗南。1947 年，叶霞娣和胡宗南正式结婚。

风华正茂的胡宗南

戴笠还把自己调教出来的特工赵霭兰嫁给了一个对自己有很用处的下属——军统电讯处处长魏大铭。

第二节　至交“西北王”

同是黄埔生

“祖逖舞鸡鸣，浩浩黄流，更谁奋击渡江楫？春风生野草，滔滔天下，如君足怯乱臣心。”

1946 年，戴笠坠机身亡，胡宗南默默地扶着戴笠的遗像，痛苦不已，并写了这首诗以此纪念戴笠。

1960 年在台湾岛，胡宗南穿着 30 年前戴笠馈赠的毛衣入殓。当年位居中将的胡宗南每次到南京寒酸地只穿一身灰军装，戴笠看不下去了，亲自为他选衣料，挑裁缝做新装，并送给他这件毛衣。

特工王戴笠一生交友广阔，上至达官贵人，清风雅士，下至鸡鸣狗盗、为非作歹之徒，只要能为其所用，必定倾力结交。然而真正能和戴笠结成至交，事业上能相互扶持，肝胆相照的却为数不多。胡宗南算一例，他俩的结识也缘于黄埔。

胡宗南比戴笠早发迹，当戴笠还在杭州念书时，胡已经考上黄埔军校，成为令人羡慕的黄埔一期生，蒋介石真正的“天子门生”。

当戴笠还在黄埔受训时，胡宗南已经被提拔为北伐军营长了。

当戴笠失业流浪上海时，胡宗南已经是北伐军第 1 师师长了。

由此可见，早年两人的差距很大，说明戴笠起步很迟。本来胡宗南考入黄埔已经年近而立，而戴笠只比他小一岁。

不过，胡宗南这个人，做人也十分厚道，懂得笼络人心。之前就力荐戴笠报考军校，在他落魄之时，又及时伸出援手，将戴笠推荐去黄埔校友会毕业学生调查处。这才给了戴笠翻身的机会——有机会接近蒋校长。

1932 年，戴笠被蒋介石任命为“复兴社”特务处处长。这时，位居第 1 师师长的胡宗南也是蒋介石的“十三太保”之一，这两个蒋校长“黄埔系”的同学关系迅速发展。

亲如亲兄弟

“复兴社”成立之初，因戴笠无钱营造新房屋，胡宗南就把第 1 师的驻京办事处所在地借给戴笠使用，从此戴笠就成为南京鸡鹅巷 53 号的老板。胡宗南每次到南京，都住在戴的寓所内，还在他的寓所内宴请自己的亲朋好友。

一次，胡宗南由西安去重庆，碰巧赶上戴笠外出，毛人凤就叫军统总务处长沈醉负责接待，并叮嘱说一定要把所有好吃的、好用的都拿出来。戴笠当时掌握全国水路交通大权，又与美国人交好，因此能在物质缺乏时期拿到很多珍贵的物品，戴笠怕遭人妒忌，经常藏着掖着，特别是吃的、用的东西，只有在宴请外国人和女人时，戴笠才会把上好的东西拿出来。毛人凤看出沈醉有所顾虑，让他安心准备："对胡宗南，局长比对自己的亲兄弟还要好，你尽管向外拿，一定要招呼周到了，吃穿用度都比照局长。"于是，沈醉就拿着戴笠精心搜刮的东西大摆筵席，宴请胡宗南。

1935 年 10 月，军统特务张严佛被戴笠由南京调到西安，任西北区副主任。行前，戴笠再三嘱咐张，要其注意同胡宗南保持密切联系："重要情报可抄一份给胡宗南先生，有什么问题也可以随时请他帮忙。"于是，张严佛到西北后，隔三差五就要到胡宗南的住处西安东仓门去，向其汇报军统西北各方面的情况，遇到什么难以决断的问题也虚心聆听指教，如同在南京戴笠手下一般。当时胡宗南在西安，深居简出，一般不会见来宾，有时甚至部下来访都拒不相见，但对军统的人则是随来随进，自由出入。军统历来派在西安的负责人皆是如此。

"西安事变"中，胡、戴每日电讯不断，互通情报。戴笠报告有关南京的各种动态。胡宗南也向戴笠透露西北方面的异动。而正是这关键时候，胡宗南给戴笠提供的建议，坚定了戴笠追随宋美龄去西安营救蒋介石的决心。这条建议让戴笠绝地大翻身，有机会在蒋校长面前扶云直上。有一次，戴在南京当着郑介民、余乐醒和沈醉等一批人大谈与胡宗南的交情："'西安事变'，我敢于飞入虎穴，除了把握在宋家与张氏父子的姻戚关系，以及我与汉卿的私交玩友关系外，下定决心，关键在于宗南来电。"多年后，这句话又从胡的口中证实。胡宗南道："如果没有我那通坚决主张的电报去，雨农是顾虑重重，押不中这一宝的。"胡宗南的寥寥数语，足见两人关系的密切。

可以说，保密是特务的第二生命。可是，为了帮助至交胡宗南，戴笠甚至于打破了特工的秘密原则——保守秘密。军统的建制、组织素来是绝密的，但对胡宗南却是例外。对于胡宗南要建立自己的情报机构，戴就马不停蹄地给胡挑选无线电通讯技术人员，还为胡的情报机构配置了无线电台。而胡宗南也常叫自己的特务与军统西北区联系，交换情报，自己有的任务也叫军统特务代办。

为了胡的安全，戴笠派自己最得意的学生唐西园担任胡的警卫组长，并经常叮嘱他们要与军统局西北特务密切联系，保证胡宗南的安全。而胡也对戴笠倾尽所有，戴笠在八一三淞沪抗战前与杜月笙组织上海别动队时缺少武器，胡宗南便从自己的军械库里调出来配发给别动队。

政治联盟

抗战时期，胡宗南在一线抗敌，在重庆的关系网络全靠了戴笠帮忙张罗。戴笠经常把从国外买来的奢侈日用品送给重庆的权贵，替胡拉拢人事关系。逢年过节或像何应钦、钱大钧、林蔚如等大员的生日，戴笠除了自己送礼外，还叫总务处长沈醉为胡宗南备一份礼。每次送礼前，戴还要千叮万嘱两份礼物千万不要一样，以免让别人看出破绽来，并且吩咐胡的那份礼物，要准备得略高于自己的那份。送礼之后，戴笠再打个电报或电话知会胡宗南一声，就完事了。而送礼的钱胡宗南从来不给，也不用军统费用支付，都是戴自己掏腰包。可见，两人之间的千丝万缕的联系，外人谁也说不清。

蒋介石在军官训练营演讲

抗日战争期间，为了巩固戴—胡在政府中的地位，戴笠还主动帮助胡宗南拉拢了一批盟友，例如“中原王”汤恩伯。

戴笠和胡宗南算是政治联盟也好，结拜兄弟也好，不管是在平时，还是在关键时刻，两人的权势和关系网络共同交织在国民政府周围，抗衡其他势力。

不过抗战胜利后，戴笠的势力如日中天，连蒋介石都忌惮三分。于是蒋介石连忙牵头成立了“秘密五人小组”监视戴笠举动。同时他将戴笠好友胡宗南也拉入其中让其成为小组核心。胡宗南衡量形势，站在了蒋介石这边，于是戴笠的举动尽在蒋介石的掌握之中。不知道戴笠是否清楚好友的背弃，不过好在这项秘密使命并没有维持很久，两人的嫌隙还没来得及扩大就被随之而来的戴笠身亡给弥合了。胡宗南抛去利益纠葛，满腹哀痛地怀念好友。

戴笠出事确定无疑后，毛人凤马上打电话告诉正在西北前线秘密部署反共军事行动的胡宗南。胡宗南听到噩耗的一瞬间，宛如一声惊雷炸响在头顶上方，茫然无措地拿着电话，久久不发一言。待到有点知觉后，便是一阵撕心裂肺的痛哭流涕。胡宗南匆匆安排好军务，立马乘专机赶到南京，到中山路357号军统南京办事处戴笠灵堂吊唁。

胡宗南一进门，只见戴笠的遗像挂在墙上，立刻老泪纵横，抚棺痛哭。等到情绪稍微稳定，胡宗南才仔细询问了李人士、沈醉等人222号专机失事的具体情形。当时外界纷纷传说戴笠是被人谋害致死，李、沈等人向胡宗南详细描述了“3.17”空难发生的前后情况，并保证说是由于气候恶劣，大雨滂沱，才导致飞机失事的，外间的种种传闻并不可信。

胡宗南可能不信，也可能想去老友出事地方凭吊，他打算亲去戴山现场。后来沈醉等人说从板桥镇到岱山的十多里小路不通汽车，他才打消此念头。最后，沈醉把一套为戴笠收尸的照片赠送给胡宗南。胡含泪收下，绕棺两圈，才与守灵的特务们一一握手，恋恋不舍地告别而去。

1949年，国民党败退大陆，胡宗南远走宝岛，只能每年遥祭好友。入殓时，穿着的是老友三十年前赠送给他的毛衣。

第三节　把兄弟杜月笙

杜月笙发疯了

1946年，当杜月笙听到戴笠坠机出事摔死的消息时，精神突然出现了分裂症，一下子就不认识人了。他推开窗子准备从七楼跳下去，口里念叨着："完了，完了，完了！"

俗话说，搞政治离不开两样东西：金钱和军队。不论是蒋介石和杜月笙的关系，还是戴笠同杜月笙的关系，大概都是前一种，通过金钱、利益将两个不同领域的人联系在一起。这种联系紧密异常时，似乎又是超越金钱和利益之上的。

戴笠和杜月笙的交情大致可以追溯到戴笠在上海"打流"这一时期。那个时候，戴笠只是一个混迹上海滩的无业游民，混迹于杜月笙众多门徒中，十分不起眼。但当戴笠第二次来到上海时，已作为一个实习特工在为胡靖安工作了，这个时候戴笠已经可以同杜月笙直接对话了。

根据杜月笙的机要秘书万墨林的说法，当时戴笠来到上海滩后，立即去拜访上海警备区司令杨虎，杨虎直率地告诉他："在上海搞情报，你就必须得认识一个朋友。"这位朋友，自然就是杜月笙了。之后，杨虎带上戴笠去拜访杜月笙，据说为了表示对杜月笙的敬重，戴笠特意穿上了整洁的西装，把头发梳得平整光亮。在杜月笙和杨虎面前，戴笠极力表现得谦虚谨慎，谈吐也很得体，但有时戴笠讲到激动处又会显得十分慷慨激昂，胸有成竹。最后，戴笠很直截了当地向杜月笙提出了请求，杜也爽快答应

杨虎

说:“好。以后有事的话，你可以给我打电话。如果我不在，你可以让万墨林转告。”以后，戴笠每次来上海时，必定与杜月笙碰面。碰头并不固定地点，有时在华格路（今宁海西路）66号杜月笙的家里，有时在旅馆中。杜月笙、杨虎和戴笠三人也结拜成把兄弟，帮会众人称戴笠为“三哥”。

就这样，戴笠在上海的情报工作就和青帮搭上了关系。至于以后的发展，对两人都有好处。戴笠青云直上，成为特工之王，杜月笙也赚得盆满钵满，成为上海滩一霸。

他们的关系，第一步最基本的是从合伙捞钱开始的。

狼狈为奸，各取所需

在蒋介石掌权之前，就曾依靠杜月笙进行鸦片贸易，赚取巨额利润。而杜月笙则依靠蒋介石的政权，维护自己对上海滩的控制。蒋介石掌权后，国民政府开始将鸦片贸易收归国有，实行国家垄断，而这项计划严重威胁到了杜月笙的利益。凭借着多年和蒋介石的关系以及在上海滩的权势，杜月笙与国民党达成妥协:杜月笙成立一个叫“三鑫”的公司，国民政府将鸦片贸易权委托给这间公司并受国家保护，但要对公司征收高额回扣。

30年代，虽然世界经济大萧条，但中国的鸦片生意却依旧热火朝天地进行着。这时中国开始取代中东，控制了美国市场。并且中国每年供应的毒品占到世界非法毒品供应量的7/8以上。而且就杜月笙一家来说，他就掌握了10个鸦片炼制厂，其中最大的两个工厂每天盈利4万元，每月光是支付给国民政府的费用就是40万元，可见那个时代鸦片生意的火爆程度。

事实上，蒋介石给戴笠力行社特务处开展“活动”的特别经费，一部分也是从杜月笙那里取来的。而戴笠也抓紧了杜月笙这个生财之人，利用杜的生意网络赚取经费。30年代，杜月笙和戴笠在上海建立了一家叫“大运”的公司。这家公司在经营“航空奖券”上赚了一大笔，后来逐渐取代了三鑫公司成为最大的鸦片贸易商。于是戴笠就从赌博行业和毒品买卖得来的利润用来补贴秘密特工活动的经费。

而杜月笙也依靠这个生意，赚得家财万贯。但是生意人，总归是要活在政府的大伞保护下的。据沈醉回忆，杜月笙和戴笠军统的金钱关系已经到了不分彼此的地步，戴笠需要经费，即可派人到杜月笙那里讨取，据曾任军统局会计室科长、副主任、军统少将郭旭回忆：

“戴叫我和会计室副主任林尧民、张冠夫三人同赴汪山去看杜月笙，和杜商借法币5万元。我们向杜说明来意，他毫不迟疑，答应如数借给。当时西安通商银行经理王保康来渝，住在杜家，杜叫王招待我们食宿。翌晨早点后，便由王将5万元支票交给我们。后来我去通商银行付还这笔借款本息，该行经理庞安民说，杜关照过，不收息金。以后我还独自去借过三次，两次在交通银行楼上见了杜，两次各挪借10万元；过了两年（1944年夏），在来龙巷范绍增家见杜最后一次挪借，由于通货膨胀，数字达5000万元。我去范家看杜的那一次，杜正在搓麻将，范绍增出来接待我，进入内室。原来他们5个人轮换地玩，范正在‘做梦’。我候到杜起身‘做梦’，将来意向他说明。他说：‘雨农已有电话给我，是我请他约你到这里来的。’接着就把准备好了的支票交给我。”

抗战期间，杜月笙在重庆还为军统局划拨上海秘密单位的经费。军统局上海各单位的经费，原由香港拨汇，自1941年香港被日军占领后，只得改由重庆拨兑。最初经费从商店和金城银行等处划汇，但汇费和手续费很重，而且有时不能如期到账。1943年冬，戴笠得知了这种情况，于是立刻找到杜月笙商量。不久之后，戴笠便跟下属说，杜月笙已经说好让旗下的通商银行代为划拨，这在金钱上和时间上都大大方便了军统。

戴笠还吸收青帮人员作特务工作，进行跟踪、捣乱、暗杀等特务活动。30年代，戴笠特务处成立时候，控制了一大批公开的“特务”机关。如淞沪警备司令部侦察大队，京沪、沪杭铁路警察署及上海警察局侦缉队等单位。但当时他的特务在两租界内活动，还有所顾忌，所以很多时候戴笠需要借助杜月笙遍布于两租界和日本的势力范围在这些地方进行工作。戴笠在上海的公开机关和特务站也吸纳了杜月笙的很多门徒，比如说淞沪警备司令部侦察大队长王兆槐，他是杜的得意门生之一，戴不在上海时，是通过王与杜月笙保持联系的。同时这个警察队里还有许多杜的门生。

他们依靠这些公开的力量和社会帮派力量，在上海监视、迫害民主人士，破坏“反动”力量。比如，在鲁迅先生出殡时，宋庆龄和许多反蒋的人都将去参加执拂。戴笠得到消息，立即指示王兆槐派人借机警告参加执拂的进步人士，如果人手不够，可以请杜月笙派人协助。于是，杜月笙便指派了几十个门徒协助王。出殡那天，王兆槐带了这些人混在参加葬礼的人群中，捣乱活动、警告参加人士。但当他们看到一脸肃穆的宋庆龄以及许多爱国民主人士，排成长队的悲痛的学生时，都被震慑得不敢有丝毫不敬，后来这些人只好悄悄地收兵回去。

戴笠和杜月笙的关系从金钱开始，但是之后两人的关系，也不并全是赤裸裸的建立在金钱之上的，特别是在民族危机到来的时候。

抗日杀敌，不分黑白

淞沪会战前的戴笠，日子并不好过。因为长期将力量放在反共和内斗上，戴笠的特务处对日情报工作可以说是一窍不通。当时，沈醉是特务处虹口行动组的负责人，他们几乎不能对日军动向展开主动的情报工作，只能从日本人布置给中国“卧底”特务的任务性质里去琢磨日本人的意图，以便至少对敌军的行动方向有所察觉，而这些情报往往都是虚无飘渺不着边际的。1937 年 8 月 13 日淞沪会战爆发。戴笠在日军的炮火下才意识到他们在日占区的情报系统有多么糟糕。他立刻命令沈醉等人携带无线电台潜入被日军占领的虹口、闸北和吴淞口，但当时中国难民潮水般涌向租界，日本人很快发现这群逆流而上的人群，并进行了全力打击，于是小组不得不疏散撤退。据沈醉回忆，当时他们只能把电台藏在刚满周岁的小孩车里然后才安全逃出。并且沈醉等人从此再也没能回到那些地方。因此在很长一段时间里，整个被日占领的虹口区没有一个特务处的特务。

戴笠特务处的官方行动虽然失败了，但是杜月笙组织的抗日行动正在如火如荼地进行着。1937年“七七”事变后，杜月笙在上海利用在1932年“一·二八”事变中建立起来的上海市公民联盟，领导组织抗日力量。他毫不犹豫地在长江下游沉没他的大达轮船公司轮船，以此来阻挡日本军舰进入，同时还向捍卫上海的中国军队提供他的防弹汽车。在上海闸北，杜月笙更是极力支持民众自发组织的保卫战，他倡议自己的帮派门徒积极参加到保卫上海的战斗中。但毕竟是一群临时组成的乌合之众，在日军强大的炮火下，他们显得那么不堪一击。

不过这些行动，却让一筹莫展的戴笠看到了希望。于是，戴笠找杜月笙商量成立一个专门委员会领导抗日，两人一拍即合。之后，在两人的倡议下，“苏浙行动委员会”成立，联合江南的各名门绅士共同抗日。之后，委员会向外招收行动队员，杜月笙积极鼓励自己的情报门人加入到行动队中，于是由帮会的地痞流氓、商店店员、国民党溃兵、失业工人和工会成员等组成了苏浙别动队，保卫上海。

虽然在名义上这个别动队由杜月笙领导，但戴笠才是真正的领导人。两人积极配合，不分彼此，共同投入保卫上海的战役中。但毕竟这是临时组建的散兵游勇。经历浴血奋战终不敌众，最后不得不撤出上海。撤退时，别动队为掩护国军全身而退，拼死搏杀，这其中很多人是杜月笙的徒子徒孙。

上海黑帮三大亨

杜月笙（左）、张啸林（中）和黄金荣的合影。

1938年5月，退守上海后，苏浙行动委员会别动队改名为忠义救国军，由军统领导。忠义救国军分为两支：一个支队在苏南破坏敌军铁路等军事设施，一支在浦东等地进行“城市游击”。这两部分的成员中，上海的青洪帮分子居多。戴为了加强领导，曾召集这两支队伍的领导到香港会谈。戴在香港经常召集这些干部开会和聚餐，每次对他们讲话后，必邀请杜月笙也说教一番。每次杜月笙讲得都很简单，但都要向他的徒子徒孙强调服从命令，勉励他们尽早打回上海老家。

杜月笙不仅在香港亲自参加戴笠的活动，而且还遥控上海滩众门徒，竭力帮助军统在上海的锄奸行动。日军占领上海，昔日上海滩三大亨中黄金荣和张啸林选择留在了上海，而杜月笙则退到香港，依靠在上海的门徒和自己的声望协助戴笠领导的军统活动。在张啸林企图投日独霸上海时，杜月笙虽然与之有结拜之仪，但是为了国家和自己的利益，终究选择支持戴笠组织的暗杀行动，命令在上海的门徒全力协助军统刺张。抗日期间，戴笠也多次通过杜月笙穿针引线，物色能人以及策反汉奸。经过杜月笙的“穿针引线”，戴笠成功策反汪伪政权高官陶希圣、高宗武背汪投蒋；1938 年沪一区区长陈恭澍被捕投敌后，上海站的活动受到很大的影响，几乎被破坏殆尽。杜月笙又凭借过去在上海的人脉，设法帮助找到了担任重建工作的合适人选。

金兰结义，兔死狐悲

1945 年 6 月间，戴笠邀杜月笙陪同中美合作所副主任梅乐斯前往东南各地视察，布置忠义救国军配合美军活动。戴笠特邀杜前往上海主持接收工作。杜随戴笠一同回到上海。

抗战胜利后，杜月笙自认为没有落水当汉奸，更认为在拥蒋和抗战方面是有大功的，希望蒋能给一个上海市长的职务。岂知蒋不但很快派钱大钧任上海市长，而且派了一个自命为与帮会邪恶势力势不两立的宣铁吾到上海当警察局长。

这时戴笠也因为争夺上海警察局失败，又备受蒋介石猜忌，对杜的心情很能够理解和体谅。他去看望杜月笙，两人不免一阵唏嘘。戴笠劝杜宁做自由人，不为当朝官，与其被人管束，终日里提心吊胆，还不如在上海滩上当一个无忧无虑、超然洒脱的无冕之王。戴笠当下能说出这番肺腑之言，的确是他当时的处境所致，但对杜月笙还是多少有些触动和释然。

为了弥补兄弟在官场上的失利，戴笠在上海主持接收期间很是关照他。当时，但凡被军统查封的逆产或逮捕的汉奸，很少有人敢去找戴笠说情。但只要是杜月笙的电话或条子，戴笠总是看在僧面，一点也不驳杜月笙的面子。

但杜月笙也是老奸巨猾之人，在这些问题上做得很有分寸，进退得据，不曾使戴笠产生丝毫反感。例如，如果汉奸或逆产家属找上门来让杜帮忙，杜绝不会贸然答应。他一定会事先打电话给一向交好的军统上海区长王新衡询问情况。王当时被任命为上海办事处汉奸案件审查委员会主任委员，因此十分熟悉每一个汉奸案件的情况和戴笠对案件的处置底线。因此杜通过王了解到戴笠的底牌，再向戴笠斟酌说情。汉奸家属得知有杜这条门路后，杜家门庭若市，前来说情托关系的人络绎不绝，杜根据掌握的内情，见机行事。这样既搜刮了一笔横财，又没有使戴笠为难。

1946 年，戴笠坠机身亡。为了表示对戴笠的悼念，杜月笙还由通济公司向军统局赠送溥金法币 20 亿元，吩咐通济公司总稽核林尧民将这笔巨额支票送到南京交给毛人凤。

1948 年 2 月间，杜月笙由上海到南京，住在时任社会部政务次长洪兰友家里。不久，杜月笙在洪兰友的陪同下赴灵谷寺戴笠坟前凭吊。据说，杜到墓前时，眼泪盈眶，行了三鞠躬礼，在坟墓的周围看了良久才离开。

戴笠死后，杜月笙与军统仍然保持关系，只是杜与郑介民、毛人凤等的关系，没有和戴笠那样亲密。

第十四章
党内称雄

第一节　三王会盟

为好友寻找盟友

八年抗战，让戴笠治下的军统获得了空前的发展，其个人势力也在国民党内极度膨胀。戴笠开始不满足于只做蒋介石“佩剑”的角色，开始联盟，反攻朝中重臣，力图成为黄埔系和国民党内的头号重臣。

胡宗南素有“西北王”之称，抗战时任第八战区副司令长官，坐镇西安，指挥着3个集团军、12个正规军、40多个师，大约有45万多人马，另还控制着警察、宪兵、地方团队和配属他指挥的空军等多支部队。据军政部军需署署长说，由胡宗南具名领取的经费，就占全国军事支出的四分之一。由于蒋介石蓄意培养胡宗南的势力，使胡宗南在西北地区日益壮大，陕、甘、宁、青地区的军政大权无不操于其手，俨然一副“西北王”的姿态，成了蒋介石手下三大军事实力派系之一，其势力仅次于陈诚。

而另一位地方大将汤恩伯则是继陈诚、胡宗南之后崛起的蒋系三大军事实力集团之一。归其指挥的正规军达5个集团军，共25个师，另3个旅，兵力足有40万人之众。随着他在中原势力的膨胀，河南人称之为“中原王”。

两人都是不可一世的野心家，原来一直是井水不犯河水。可这时，随着势力的增强，胡宗南逐渐有了争夺黄埔系领导权，做

陈诚

陈诚（1898—1965），浙江青田人，民国一级上将，历任台湾省政府主席、中华民国“行政院”院长、中华民国“副总统”。陈诚主政台湾地区期间，对稳定国民党在台统治作用甚大。陈诚是蒋介石的亲信，也是自黄埔成立后蒋介石执政的心腹之一，有“小委员长”之称。国民革命军内部由陈诚领导的叫土木系。

蒋介石接班人的野心。但他也有与其实力相当的对手，一个是老牌的黄埔系名将何应钦，一个是后起的少壮派陈诚。上海《字林西报》曾预测蒋介石的接班人，也是按何、陈、胡的秩序排列的。胡宗南位列陈诚之后。胡宗南这下子开始着急了，怎么样才能提高自己的地位和声望，以便压过陈诚呢？

戴笠很了解胡，他认为胡宗南现在缺少的是一个盟友，一个帮助其扩大势力和声望的盟友。于是，戴笠便千方百计帮助胡宗南寻觅盟友。他最终想到了汤恩伯。

戴笠和汤恩伯的关系是在反共方面发展起来的。1942年，汤恩伯策反了八路军驻洛阳办事处处长，抓捕了80多名中共与民主人士，并移交给军统，戴笠据此扩大对中共地下组织的破坏，还受到蒋介石的褒奖。在策反汪伪政权汉奸时，汤恩伯也出手帮助，先后收买过汪伪军政部长鲍文樾、绥靖公署主任庞炳勋、伪新5军长孙殿英等。另外，戴笠主管缉私与战时货运时，他与日伪间的货运往来运输车队也是得到汤恩伯的保护的。于是，戴笠为两人牵线结盟。三人在蒋介石政府内结成联盟，对三方都是极其有利的。

龙门石窟结盟

1943 年秋，中美第三特种技术训练班在河南临汝风穴寺举行开学典礼之前，戴笠委派文强一项极为重要的任务：“请在二天之内为我办妥一件事，必须快又要绝对保密。”他随即交代下属文强，说他准备与胡宗南、汤恩伯在洛阳见面，让文强选择合适的地点并且备上水果和罐头。

文强将地点选在了龙门石窟。那天上午九点左右，戴与文强带随从三人提早从风穴寺出发。胡、汤从洛阳出发，先后都在龙门大桥上会合。文强回忆，那时他忙着安排随从布置警戒，只遥遥望见胡、汤、戴三人坐在南面的桥头上，指手划脚，不知在谈些什么。

“一直谈到十点多钟，三人才慢慢地过桥来。戴挥手对我说：‘你陪胡、汤两长官先到石窟去休息，我随后就来。’说罢，他带着两个卫士爬到香山白冢的最高处，四处瞭望了一下，打一个转转便赶上了我们。胡笑着对戴说：‘用不着三步一岗、五步一哨了。’戴答复：‘两位老兄的命比我大，比我值钱，还是亲自去察看一下放心些。’汤接着说：‘难怪老头子那么信任你！这么细心不苟，难得，难得。’戴笠听完后，仰天一阵哈哈大笑。”他们三人走进石窟，文强早已将准备好的食物安排在石桌上，然后避开。约半个小时后，戴高声叫他进去。待到文强走进石窟时，见三人一边在日记本上写写画画，一边口里喃喃作声，不知在做些什么。戴一见文强便高兴地说：“念观兄，请读读胡长官写的诗。我不会作诗，但很喜欢诗。”胡谦逊地说：“聊作永久纪念，献丑！献丑。”胡将他的日记本递给文强，上有多次涂改过的一首《盟誓诗》：“龙门阙下三尊佛，眼底烟云理乱丝。但愿乾坤能入掌，危舟此日共扶持。”

可惜后来戴笠功高震主，蒋介石欲治之时，胡宗南选择了捍卫蒋介石，参加并主持了牵制戴笠的五人小组。戴笠军统一度受到很大的压制。汤恩伯也因为屡打败仗而得不到蒋介石的重用。

第二节　火拼中统

冤家陈家党

戴笠军统出自黄埔系，自然与陈立夫、陈果夫兄弟的 CC 系水火不相容。况且又是干着同样的情报工作，同行向来是冤家，里面的纠纷、矛盾怎么扯也扯不清楚。

陈氏兄弟依靠家族多年积累的人脉和自己的权威在国民党和国民政府内形成了盘根错节的势力圈。在陈家党眼中，戴笠这个出身“贫户”的“奴才”，当然是不能与陈家党相提并论的。但是，戴笠是蒋介石的门徒，直接听命于老蒋，自然可以不买陈氏兄弟的账。

陈立夫是国民党的组织部长，可以从党组织上压制戴笠等军统特务。比如在军衔上，陈立夫就长期压制戴笠和其属下的军衔提升，至戴笠身亡，他还只是国民党内区区一少将。而像周伟龙、王蒲臣、连谋这样的大特务更是没有机会得到提升。其实，陈立夫这么做，虽然是压制军统，但实际上也是按章而来，谁叫戴笠军统骨干们，很少具有相应的学历和资历，因而无法获得将官级军衔。可是，戴笠自己虽然只是少将，但手下偏偏又掌握了一大批中将级的特务，这是为什么呢？原因是戴笠绕过陈立夫，直接写信给蒋介石，让蒋介石特批任命了许多中将级特务。到 1941 年，少将戴笠手下就有了 15 位中将军衔特务，少将更多，仅戴笠同乡江山县籍的就有 14 位。后来戴笠还自制了纯金梅花的将军服，自封自佩，陈立夫也无可奈何。

抗战期间，戴笠军统的势利不断膨胀，渗透到军事、交通、物资、缉私等方面，权利之大，今非昔比，陈立夫为了自己的利益，也和军统的关系有所缓和。不过，戴笠并不见得领陈家党的人情，而是满怀防备。1944 年 5 月，国民党召开五届十二中全会，陈果夫当选组织部长，准备召开国民党六大。蒋介石提名戴笠为中央委员候选人，但戴笠担心被二陈“修理”难看，竟决定不参选，把名额让给了唐纵。理由虽然是不求名利，但是谁都清楚这是他忌讳和陈氏兄弟的私怨所致。

两方就这样井水不犯河水，但是戴笠对陈氏兄弟手下的人，可不心软。于是，中统副局长徐恩曾就成了替罪羊。

替罪羊徐恩曾

徐恩曾是中统副局长，而戴笠是军统副局长。按理说，两人的权限与地位都是差不多的。可是，这两者之间的区别可差大了。

徐恩曾

戴笠虽然名为副局长，但在军统内部，却是大权在握，一手遮天。军统局长挂名在蒋介石的侍从室里，为的是不让蒋介石忌讳戴笠坐大。而徐恩曾，却是一个名副其实的中统副局长。与CC系头目人物朱家骅争夺局长之位失败后，就一直处在副局长这一很尴尬的位置上。加之中统是陈氏兄弟开创并且长期把持的势力范围，徐想坐头把交椅，也是难上加难。

在蒋介石的心目中，对戴笠和徐恩曾二人也有亲疏之别。

蒋介石对戴笠比较熟悉。戴笠对军统的一切大事，都直接向蒋汇报，不容他人插手，久而久之，蒋、戴君臣之间形成了一种默契。而徐恩曾长期被压制在陈氏兄弟的手下，中统的一切大事，都要先向二陈等人报告，得到他们的同意后，才能上报蒋介石，有一些事情，只能通过二陈等人代传代达，徐恩曾难以亲自向蒋介石汇报。

就出身来说，戴笠与蒋介石禀性相近。都是出身江湖，脾气、性格、气质相近，说话办事容易投机。而徐恩曾的外表看起来温文尔雅，皮肤白皙，戴金丝边眼镜，微笑时还有酒窝，一副标准的大学教授模样。不同于蒋和戴对下属的严苛，徐恩曾对下属十分温和，很少发脾气骂人，连对内部“叛徒”都十分“谦和”，中统特务们一致认为徐不像是中统“残忍魔王”反而像个大学里的“温厚长者”。徐恩曾这些特质，都与蒋介石大相径庭，让蒋介石难以对他产生认同感。

就学历来讲，蒋介石的认同情感也更偏向于黄埔系出身的戴笠。徐恩曾于20年代初即毕业于上海市南洋大学电机系（上海交通大学前身），随后即自费留学美国麻省理工学院，学习电机工程，回国后，初任南京交通技术学校办公室主任，以后才得到陈立夫的援引而进入中统。这在重学历的国民党内，也是相当具有优势的。但徐再怎么优秀，他还是一介书生，没有上过军校，没有当过兵，尤其不是蒋介石的“天子门生”，而戴笠作为黄埔六期生，在蒋介石的心里当然比徐恩曾更加亲近一些。

同时，徐恩曾是一个很复杂矛盾的人物。这是因为一方面徐恩曾受过西方民主和科学的熏陶，一副美派作风。他十分喜欢科学，甚至还在中国工程师学会的刊物发表过文章，并十分关注国际科技的新发展。平时，他不仅自己开车，有时还亲自修车；而另一方面，徐又信奉法西斯主义，认为蒋介石是法西斯思想在中国实践的带头者，所以十分崇拜蒋介石，连同欣赏蒋介石崇拜的曾国藩、俾斯麦等人。在徐恩曾的卧室内，除了一角放满英美的科技书刊外，还在最显眼位置摆放有《曾文正公全集》，因为《曾文正公全集》是蒋介石一生最爱读的文集。

虽然徐恩曾在政治上为蒋介石卖命，死心塌地，绝无贰心，但他对蒋介石的效忠也是分场合的，不像戴笠任何情况下都唯“领袖”之命是从。在生活上，徐要求保持一定的独立性，不肯完全失去自己的个性。这就是他的复杂之处。比如徐要娶第三房妻子时，曾遭到二陈的极力反对，他们认为徐要娶的女人费侠身份不明，既是留俄学生，又是中共叛徒。徐则非要娶她不可。二陈见不能改变徐的主意，则搬出蒋来。可惜，老蒋只是在工作上对徐恩曾有约束力，换到个人感情生活上，蒋就一点作用也起不了。蒋介石问徐恩曾：“她是受共产主义理论毒害很深的人，能说会道，你不要看简单了。”徐竟敢拂逆蒋介石的心意，表示宁愿不做官，也要娶费侠进屋。蒋见此事不在公事之内，不好过于勉强，也就由他去了。不过，也对他的不听话，心里默默地感到不舒服。

同室大操戈

前面这些都是一些鸡毛蒜皮的事情，徐恩曾最犯老蒋忌讳的一点是不满足于特务工作，对政治表现出浓厚的兴趣。徐恩曾一心想跳出中统往上爬，他虽然从事特务工作，但发自内心却看不起特务这个职业。平时，他让特务们唤他为“徐先生”，而不是“徐局长”。一些有来头的人进中统时，徐时常说：“调查统计这个名词，没有什么不好，但很多人不愿进调查局。将来你们如不愿意长期在局内工作，我可代为安排到经济部或交通部、邮政储金局等一些部门。”

1941 年春，徐恩曾从政终于迈出了第一步，经陈果夫等的推荐，蒋介石派徐就任交通部政务次长。蒋介石这么做也是有他的目的的，他要徐利用职务之便，推进特工活动。但徐恩曾不听招呼，不好好干本职工作，居然以此作为晋身之阶，向政界发展。

接着，徐恩曾在国民党五届大会上以仅次于陈立夫的高票当选为中央委员，成为众矢之的。陈一方面感到威胁，一方面也认为徐恩曾的这种“官欲”发展得太过出头了，有背叛 CC 系之嫌，渐渐疏远他，也再不在蒋面前为他说好话了。这时，兼任中统局长的中央党部秘书长朱家骅与另一位中统副局长郭紫峻联手向老蒋参了徐恩曾一本，让徐恩曾腹背受敌。

徐恩曾见往政界发展受阻，1943 年又开始涉足经济领域。他曾多次组织经济学家开展经济研究，然后将经济计划报告呈送蒋介石，希望引起蒋的注意，争取当上经济部长。但蒋认为徐恩曾并不懂经济，认为如果按他的计划办，只会“徒生滋乱”，这实际是蒋对徐的警告。不料，徐一时想不明白，硬要和经济部对着干，经常找经济部麻烦，并打击部长翁文灏，使其下台。

有一次，中统特务发现经济部某职员有共产党的嫌疑，徐恩曾得知，绕过翁文灏下令特务到经济部抓人。谁知特务行动受到经济部大多数职员的抵制，逮捕行动遂告失败。翁文灏也十分愤怒，认为不通过部长抓人太不尊重人格，马上到蒋介石那里告了中统一状。蒋介石本来已对徐恩曾窥测经济部长职位、不安心本职工作十分不满，这次还非法公开捕人。蒋介石下了手令，对徐恩曾大加申斥，警告徐恩曾不得滥加捕人，捕人应由有权机关办理，中统局只是党务机关。

除了政治上的原因以外，徐在个人作风上也惹起了众怒，这更加速了他的垮台。抗战时期，大后方物价飞涨，国民党机关的普通小职员仅靠薪水过活，是相当清苦的。徐恩曾没有戴笠的那些有利条件去搞走私，贩毒品，印假钞，当然也是囊中羞涩。偏偏徐恩曾又是个极势利、极吝啬的人，处处在经济上算计中统特务，以贪污自肥。他在特务中搞什么“联谊会”，以此名义从特务们的工资中强制扣发百分之十的月薪作为基金，结果这些钱被徐弄去办农场、开商场，所得全部落入徐个人的腰包。更甚者，徐和费侠夫妻出差途中的饮食都要让下属掏个人的腰包为他们解决。

徐的作为使中统内部人员逐渐疏远他。不少有真才实学的特务自谋出路，跳槽到其他部门，还有的中统特务则暗中向蒋介石或二陈告发徐的劣行，使得蒋很有些看不起徐的品行。后来又经过“假钞案”和“伪钞案”，徐恩曾在蒋介石心中和国民党中的地位急速下跌。

1943 年，军统重庆三斗坪检查哨截获中统一辆满载钞票的专车，而这批巨额钞票的票号早在抗战初期即已全部注销作废。中统无意中找到这批钞票以后，见钱眼开的徐恩曾不加思考，指示将所有钞票向重庆运送，结果落入军统手中。戴笠闻报，这是一批已经注销了的假钞票，大喜过望，立即以“中统局偷运假钞案”向蒋亲上签呈。恰在此事之前不久，徐找经济部的麻烦，被部长翁文灏向蒋介石告发，蒋极为恼火，将徐恩曾大骂一通。现在又凭空冒出个“假钞案”，徐恩曾怎敢到蒋面前去申诉，后来通过二陈的关系，向蒋陈述了假钞案的来龙去脉，蒋方才同意对他从轻发落。

扳倒中统副局长

谁知一波未平，一波又起。“假钞案”刚刚处理结束，中统的“伪钞案”又被军统抓住了尾巴。1943年底，军统浙江省缉私处长赵世瑞发现从杭州过来的两艘商船满载私货，内中还夹带200万元赝品新法币，商船持有中统局的证明文件。他立刻向戴笠报告，戴笠亲自审问押送的中统特务才弄清事情原委。

原来香港沦陷后，原来由上海送到香港保存的国民党中央银行印制钞票的10元法币铜版被日本特务机关得到，又再次运到上海进行仿印。日军特务机关将这批印成的钞票用1元伪储币比40元赝品法币的价格卖给中统下属一个公司，再运回重庆交徐恩曾。戴笠把这件事又原原本本汇报给蒋，蒋介石把徐恩曾找去又是一顿大骂，严令他彻查此事。祸不单行，蒋介石令徐恩曾彻查1944年国民党中央党部内发现的“总裁不裁，中正不正”标语事件。但徐恩曾使尽浑身解数，终一无所获。

蒋介石念在徐恩曾多年拼命反共的情份上，一再宽恕他。谁知道，还是触到了蒋介石的底线。一次汇报中，蒋介石突然向徐恩曾、戴笠询问河北、山东等省敌后解放区的情况，徐恩曾没有准备，支支吾吾，不知其所以然地回答，而戴笠事前经过精心准备，当即就口若悬河大说一气。至此，蒋对徐彻底失望。蒋介石认定是徐恩曾多年来企图“猎官”、“不务正业”才导致中统问题不断，工作质量下降。

真正给徐致命一击的是徐前妻和子女走私案。1944年，徐前妻王素卿利用徐恩曾交通部政务次长的名义，成立了一个汽车运输公司，大搞投机倒把活动。王素卿的这些活动早被戴笠吩咐特务一一搜罗整理起来。恰好这时，王素卿手下的一名汽车驾驶员因酗酒伤人致死，在社会上引起公愤。戴笠把这些事统统密报于蒋，攻击徐恩曾暗中指使王素卿利用交通部的权力，走私国家战略物资，扰乱市场，并纵容手下横行霸道，伤人致死，有损党国和领袖的声誉等等。徐恩曾本来气数已尽，突然又扒出来被人“鞭尸”，岂是个凄惨了得。

1945 年 1 月，蒋介石勃然大怒，立即下手令免去中统局副局长徐恩曾的“本兼各职”，“永不录用”。中统局议论纷纷，惶惶不可终日。

随后在国民党召开的六中全会上，唯独徐恩曾没有当选六届中央执监委员。除叛国投敌及死亡者，95% 的第五届中央执监委员都是被列入六届候选人名单的，可见，徐失宠已成定局，他 15 年的“反共”之功已不能平息蒋内心里的震怒，他在政治上的道路已走到头了。徐从此不再过问政事。而戴笠虽然斗倒了老对手，但是对他的凄凉下场，也不免有种兔死狗烹的同命感，由此可见，党内斗争从来都是你死我活，又是祸福相依的。

第三节　叫板“黄埔老将”

蒋记黄埔系的五大派

1942 年 10 月的一天，蒋介石的书房里，桌上放着戴笠亲自提交的一份绝密报告。戴笠忐忑地看着校长，希望从校长的表情中看出点端倪来。蒋介石看了报告后，突然将那份报告啪的一声扔在桌上，怒气冲冲地说：“让陈诚把远东军司令部内所有密谋‘政变’的军官全部给我绑起来！”戴笠暗自松了一口气，心里面暗自得意地说：你陈诚终于也有今天了。

果然，一月之后，陈诚以养病为由，辞去了中国远征军司令的职位，由卫立煌接任。于是，从 1943 年 11 月至 1944 年 6 月这段时间内，在中国的政坛和战场找不到陈诚这位黄埔名将的影子。

这件事还是得从国民党内部的派系斗争说起。

虽然国民党内有 CC 系、政学系、黄埔系这三大派系之间的你争我夺。但是，这三派内部也并不是和谐的，各个派系内部依旧存在着很多利益纠纷和理不清的矛盾。比如说，在黄埔系内部，就有何应钦、胡宗南、汤恩伯、陈诚、戴笠等小派系之间的争夺。

另外，除了这五个主要的黄埔派系外，还有孔祥熙、宋子文等皇亲国戚与当朝权臣之间的纷争。陈诚与戴笠、何应钦、胡宗南、汤恩伯、孔祥熙、宋子文等不合，这个是南京国民政府朝野上下的一个共识。

陈诚性格刚直，高傲严肃，为人也清廉刚正，踏实肯干，较少官僚主义和腐败习气，办事也雷厉风行。他的妻子谭祥又认宋美龄作为干娘，后台也很硬。因而陈诚在国民党内部独树一帜，自行其是。他除了对蒋介石绝对忠诚以外，对其他派系均看不上眼，时常加以讽刺：何应钦在他眼里是“烂好人”；白崇禧在他眼里就是个喜欢玩小聪明的阴谋家；胡宗南则是个巴结领袖的走狗，没有真才实学，全凭一心反共讨得老头子欢心；汤恩伯则官商勾结，为非作歹，以致军队废弛，人心涣散，民怨四起，在日军面前溃不成军，尤其说他“此人真该杀一儆百，以维士气”；至于戴笠就更不值得一提了，以特务情报起家，不能带兵打仗却官居高位，十分可憎。

这么一看，陈诚确实是有点鹤立鸡群，超然脱众了一点。虽然戴笠心中对陈诚非常不满，但也不能不承认：“辞修先生为现任高级将领中不要钱、肯苦干者。”

这个陈诚，是何许人也？为什么能脱淤泥而出呢？

“小委员长”陈诚

陈诚是国民党高级将领中少有的老资格者。一般来说，黄埔系的“天子门生”中，享有最高声望的应该算是黄埔一、二期生。

殊不知，在黄埔成立之前，近代中国还有一所更为悠久的军校——保定军校。这所1901年由清政府创办的军校为近代中国培养了一大批优秀的将军。

保定军校正门

黄埔军校在开办之初，廖仲恺和蒋介石从保定军校、赣、黔、粤、滇的陆军讲武堂、日本士官学校以及留俄、留法勤工俭学人员中挑选来了一批教职员来黄埔任教。这些人到黄埔后，受诫于蒋介石，可谓是“念得蒋介石真经，修成黄埔正宗”。特别是来自保定军校的教职员，他们是黄埔军校创建时师资力量的核心骨干，黄埔军校的教学力量、管理力量基本上是保定军校的毕业生。

而陈诚，恰好是这两所学校共同打造出来的“精华”。陈诚出身保定军校，1922 年随邓演达到广东参加革命，1924 年进入黄埔军校任教，开始了他一生追随蒋介石的政治生涯。这个骄子中的骄子，深得蒋介石的信任，地位攀升得特别快。陈诚从进黄埔军校到参加北伐战争，仅仅用 4 年的时间，就由一个上尉特别官佐升到中将警卫司令。抗战开始，陈诚由庐山军官训练团副团长出任第三战区前敌总指挥、第 15 集团军总司令、第 4 预备军副司令长官等职，率部参加上海会战。1938 年 1 月，他又出任武汉卫戍总司令，奉命守卫武汉，确保重庆安全。1939 年 10 月，改兼第六战区司令长官，1943 年 2 月他更是一跃成为中国远征军司令长官。

由此可见，蒋介石对陈诚的大力培植以及恩宠不断，这在国民党内找不出第二人，连“西北王”胡宗南也概莫能及。当时对蒋介石的接班人排位，陈诚也是力压胡宗南排名第二，虽然第一位是何应钦，但是外界都盛传陈诚是最有可能成为蒋介石的接班人，因此人们背后称他为“小委员长”。但蒋介石也从来不疑陈诚有心去他而代之，因为他深信陈诚性格刚直，对他绝对忠诚。因此数十年来，蒋介石都委其以要职，使得陈诚是国民党内首屈一指的红人。

戴笠视陈诚为眼中钉，一方面是嫉妒陈诚在蒋介石内心和黄埔系中的地位。陈诚比戴笠还小一岁，但是发迹却比戴笠早得多。当戴笠还在黄埔军校充当胡靖安的秘密特工时，陈诚已晋升为国民革命军第 21 师师长。1931 年初，戴笠还在蒋介石身边“跑单干”，陈诚又跃升为第 18 军军长，成为蒋介石手下的主力将领。当戴笠成功成为蒋介石的秘密心腹时，陈诚的地位依旧稳如磐石。

另一方面，陈诚清高、傲物的性格，也让戴笠强烈的自尊心受挫。戴笠虽然是蒋介石的“佩剑”，红极一时。但是陈诚对他就是不买账，戴笠不就是一个特务头子，以他陈诚的能力、资历和关系，怎么会对一个靠搞打小报告、暗杀、盯梢起家的政治“暴发户”低眉顺耳，逢迎巴结。

最后，什么嫉妒、什么自尊心都是小事情，最重要的是权力。陈诚拥有独立于军统之外的特务系统。在国民党内，除张学良、胡宗南外，陈诚是第三人。张学良、胡宗南是得到戴笠的默许的，并与戴笠及军统都有很好的合作关系。唯陈诚的特务系统完全自立门户，戴笠丝毫不能过问，针插不进，水泼不进，这使戴笠恨得咬牙切齿，然又奈何不得。同时，戴笠看出，陈诚是最有希望在蒋介石之后取而代之的人选，这显然对自己的政治前途是不利的，况且自己要想作蒋介石身后接班的第一人，陈诚无疑是最大的阻力和障碍，权力与野心的冲突，使他们进一步在政治上对立起来，几乎到了你死我活的地步。

长期以来，他自知不是陈诚的对手，因而明智地采取以静制动的办法，不与陈诚正面交锋。而一旦找到可资利用的机会，就会像饿狼扑食一样猛然出手，以便将对手置之于死地。

与陈诚较劲

终于在 1943 年冬，戴笠等到了一个几乎可以置陈诚于死地的机会，事情缘起于抗战初期。

1939 年，鉴于中国抗战的形势非常严峻。国民党上层人物中的悲观、失败主义情绪十分严重，汪精卫、陈公博、周佛海等亲日派头子公然叛逃投敌。并且，国民党上层政权内有着一大批贪官污吏、昏庸无能的官僚，一些年轻军官处于对国家和民族前途的忧虑，认为必须要来一场“清君侧”的武力行动，旨在清除蒋介石身边那些昏庸无能的老朽，使得真正抗日爱国和廉洁踏实肯干的精英人才得以顺利进入高层领导，来有效地辅佐蒋介石领导抗战和治理国家。在某种程度上，这些青年军官把陈诚作为理想的辅佐领袖的人选。

这群青年军官深知自己的力量有限，不足以成大事。于是，他们积极与在华帮助中国军队训练的美国军官进行联系，寻求外力支持。这个时期，美国朝野上下也有许多人对国民政府的贪污腐败和无能现象十分反感，代表人物是驻华美军司令官、同盟国中国战区参谋长史迪威。史迪威十分看不惯国民党内的腐败丛生，对于蒋介石积极反共、消极抗日更是十分厌烦。1943 年开罗会议期间，他回答美国总统罗斯福的问题：蒋介石能支撑多久时，史迪威坚定地回答："如果日军再发动一次 1942 年那样的夏季攻势，蒋介石就会垮台。"罗斯福又问"是否应该寻找另外某个人或几个人来支撑局面"时，史迪威更是坚定表示：即使能够找到这个人也要得到美国的帮助。

因此，中国一些青年军官策划的"清君侧"的密谋活动得到了一部分驻华美军人员以及美国战略情报局的特务的重视，他们在暗中给予必要的支持。但"清君侧"计划很快就被军统人员截获，送到戴笠手上。无疑，这是一份重大的情报，就是撇开戴笠和陈诚的私仇不说，这本身也是一个极重大的政治案件。

不过，戴笠并没有因此而狂喜，立刻去报告蒋介石。这是戴笠的一个特点，在校长面前历来要留一手，没有第二套方案决不拿出第一套，要等到事情差不多的时候才去报告。戴笠考虑的是，这些军官的"政变"情报还需要进一步了解，现在没有铁证，需要等待事情进一步发展；其次，关于陈诚是否牵扯在内，还没有证据，一切矛头还没有指向他，现在行动，只会打草惊蛇。

"政变"的流产

于是，戴笠命令特务们秘密监视青年军官的一切活动，耐心地等待时机。

很快时机就来了。1943 年，蒋介石命令成立"中国远征军司令长官部"，调心腹陈诚任远征军司令长官。陈诚又从第六战区司令长官部带去了一大批人员到楚雄组建远征军司令长官部。这样，一批策划"政变"的青年军官开始渗透进远征军司令长官部，并

云南陆军讲武堂

我国较早的军事院校之一，原系清朝培训新式陆军军官的学校，从1909年开办至1928年结束，共招收学生19批，分步、骑、炮、工四科，第15期还有归国华侨和朝鲜、越南的留学生。历届毕业生中，有些后来成为杰出的无产阶级革命将领，如第3期特别班的朱行，第15期的叶剑英等。

在这里继续进行计划并组织实施。这群青年军官们却忽视了军统在云南的实力。他们在距离昆明仅100公里的营地，开始策划“政变”，拟定组织章程、行动计划，并选好了政变日期——“西安事变”七周年纪念日。1943年12月12日，这的确是一个意味深长的日子。更加意味深长的是，很快关于他们“政变”的计划、组织章程、行动方案就摆在戴笠的桌子上面了。

于是就出现了这一节开头的一幕。

蒋介石给陈诚下令，立即将远征军司令长官部内所有参加“政变”密谋活动的青年军官交给军统审讯，戴笠同时逮捕了六战区司令长官部参与活动的全部学生。被逮捕的人数累计600人左右，被秘密囚禁在中美合作所内的警卫大队部。戴笠亲自主持了对核心“政变”分子的审讯，要他们供出“政变”密谋活动是得到陈诚的默许或支持。但是，审来审去，没有找到和陈诚有任何牵连的证词，反而把美国人史迪威将军给供出来了。蒋介石一听，十分震怒，前仇新恨加起来，立即声称要赶史迪威回国。

后来，经过东南亚盟军司令蒙巴顿将军和美国空军补给司令萨摩维尔中将出面斡旋，同时考虑到美国罗斯福总统正在不顾英国丘吉尔首相的反对，邀蒋参加开罗同盟国首脑会议，蒋介石终于同意让史迪威于1943年10月17日到蒋官邸当面道歉，这场撵人风波才得以平息。而蒋介石从开罗回国后，下令对16名为首的年轻军官进行秘密处决，同时也罢黜了陈诚的中国远征军司令长官职务。戴笠这一招让蒋介石骑虎难下，一方面蒋介石深信这次“政变”和陈诚没有牵扯，另一方面又碍于威信以及领袖地位，此刻不杀鸡给猴看，难保以后其他人不会要夺位，于是，蒋介石不得不闲置陈诚，以示“天威”。

虽然没能把陈诚彻底扳倒，但却使陈诚锐气大减。戴笠得意了好一阵子。但是，随着1944年6月，国军豫中会战失败，西北告急，蒋介石对汤恩伯、蒋鼎文等人的军事指挥才能失望之极，不得不重新启用陈诚。陈诚即刻启程前往汉中任第一战区司令长官。10月，陈诚又挤掉何应钦，升任军委会军政部长，再次活跃在中国政坛的中心。戴笠对蒋如此宠信陈诚，甚为不满，但也无可奈何。

第十五章
特工之王

第一节 战后“大丰收”

未雨绸缪

1945 年初，邓葆光，这个在 1941 年珍珠港事件爆发前大胆预言过日军将对美军展开行动的军统经济学专家又放出石破惊天的预言：日本对这场战争将支撑不到 1945 年年底。戴笠为之一惊，但是也不敢声张。戴笠成功之处就是认为任何话都不可说得太满，任何事也不能做得太绝。他并没有向蒋介石报告，而是自己留了一手，偷偷开始着手计划，迎接抗战胜利的到来。

戴笠抢占胜利的核心是，抢先一步接受南京、上海等中心城市，因为这些城市是国民党发迹之地，经济发展比较完善。其次就是在东南沿海地区，因为这些地方是中共领导的新四军的活跃地带，有很强的共产党势力。如何能保障在中央军没有到达前，严防东南新四军，不致使华东地区的中心城市落入共产党之手？为此，他决定先下手为强，提前命令各特务武装集结待命。

之后，戴笠同梅乐斯、杜月笙一块飞到东南地区亲自坐镇指挥。临走之前，他还不忘记嘱咐军统总务处长沈醉：“日本人一投降，中美所就会宣告结束。你一定要赶快运一些军火器材去东南。现在，你也必须派人将现有的一些弹药物资运往安徽，那里的忠义救国军等部队需要补充。”

于是，戴、梅、杜三人来到福建淳安，很快开始布置接受工作。按照戴笠的接受计划是分三批先后开进上海，衔接紧凑，以防共产党乘机钻空子：日军投降后，由已策反、招安的汉奸和伪军马上占领受降区，作为第一批接受人员负责维护当地秩序；接着3日内，忠义救国军作为第二批接受人员，进去南京、上海等地替换伪军，速度一定要赶在新四军之前；然后就等着中央军大部队到来，彻底接管这些地区。

先下两步棋

接收计划确定之后，戴笠开始谋划实现计划的第一步：如何招安汉奸和伪军?

当时日本败局已定，汪伪集团内部死气沉沉，人人自危。戴笠有计划地开始做汪伪集团伪军和汉奸的策反工作。戴笠先后派军统特务在上海、华北、东北等沦陷区建立军统特别站，用以“反正”汉奸。戴笠此举用意何在？为了保证战后这些地方控制在军统手里。他认为把这批人策反过来，便是日后与共产党争夺中原和华北地区的一股重要力量，尤其是针对在华北、中原一带的伪军。这些人许多是张学良的旧部下，因为张被长期囚禁，东北军解体，一时方寸大乱，不少人很快被日伪收买过去，落水成了汉奸。戴笠以张学良为号召，晓之以情动之以理，让不少汉奸反正，为军统提供了不少重要情报，也保证战后沦陷区暂时控制在军统手中。

之后，戴笠指示军统潜伏人员，让他们转告一些汉奸头目，要想立功赎罪，必须帮助军统做好接收工作。虽然是权宜之计，但是汉奸头目无一不点头示好，以求自保。例如，对大汉奸周佛海的说服，戴笠就用尽了心思。周佛海，中共早期领导人之一，后加入国民党。随后跟随汪精卫叛国投敌，成为伪政府“首脑”、上海市长。周佛海叛逃后，唯一的遗憾就是没有将母亲带去南京，多年来心中十分愧疚。1944年，周佛海母亲在贵阳医院病逝。消息一传到戴笠耳朵里，他立即乘飞机到贵阳为周母操办丧礼，并指令军统立即将周母病逝的消息及自己专程代其当孝子治丧的情况发电报告诉周佛海。戴笠确实也尽心地为周母办理后事，他一赶到贵阳，立马披麻戴孝三叩首，为周母守灵，全权打理安葬、治丧、造墓、立碑等事宜，之后又将这套守灵照片寄给周佛海。周接到戴笠的电报和照片后，对蒋介石、戴笠感激得一塌糊涂，本来对南京伪政府已经失去信心的他更加坚定了投桃报李之心。

周佛海

后面的历史印证，戴笠这个宝算是押对了。有了周佛海这个伪政府内的内应，很多事情就好办多了。戴笠这个一石二鸟之计，不仅使这些汉奸安分起来，并帮助维护社会治安，不至于让接收时沦陷区一片破败；另一方面，又防止了他们倒向共产党和新四军。

第二步：怎么让忠义救国军及时赶到？

戴笠首先命令淞沪地区的忠义救国军连夜抵达上海；又令中美合作所参谋长李崇诗率部向上海市区推进；派军统京沪行动总队等向南京近郊挺进。之后，戴笠又派邓葆光到上海，找周佛海和周作民，接收上海经济工作，抢在行政院之前做好。

戴笠之所以如此看重周作民，是因为他不仅是与戴笠私交极好的上海金融大亨，而且还是蒋介石看重的高级经济幕僚。有了他的帮助，再加上杜月笙的黑帮势力，那么就会让接管上海金融业变得轻而易举。那时周作民在沦陷区上海一直利用与日本人以及和蒋介石的特殊关系，在国统区和沦陷区之间从事银行业。不过不同于汉奸，周作民在政治上是倾向蒋介石，他先后出资 80 多两黄金及各种形式的贷款支援忠救军，成为军统在经济上的后台大老板之一。当年在上海中日情报大战时，军统在沦陷区的电台一度被日伪破坏殆尽，唯一一台坚守下来的便是暗藏在周作民公馆的三楼。这一切计划到位后，戴笠已经摩拳擦掌，准备飞往上海等大城市，大施拳脚了。

“劫收”集团

1945年8月，日本投降后，各路抢收人马仿佛一夜之间，千千万万地从地下冒出来了：有打着“国民党地下工作人员”招牌的军统特务，有社会上的地痞流氓，有被策反的伪军，也有蜂拥而至的国民党将领。这些人乘乱在各大城市大肆抢劫现金、物资、汽车、住宅、机器等。其中有些人还为了争夺财物，大大出手。因为有些物产并没有明确管辖范围以及由谁接管，如房产、仓库、堆栈、商号等，于是常常有数十个接收机关你争我夺，互不相让。一次，为了抢夺一所日本俱乐部，汤恩伯的第三方面军与淞沪警备司令部就拳脚相加，甚至开枪互击，死伤多人。

戴笠虽然事前做了完备的接收准备工作，也顺利接收了上海。可是，蒋介石一纸命令又让他的希望泡汤了。本来戴笠决定在上海滩除了抢收财产外，还要控制日伪的特警机构和社会公职机关。可是，蒋介石一纸任命让这些肥缺都飞走了，戴笠垂涎已久的上海警察局长一职，被黄埔一期生的财政部缉私署署长宣铁吾夺得，上海社会局长一职也被一直在沦陷区做地下工作的东南战地宣传办事处主任吴绍澍掠走。

戴笠对此很有意见。谁知道，这个吴绍澍得了个大便宜，还想继续耍威风。吴早年投于陈立夫门下，后又拜杜月笙为师，现在小人得志了，于是头一个便向自己的师傅、上海青帮大亨杜月笙开刀。杜月笙从福建返回上海，刚一下火车，吴绍澍已派人在火车站贴满了“打倒恶势力!”、“杜月笙是恶势力的代表!”、“打倒杜月笙”等标语。杜月笙气得要死，告诉了戴笠此事，戴决定找个机会好好治治吴绍澍，以平心头恶气。不久，机会来了，当时吴绍澍在上海接收了上海巨富邵式军在爱棠路的豪华住宅，并拟定将其改造为国民党上海特别执行委员会的办公场所。军统特务很快查出，吴从这个改造项目中贪污了4个保险箱，价值数亿元。戴笠拿到证据后向蒋介石告了他一状。蒋一怒之下，免去吴绍澍一切职务，戴笠、杜月笙这才出了一口气。

戴笠虽然没有得到肥缺，但却为下属邓葆光争取了一个人人羡慕的“财神爷”职务：行政院敌产管理局组长和上海市清理委员会秘书长。这个职务使邓葆光顿成当时最有权势的关键人物，以至郑介民、唐纵、毛人凤等军统巨头都不惜降低身份，今天一个电话要房子，明天一个电话要轿车，至于军统局内内外外每日里登门有所企图的人，更是络绎不绝。

邓葆光也懂得投桃报李，为军统接收了大批敌伪财产，仅接收工厂就达到40多家，房产更是10000多幢。在接收时，颇具经济头脑的邓葆光为军统捞得了一所日本最大的木材公司的“寿公司”。军统要木材公司干什么？当然是留着当资本，乘机大赚一笔！之后，戴笠以在南京兴建军统本部办公大楼为交换条件，将这个木材公司交给建筑商陆根泉。而陆帮助修建的军统大楼，则是气派又豪华，可容纳数千人办公。但据内情人说，一个“寿公司”可造数十座军统局本部大楼，足见其油水之丰。

之后，邓葆光按戴笠指示，利用周佛海提供的消息，查封了汪伪中央储备银行，接收了大量黄金、白银和美金等。私下里，戴笠又收到了周佛海献给自己的数百根大条黄金。后来，行政院竟批准将军统抢收的290根大条黄金作为军统特务发奖金的名目予以报销。

据军统总务处长沈醉回忆：“戴笠在接收到的财务中，他看中什么新奇有趣的东西和古代文字字画，只要他用手指一下，便立即为他所有。汉奸搜刮购进的各种进口奢侈品，都被他成批地接收过来。”戴笠的贪念已经到了无以复加的程度，据说他因收受贿赂而私自放走了日本战犯。他到北平接收时，日本战犯远藤为了逃脱审判，经过军统北平情报组组长曲福乐从中拉线，成功地搭上戴笠的关系，答应以在北平的两处房产换得自由身，并且还特别送了戴笠一个小鹿皮袋子，内装有钻石数百粒，大的有5克拉重。而戴笠也指示天津军统“予以关照，不得留难”。1946年2月，远藤居然从塘沽乘轮船顺利逃脱。

这段时间，除邓葆光、戴笠外，军统上海站长刘方雄、程克祥、毛森等人，也利用权力，捷足先登，聚宝敛财。一次在杜美路70号召开的军统特务会上，才500余人参加的会议，却开来了如派克、别克、雪佛来等各式各样的豪华轿车，光车就停满了附近的4条马路，连戴笠见此都大吃一惊。军统局一时间成为战后名副其实的拥有最大战果的“劫收”集团。利用这次大接收的成果，邓葆光经戴笠批准，创办了一个东方经济研究所，作为军统研究基地，其中储藏了搜集来的各种图书达50万册之多。研究所名下更是拥有数家银行、电台、报纸、通讯社、商行、图书馆、印刷厂、书店、运输行、米店、金号、证券号等机构，俨然一座庞大的垄断财团。

肃奸不干不净

日本投降后还有一个重要的工作就是：肃奸。

在上海沦陷时，举国皆知的三个大汉奸便是汪精卫、陈公博和周佛海。如今抗战胜利，汪精卫已病死东洋，陈公博出逃日本，剩下一个周佛海却在战后得意洋洋地挂上一个上海行动总队长的招牌，堂而皇之地走在大街上，一时引得民愤不平。全国舆论要求惩治汉奸的呼声一浪高过一浪，周佛海看来也在劫难逃。

虽然戴笠事前答应过周佛海给他周全，保全性命，可是在全国舆论和国民党内部各派压力之下，戴笠不得不开始考虑对周佛海的处置，以给社会一个交代。于是，周佛海圈子的核心分子，如罗君强、丁默邨、杨惺华等，连同周一起被戴笠以休养为由，送回重庆，软禁在了白公馆。不过戴笠生活上还是给予他们优待，时常派军统人事处主任沈醉照顾他们起居。

沈醉

不过，最后迫于社会压力，戴笠不得不一一将这些人送上审判台。虽然有军统作证，但 1946 年南京高等法院第一法庭还是以“通谋敌国、图谋反抗本国”罪行，判处周佛海死刑。1946 年 3 月，戴笠死后，周佛海深知自己已经失去了保护伞，死期不远，不禁发出了“惊心旧友成新鬼，彻耳呼声变怨声”的叹息。而这时周妻杨淑慧以公布当年蒋介石通过戴笠转给周佛海的那封“知名不具”的密信相威胁，蒋介石才不得不于 1947 年 3 月 26 日发布特赦令，将周佛海由死刑改为无期徒刑。而当时，大汉奸陈公博、缪斌、褚民谊、丁默邨等人已经被先后判处死刑，执行枪决了。全国判处死刑的汉奸更是达到 2720 人，然而却只有周佛海一人得到特赦。这中间的内幕，或许是周佛海妻子所持的那封信起了决定作用，或许蒋介石念及周佛海的“反正”功劳，外人谁也说不清楚。不过，一年后，1948 年 2 月 28 日周因心脏病死于南京老虎桥狱中，也算是罪有应得。而中国第二号大汉奸陈公博，出逃后被押回中国。1946 年 4 月苏州狮子口的江苏高等法院以通谋敌国罪成立，判处陈公博以死刑。

在接收广州时，军统将汪精卫夫人陈璧君和她的心腹、汉奸褚民谊也成功逮捕。抗战胜利后，陈璧君的侄子和一些亲信纷纷逃往香港，陈璧君、褚民谊因存一丝侥幸心理，向蒋介石去了一份表示接受指令、等候接收的电报，意在进行试探。蒋介石要严惩他们，但又怕引起社会震荡，二人逃脱。于是，让国民党军统局广州站主任郑介民诱捕二人。郑介民找到褚民谊，诱骗他说，他们给委员长的两封电报已经收到了。委员长特派他前来迎接他们前往重庆。同时为了让褚信服，又拿出蒋介石的一封电报给褚。褚民谊和陈璧君喜出望外，以为既然蒋介石要接他们回去，看来还是有希望。可是，等到的却是四面白墙。

1946 年 3 月 21 日，南京高等法院判褚民谊死刑。8 月 23 日，褚民谊以汉奸罪在苏州狮子口监狱刑场被执行枪决。陈璧君被判无期徒刑，关押在苏州狮子口监狱。解放后，陈又被从苏州解押到上海提篮桥监狱。

战后肃奸也遇到一些真假难辨的汉奸。到底是真汉奸还是潜伏特工？有些特务原是军统和中统高官，后投诚日伪政权落水成了汉奸。但之后迫于形势变化又与重庆方面联系，成为所谓的“地工人员”。但这里面关系复杂，甄别起来很复杂。有时候这种“反正”，又成为手握肃奸大权的军统攻击对手中统的一个有力武器。但到底谁是汉奸，谁是特工，谁也说不准。有个笑话，南京宁海路21号是军统的汉奸看守所，首任所长叫徐文祺，他原任汪伪时期伪政府行政院秘书长周隆庠的“庶务科长”，其实是所谓的“地工人员”，他当时与汪伪的大小汉奸都很熟悉。徐一次去看守所视察，有个汉奸囚犯一见徐，竟招呼说：“老徐，怎么你倒先进来了？”一时问得他面红耳赤，尴尬说道：“我们不谈这些……”

第二节　全胜“特工王”

“策反”伪军与肃奸内幕

从一个“跑单干”的特工到力行社特务处长，再到军统副局长，戴笠一步步攀登上了事业的高峰。抗战八年，使得戴笠的军统发展达到了巅峰状态。

当时军统共有内外勤单位共有709个、分配各地的电台达569座、特务更是有5万余人之众。不仅如此，军统还有直接领导的忠义救国军、别动队等武装部队，还有一支中美合作所培养出来的特警部队，而且还控制全国邮电检查、水路交通检查部门，以上这些是能公开的军统控制机关，至于无法公开的组织也就无法统计了。战后，戴笠利用策反的日伪汉奸，着手接收并控制各沦陷区；又利用中美合作所开办的各种训练班，将自己的学生安插在各大城市警备部门等；之后，借助中美合作所的资源和美国的支持，他又有了在军界大展拳脚的想法，准备染指海军总司令一职。

抗战后期到抗战结束，戴笠在中国政坛上炙手可热。戴笠的军统不仅在八年抗战中获得了巨大发展，更重要的是，在日本即将投降前，军统经过戴笠的精心策划牢牢地控制了战后接收权，使得军统权势一时间无人能及。

戴笠军统已经成功接收了上海、天津等沦陷区。不过，这时候蒋介石却没有把上海警察局长等戴笠心仪的这些公开机关交给军统。这个信号已经足够让戴笠有所警觉了，蒋开始对军统有所制约了。但蒋介石又在另一个方面对他进行了弥补——将肃奸大权授予了戴笠。这个大权，足以使戴笠成为各方瞩目的中心人物。因为他掌握了认定汉奸和任其生杀的大权。一方面汉奸可以作为重庆方面的潜伏人员或者策反人员予以保护，另一方面又可以对中统和其他派系运用的汉奸进行打击。

蒋介石与戴笠

戴笠如今权势中天，又有美国人的支持，蒋介石为何还要将这么重要的生杀大权交给他呢？

其一，抗战八年里，戴笠作为蒋介石的全权代理人处理蒋政府与日伪之间的联系。只有戴笠一人清楚这中间的黑幕，如果让其他人去肃奸，岂不是会让这些秘密扩散。例如大汉奸缪斌，在抗日期间被蒋介石通过戴笠派去日本同日本内阁议和。战后此事被盟军司令麦克阿瑟查获。麦克阿瑟曾就此事向蒋介石提出严正的质询，蒋介石唯恐秘密泄露，立即指示戴笠将缪斌提前交出，由苏州高等法院判决缪斌死刑，成为被处决的第一位汪伪大汉奸。

其次，肃奸是个肥差，最怕内外勾结，大发横财。在国民党内，戴笠的军统还算是工作效率高、风气比较好的组织，能力比其他部门要略胜一筹，交给戴笠军统独立负责，易于明确责任，也便于追究责任。

最后，蒋介石既然在警察局长等职位上没有给戴笠捞到好处，自然在肃奸上要给戴笠一点甜头。蒋介石也嗅出了一点戴笠心中的不满，其中多少有点幸灾乐祸和要挟的成分。老奸巨猾的蒋介石知道如果在肃奸问题上，没有军统的通力合作，那么可能会酿出很多不必要的麻烦，于是就顺水推舟，给了戴笠这个杀手锏。

“海军总司令”之梦

戴笠这个时期和美国的合作异常紧密。在东南沿海一带，为了与新四军争夺控制权，戴笠建立了不少军统情报站，统归于中美合作所东南办事处管辖。这个办事处是军统外勤组织中最大最完备的组织，管辖有建瓯、漳州、玉壶、雄村等大型特训班和战时货运局东南运输站等。

这个办事处，一方面在东南沿海一带进行策反和情报工作，一方面培训学员参加对日袭击以及海上战斗。由中美合作所培训的这些学员大部分作战勇猛，技术超众。为了检查督训效果，戴笠和梅乐斯进行了两次战地实习。一次是成功爆破福州市的敌伪据点，当时他们派遣学生100人携带炸药化装潜入福州市区，在日伪司令部及其他机关、仓库、据点安置定时爆炸的炸药，学生们成功完成任务后撤回。一次是突袭海岛上的日军大仓库。他们派遣学生30人手持机枪，乘敌军晚餐时突然登岛袭击。学生们成功地消灭敌守备军1个连，然后放火烧毁军火仓库后成功撤回。

重视学生下属，充分收归己用，一直是戴笠在国民党内和与中统竞争中立于不败之地的法宝。他重视培养自己的亲信学生，甚至找学生分别谈话，了解掌握每个学生的特点。这些实在是比一般人高明的做法。戴笠的学生也视他为亲切严肃的老师，对其敬重效忠。这批训练班毕业后，戴笠亲自挑选了300余名男女学生，秘密派遣到日占区搜集情报，建立电台，策反伪军，等待日军投降时做接收工作。其余的学生则分配到东南沿海各省区的军统系统工作。这些分布在各个地方的学员成为戴笠最忠实的下属。

戴笠这个时期的工作重点就是全力与美方合作，抓中美合作所。依靠和梅乐斯的良好合作，戴笠成功地渗入美国军界，尤其是得到了海军部的全力支持。他还成功引起了罗斯福总统的注意，这不得不让蒋介石有些嫉妒。戴笠已经不满足于做首脑身边的“某个”高级情报人员，他想摆脱秘密特工的身份。不久之后他一连听到两个令他振奋的消息：美国海军希望把军统和中美合作所掌握的近 10 万武装改造成中国海军以及美国人希望这个重建的工作由他来负责。戴笠欣喜若狂，立马做上了海军总司令的美梦，也为了实现这个美梦开始步步为谋。他除了搜罗了一批专业军事人才外，还脱离军统特工业务，在军令部二厅的参谋班内组建了一个高级参谋队，为未来的海军司令部培养高级幕僚人才，同时吩咐息烽集中营主任周养浩组织一批高级政治犯研究如何将军统改造成政党。

戴笠善于用人的地方还有一点，就是正视自己的缺点，极力弥补。他深知自己出身于情报特务战线，没有带过一兵一卒上前线，而且又没有进行过任何专业培训，知识和经验缺乏，无法取信于人，更说服不了蒋介石让他执掌海军帅印。于是，他为自己精心挑选了一个“幕前工作者”，也是一张绝对的王牌——桂永清。此人是黄埔一期生，资历上绝对算是国民党老辈分，又是复兴社高干，对黄埔系众人绝对有号召力；其次桂有丰富的带兵打仗经验，“西安事变”前，他已官至第 78 师师长、中央军校教导总队队长、首都警备副司令，中将军衔。“西安事变”时，桂永清因头脑发热，跟着何应钦等人讨伐张、杨，被蒋介石“秋后问罪”，然后他官路就一直不顺。1940 年他又以“莫须有”的罪名残忍地将200 多名青年学生活埋，蒋介石为了平息民愤，调其出国。戴笠在桂永清落难离国后，主动派人经常去看望桂父，每次去都送些钱财以便照应。桂父将戴笠的举动告诉桂永清，桂永清十分感动，也就视戴笠为落难挚友。战后，桂永清果然成了海军副司令，全面主持海军工作。只是不久之后，戴笠坠机身亡，无法看到自己打造的这一幕成功了。

锦州战役

1948 年，锦州战役期间，蒋介石率领海军总司令桂永清、空军总司令周至柔乘“重庆”号巡洋舰到辽东湾督战。

"保卫"毛泽东

木秀于林，风必摧之。蒋介石的举动一次比一次惊人。

1945年8月29日，戴笠在上海主持接收时，突然收到蒋介石的急电，令其火速回渝。戴笠闻讯，急急忙忙乘着美国空军运输机赶回重庆。没想到，这次老蒋给他安排了一个尴尬无比的活儿：保证毛泽东一行人在重庆的安全！对于戴笠这个一直反共的军统特务来说，没什么比要拼着性命保护一个恨之入骨的敌人来说更令他震惊的了。

原来，1945年抗战胜利，蒋介石打起了和平的旗帜，摆出和谈的姿态，邀请中共领导人毛泽东和周恩来访问重庆，进行国共和谈。蒋介石本以为毛泽东等人不敢来，结果中共为了揭穿蒋介石"假和平，真内战"的本质，也尽最大的诚意和努力争取和平，毛泽东等人毅然决定冒险来重庆和谈，于8月28日乘机来渝。这么一来，蒋介石一下子就慌了手脚，匆忙开始布置国共和谈事宜。他生怕毛泽东在重庆遇到什么问题，使得他无法向国人和国际舆论交差，于是，急招有过多次保护领导人经验的戴笠回来，布置安保事宜。给他下死命令，全力保护毛泽东。

重庆谈判

戴笠怕出了什么事蒋介石问罪，于是立即召集特务团、重庆特区、重庆卫戍总司令部稽查处等单位开会，反复强调确保中共代表团人员安全的重大责任，并规定严格的纪律和各自的工作范围，严厉检查督促实施。

当时，毛泽东活跃在重庆的社交界。他不但要出席国民党方面安排的公开活动，而且还要会晤重庆的许多民主党派及社会知名人士。戴笠深感保卫工作任务太重，不得已，最后连专给蒋介石做安全警卫工作的警卫特务也被调来帮忙，暗中负责毛泽东的内围警卫工作。这给一些平时反共，现在又要保卫其安全的特务带来了不少困惑，心里也感到别扭。直到10月份，毛泽东安全返回延安，戴笠才稍稍松了口气。

第三节　功高震主

第一回合：夹紧尾巴做人

戴笠刚刚喘口气，马上又提了股气在嗓子眼。

1945年10月10日，国共双方经过43天的谈判，签订了“双十协定”。协定的一个内容就是“取消特务机关，严禁司法和警察以外机关有拘捕、审讯和处罚人民之权”、“释放政治犯”。这个时候，国统区也掀起了一次反对国民党特务组织和特务政治的浪潮，社会舆论口诛笔伐，撰写了大量抨击“两统”的文章，揭露了“两统”种种恶劣行径，要求“两统”停止迫害人民的活动。当时中共、各民主党派、各界人士以及社会舆论都一致要求撤销特务机关，还人民民主。就连国民党内部也掀起了一场“反特”运动。不过，除了国民党左派是坚定的反对者之外，其他派系的公开反对，多少有点乘机打压、渔翁得利的潜台词在其中。戴笠庞大的军统自然首当其冲，成为各方攻击的靶子。CC系头子陈立夫的中统一直被戴笠军统压制，如今想乘机打压、削弱军统的势力，抬升中统的地位；被戴笠打倒后又被起用掌握军权的陈诚，终于找到机会来打压戴笠，并想把军统的人员和武装并到自己的特务系统去；其他力行社的高干邓文仪、贺衷寒等都被戴笠踢出军统，现在想重掌军统……

戴笠知道这些年自己虽然也在拉拢国民党高官和封疆大臣们，但是，他的工作决定了就是给蒋介石“打小报告”的角色。党内大人物们实际上是看不起他的，对他的升迁其实早就有怨气，现在还不联手踩他几脚。更何况现在全国舆论导向对他很是不利。

蒋介石戎装照

不过这些都不是关键！根本的是蒋介石能不能顶住各界的压力？戴笠对此充满了疑问。他深知，自己一生的荣耀和风光，背后的永恒原则是“生亦为蒋，死亦为蒋”。他不确定现在蒋介石真实的想法。

原来，随着抗战形势的好转和戴笠特工权势集团的膨胀，早在1944年初，蒋介石就开始着手加强对特工系统的控制，在原本召开的甲种汇报和乙种汇报之外，蒋又成立了汇报特务工作的年度汇报和月度汇报。抗战以来，蒋介石手中掌握情报的“山头”有很多，除了“两统”外，还有军令部二厅、财政部缉私署、国际问题研究所、中央党政军联席会议和宪兵司令部等情报组织。他有感于手中情报纷繁杂乱，内部情报组织互相恶斗。于是，他想借助年度汇报和月度汇报听取各特务头目的汇报，交换各自的情报等。而戴笠虽然权势膨胀，但终究只是其中“一个山头”。他明白蒋介石的用意并且也意识到蒋介石开始有意扶持其他情报组织。

会议中，还有个引起戴笠关注的焦点——唐纵。在第一次汇报会上，虽然名义上是蒋介石主持，但实际上却是由唐纵代表蒋介石发言。这时唐纵已经被蒋介石调出了军统，来到侍从室第六组，担任组长，其主要工作就是除了重大情报外，综合、核实、整理、分析、指导一般情报和行动，然后再上报蒋介石。

唐纵，黄埔六期生，据说他在军校时，也是依靠向蒋介石汇报军校学生思想动态而得以认识校长。毕业后，唐纵又被戴笠拉伙组成了“十人团”，从事秘密情报工作。特务处成立时，蒋介石派郑介民、唐纵等人从旁辅佐，实为自己安插在戴笠身边的眼线，而戴笠却一直将其视为自己人。不过这个时候，戴笠意识到唐纵不再是自己一伙的了，唐已经成为蒋联系、指挥旗下七大情报机构的总负责人，名义上地位似乎要高于戴笠，而蒋介石也有意培植他。

唐纵领会到蒋介石的心思后，也刻意与军统、戴笠保持距离。有一次，在军统局总理纪念周活动上，唐纵替戴笠主持。休息时，党政处副处长叶翔之问唐纵："军统的情报在全国搞情报的单位中，是不是首屈一指?"唐纵审慎地回答道："做敌伪情报，军统办法比较多一些；军事情报还是二厅好；搞民主党派和对中共方面的情报，中统占优势。"唐纵这番话较之以前在军统讲过的一些虚言更为务实、着边际。众人也就不再多问了，但是从唐纵口中大家也明白了，这也是间接地告诉军统众人和戴笠，在特务工作方面，戴笠和军统并不能取代其他特工系统，一手遮天。

戴笠跟随蒋介石这么多年，知道蒋介石管属下的手段，但毕竟他也是身经百战，这些小算计还是可以一来一去，化于无形。他以退为进，把军统内务扔给了毛人凤，让他去对付唐纵。自己则把爪子伸向了海军，受到美国海军的青睐。掌握军权比当一个替人卖命的特工王实在得多。然而，这更加激起了蒋介石的猜忌和压制之心。

第二回合：胡宗南倒戈

成立八人小组的汇报会后，蒋介石又于1945年成立了"五人秘密小组"。这个小组由他亲自领导，将黄埔系内的高级精英胡宗南、钱大钧、唐纵、宣铁吾吸纳进来。这四人都是蒋介石的左膀右臂，将他们聚在一起的目的就是秘密监视戴笠。

钱大钧，号称"黄埔系八大金刚"之一，早年同蒋介石一样毕业于日本陆军军官学校。黄埔军校时任少将参谋长，先后两次出任侍从室一处主任，多年来与蒋介石瓜葛很深。钱的门生故吏也遍布各界，这也便于了解掌握戴笠的言行，于是蒋介石将他吸纳进来。

宣铁吾，黄埔一期生，其父与蒋介石是拜把兄弟，故蒋一直视他为子侄。抗战后，任命宣铁吾为上海警察局长，手握重权，更重要一点宣和戴笠是死对头。至于唐纵，在蒋介石开始有意栽培他时，就已经倒向蒋了，他又对军统、戴笠都十分熟悉，自然需要这样的行家。

最难解的是，为什么蒋介石要让胡宗南监视戴笠呢，而且一度将胡宗南置于五人小组的核心位置？胡宗南和戴笠的密切关系，这个蒋介石心里应该是有数的。

这一举动胡宗南到底该怎么选择呢？

胡宗南，黄埔一期生，在北伐时期已经深得蒋介石的信赖，蒋介石一直让他手握重兵。抗战后任命他为第1战区司令长官、西安绥靖公署主任，使胡宗南势力遍布西北，手握几十万重兵。胡宗南自己很清楚，离开了蒋介石这个大靠山，他这个“西北王”也就当不成了。所以他对蒋介石忠心耿耿，即便肝脑涂地，也誓死效忠“领袖”。因此在权衡利弊之后，当然觉得蒋介石比戴笠更重要。

在私人感情上，胡宗南和戴笠之间的结盟已经是众所周知的事情。每逢胡宗南来重庆给蒋汇报工作，第一个先到戴笠处，向其讨教“今天委员长高不高兴啊”之类的问题。如果委员长高兴，那么胡宗南立刻去见蒋介石；如果蒋心情不顺畅，那戴笠就让他过几天再去。胡宗南和戴笠还经常在一块讨论国民党内部问题，几乎无话不谈。蒋介石吸纳胡进入这个小组，就是想利用胡宗南对戴笠的熟悉这个便利条件，随时向蒋报告。而胡宗南也感激蒋介石的信任，更加卖力。蒋介石这个一石二鸟之计果然收到了成效，戴笠和军统的活动大都掌握在蒋介石手中了。

第三回合：军统还是保密局

战后，党内外要求撤销特务组织的呼声越来越高。蒋介石知道人言可畏，有鉴于此，为了做些表面文章，也出于进一步遏制戴笠的势力，于是向戴笠表达了撤销军统，化整为零的指示，以堵住中共及民主党派攻击特务机关的口实。

戴笠如何接招呢？他准备了两套应对方案。

一号方案：

即使军统真的不存在了，他也要尽快把海军总司令的大权抓住。有了军权做后盾，更加有了筹码。戴笠想得到美军海军支持他出任海军首脑的保证，以及得到美军援助中国的海军舰艇的指挥权。这样一来，他就可以将特务武装一部分改编为海军陆战队，于是乎海上、陆上都有了自己的武装力量。

这个时期，美国海军积极参加中国海军的战后重建。经过梅乐斯的牵线搭桥，戴笠迅速飞往青岛拜见了美国海军第 7 舰队司令柯克。成功讨得柯克欢心后，又飞往天津拜会了美国驻津司令爱德华中将和海军陆战队第 3 师师长洛基少将。他接着指挥忠救军、别动队改编为海军陆战队。

美国陆军和海军在对待戴笠军统和中美合作所问题上，一直存在着很多分歧。除了上文讲到的抗战期间，史迪威将军和魏德迈将军与戴笠、梅乐斯在反共问题上的摩擦外，战后，就是否应该继续让中美合作所存在以便于美军获取情报以及在组建海军上，双方的矛盾都很大。美国海军仍然希望和中方合作，继续进行为海军提供气象情报的服务。梅乐斯认为，“我们现在面临的最大因素是俄国。在战后，我们将比其他任何地方更需要从此战区取得情报资料，军统是最能供给我们所需要一切情报资料的机构，我们希望用我们的顾问性质的建议和通讯设备，来交换他们的情报服务，并且已和戴将军获得口头协议。”并且，美国海军上将还曾准备帮助国民党建立新海军。

中美合作所

而这两个建议遭到了美国政府陆军的强烈反对。他们主张除部分气象、通讯及情报工作外，中美合作所的其他工作要尽早结束。尤其是在对待戴笠上，美方为了促进国共和谈，坚决要排除反共分子戴笠。但美国海军一意孤行，坚持将计划呈报杜鲁门总统。但在后来的美国国会审议中，计划却遭到了坚决的反对，因而未能通过。

二号方案：

眼见海军司令的美梦被否决后，戴笠推出了第二套方案。

他借助蒋介石化整为零的指示，将军统切割，并入其他组织。但是，这并不意味着军统就这么平白无故地消失了，而是更加强大了。这是因为在蒋介石的内卫部队里面，一直有警察和特务两大组织。戴笠多年来一直力争掌握全国警察系统的控制权，使军统集团合法化。他实际上希望借助这次化整为零，将军统特务渗透到其他情报部门，一方面活动合法化了，一方面也便于控制这些部门。

首先，他打算将军统原主管的军事情报、军事稽查业务以及国民党军队各级谍报参谋方面的力量合法地划归到国防部二厅谍参系统和对外使馆武官系统中。

其次，他还打算将军统原先主管的特工警察力量划拨到内政部警政司，并将警政司并入全国警察总署。这个是合法安置军统特工人数最多的一个途径。

最后，他加快了组建交通警察总署的步伐。这个交通警察部队将包括忠救军、别动队以及中美合作所训练班等武装。

那么这三个公开机构由谁领导呢？戴笠深知，蒋介石现在定然不会让他大揽这三个权力。于是，对于国防部二厅的控制，他将自己的副手郑介民推荐上去了，郑是当初蒋介石派过来制约他的人，现在提名他当主管，蒋介石应该会同意的。而其他两个机关的人选，戴笠就莫衷一是了。因为蒋介石心中已经有两个人选了：李士珍和唐纵。全国警察总署这个位置，权力大并且油水多，又是安置军统人员最多的地方。戴笠虽然不愿意看到唐纵掌权，但更加不希望死对头李士珍上台，于是他选择支持唐纵，希望唐登上这个全国警察总署署长的位置后能够对军统有所帮助，至少不会与军统作对。

第四节 骤然不归路

三招求自保

虽然有了全盘的计划，但是戴笠从心理上还是不愿意看见自己一手建立的军统特工集团就这么被蒋介石“化整为零”了，他现在要做的就是重整军统纪律，让旁人找不到借口来攻击、毁谤军统，并且努力让蒋介石看到军统在国民政府的运转上有着不可替代的作用。

过去，戴笠在军统特务面前，反复强调的就是，特务一旦入门，终身不能脱离，所谓“生的进来，死的出去”。而现在迫于形势，戴笠为了堵住舆论口实，打出了“裁弱留强，里外三百”的口号，即把弱的、不好的人员裁减掉，把好的、能干的人员留下来。然后又在军统内部做了个大调换，将内勤300人调到外勤工作，再调300外勤人员到内勤工作。接着他又命令所有特务组织和特务人员一律转入地下，不再以公开机关和任何名义作掩护。从外表上看，军统组织顿时好像消失了一样。

之后，戴笠为了不给蒋介石和政敌抓住口实，又下令迅速整顿清理军统内部贪污受贿问题，整饬风气。因为在战后肃奸时，戴笠为了安抚下属，对军统一干人等的劫收贪污行为是睁一只眼闭一只眼。但是，特务们贪污受贿的风气愈演愈烈，社会舆论和蒋介石已经有所反应了，戴笠一看局势有些不妙，担心不仅会毁掉军统，而且会殃及自己。于是，戴笠令毛人凤成立了一个财产清理委员会，清查军统人员。刚开始，戴笠就迫不及待地杀鸡儆猴，向军统电讯处长魏大铭开刀，以走私罪将其监禁，随后他又扬言要枪毙北平肃奸委员会的特务王子英，因为他与汉奸小老婆通奸，有辱“团体”门风。

当时，听到戴笠要整顿风气、清查财产，军统局里里外外确实紧张了一阵子。但戴笠一死，大家表面上凄凄惨惨，背地里大家却不禁松了一口气。被关押的魏大铭更是仰天大笑。于是，军统的清查活动也就不了了之。

未死之前，戴笠虽然忙于整理内务，但还没有放松布置对中共情报的工作。戴笠当时唯一的希望，便是盼望国共内战尽早全面爆发，这样蒋介石取消他军统的借口就不成立了，而且到了那个时候，还要依靠军统的反共情报。如果能随时拿出有分量的东西来，让老头子离不开、少不了，军统就有了继续存在下去的价值。因此，在1945年底到1946年初，戴笠一直奔波于全国各地，一方面视察各地特务站，一方面加紧反共情报收集。

处在漩涡中心

1946年，原先每月向蒋介石的情报汇报会由八座“山头”组成。但其中国际问题研究所因为负责人王某情报不实被蒋介石裁掉，而中央党政军联席会议也名存实亡。所以，月度汇报的八人已经不能够正常召集。

蒋介石为了加强情报的控制，下令成立了一个新的小组，亲自指定由宣铁吾、陈焯、李士珍、黄珍吾、叶秀峰、戴笠、郑介民、唐纵这八人组成。这八人中，除了陈焯、叶秀峰不是黄埔系之外，其余六人均是出身黄埔，可谓是天子门生，蒋介石嫡系，可见黄埔系地位如日中天。同时，这个安排也反映了蒋介石的用心，特工和警察的合二为一。抗战胜利后，全国撤销特务系统的呼声一浪高过一浪，为了敷衍媒体、欺骗大众，同时也为了削弱戴笠军统的力量，蒋介石已经在考虑将特务系统并入警察系统，成为公开机关。这八人中，警察系统有上海市警察局长宣铁吾，首都警察厅长黄珍吾，北平市警察局长陈焯，中央警官学校教育长李士珍，而特务系统有军统戴笠、郑介民、唐纵，中统叶秀峰，刚好覆盖了两个系统中的最高层人士，这意味着二个系统的合并。

其次，就这八人内部之间的关系来看，也可以相互牵制，尤其是牵制戴笠。李士珍、宣铁吾是戴笠的老对头，自然和戴笠是势不两立的；而黄珍吾，本和戴笠关系较好。戴笠曾经在与复兴社高干康泽的角斗中，保荐他担任别动队副总队长与代总队长。

但抗战胜利后，黄珍吾由宣铁吾、李士珍联手向蒋保荐，黄成为首都警察厅长，于是这时黄已经完全成宣铁吾、李士珍一派的人了；而陈焯和叶秀峰，一个是国民党老资格，一个是中统掌门人，想也不会站在戴笠这边；至于郑介民和唐纵，虽然都是军统之人，但早已和戴笠貌合神离了，一个另谋到军令二厅去发展了，一个被蒋介石扶植准备取而代之。因此这七人共同的敌人似乎只有戴笠一人，所谓众矢之的。

而令戴笠更恼火的是，这个八人会议的内容，不再是以情报工作为主了，而是讨论如何取消特务机构，将中、军统化整为零合法安置到警察系统中去的问题。戴笠不仅发挥不了情报优势，反而要向这些警界大亨低声下气，求助于他们。

一个“拖”字了得

这期间，蒋介石一直催促戴笠拿出军统改组方案，戴笠黔驴技穷，只好用“拖”这个策略了。利用视察军统各分区的活动和布置反共事项这个借口，戴笠常常奔波于各地方，就是不留在重庆。

1946 年 3 月，戴笠到北平处理汉奸案件，并且积极部署军统在内战中的活动，用实际行动让蒋介石改变主意。而蒋介石于 1946 年 3 月初，亲自给戴笠发电报，指令他立即返回重庆参加新八人小组会议的撤销军统讨论，由毛人凤通过军统电台代为传达。

在这时期里，宣铁吾、黄珍吾与李士珍在上海凑在一起，秘密策划如何将军统彻底搞垮的办法。毛人凤探得这一消息，当即在蒋介石给戴笠的电谕纸反面，注上“重庆宣（铁吾）、李（士珍）、黄（珍吾）在捣鬼，谨防端锅，请亲自呈复”数语。戴笠看到消息，勃然大怒，令文强向蒋介石回电，负气写道：

“座钧鉴：电谕敬悉。本当遵谕返渝，因平津宁沪巨案，尚待亲理，本月中旬始能面聆教诲，敬乞示遵。生云天在望，唯命是从。讵料煮豆燃萁，相煎何急。生效忠钧座，敢云无一念之私。不得已而进忠言，冒死陈词，伏乞明察。生戴笠。”

特别是这句“煮豆燃萁，相煎何急”说出了戴笠无比无奈心酸的心情。回电后，毛人凤认为这句不妥，否则是祸是福，难以意料。但是，还未等到毛人凤的建议电发出，戴笠已在黄泉路上行走了。

戴笠见蒋介石未复电，而许诺中旬回重庆的时限已到。于是他便计划 3 月 15 日乘一架 C-47 型 222 号专机，由北平飞往天津。16 日戴笠又再飞到青岛，任命了梁若节为军统局青岛办事处主任、青岛站长，接着他准备与美国海军第 7 舰队司令柯克上将会面，结果柯克已经飞去上海，戴笠又决定 17 日飞往上海又会见。

17 日，上海、南京上空乌云密布，戴笠专机无法降落，与地面失去联系……

第十六章
千秋身后事

第一节　戴笠之死真相

消失在云层中

1946年3月17日下午二点，上海倾盆大雨。李崇诗、邓葆光、王一心按照戴笠登机前的指示，冒雨在上海机场恭候局长座机。可是耐心等了二个多小时后，始终不见飞机到来。三人开始着急了，连忙打电话给青岛的特务站询问老板飞机是否正常起飞，回答更令三人担忧。老板的飞机既然已经起飞，为何久久不到上海？

三人不敢声张这个消息，只得打电话给毛人凤报告这个消息。虽然三人的举动很低调，但是戴笠座机失踪的消息却还是在军统内部尤其是军统高级特务之间悄悄地传开了，大家窃窃私语，猜测着各种可能。上海的一场大雨似乎预示着军统即将面临的黯淡与凄凉。

毛人凤在办公室里坐立难安，甚至通宵守在办公室的电话机旁不敢离开。他焦急地指挥着军统无所不在的情报力量寻找222专机的下落。

3月17日下午、3月18日凌晨……时间一分一秒地过去，依旧联络不到戴笠乘坐的222专机。毛人凤的不祥感越来越强。

3月18日清晨，戴笠失踪差不多16小时后，毛人凤闯进了蒋介石的官邸报告这个紧急情况。蒋介石立刻下令全力搜寻飞机。

回到事发前一天，3 月 16 日。

戴笠这天从天津起飞，前往青岛去见柯克将军。临行前，他发了两份电报，一封是给上海办事处参谋长李崇诗，指定李崇诗、邓葆光、王一心三人于 3 月 17 日下午二点到上海龙华机场接机；另一封是给毛人凤的，要毛向蒋介石报告自己的行踪并说明于近日返渝。

飞机当天到达青岛，青岛站办事处主任梁若节向他汇报说，美国海军第 7 舰队司令柯克已经离开青岛飞往上海了，邀请戴笠到上海与之共谈“援助”问题。戴笠本打算下一站也飞去上海见女友胡蝶，等候她和丈夫潘有声离婚。于是他当即决定在青岛小憩一日，第二天飞往上海。

事发当天，3 月 17 日。

这天早上，青岛阳光明朗，上海方面也报告当天上海龙华机场天气晴朗，下午可能有雨。戴笠早上九点决定，十一点钟起飞。飞机飞行过程中，龙华机场的报告说上海大雨，天气恶劣，飞机不能降落。于是戴笠临时决定，飞往南京。谁知这时南京也大雨滂沱，飞行员向地面发出了两次信号：第一次是 222 号专机准备返回；第二次是仍拟在南京降落。

午后一点十三分，该机发出信号说，他们正在降落，接着联络就中断了。飞机神秘地消失在了云层中。

消失后的第二天，3 月 19 号。

早晨，军统南京办事主任李人士接到消息，南京西郊江宁县上空有一军用飞机坠毁，并且在飞机失事处找到一枚刻着军统人事处长龚仙舫名字的印章。至此，222 号飞机确定失事，戴笠一行人遇难已经确定无疑。

军统高层特务一行人立即赶往江宁县板桥镇以南 5 公里处的岱山，飞机失事处。

气候原因？

岱山不算很高，海拔 183 米，方圆 20 公里。在 1946 年 3 月 17 日之前，岱山根本就没有什么名气，而在那一天之后，戴笠一行人在岱山上空坠机遇难的这条消息，让这座名不见经传的小山彻底被人记住了。

1946 年 3 月 17 日，午饭后不久，据岱山地区的村民回忆，当时他们听见飞机引擎声“轰轰轰”的响声，仿佛悬在耳边震动一样清晰，出门一看，飞机引擎好似快速旋转地盘旋一样，坠落在布满了三丈高树梢的地面上。接着，居民又看见一个这辈子记忆深刻的场景：一架巨大的飞机轰的一声撞在了一棵树上，然后又惯性地向前冲了 200 来米撞在一个山顶上，一声爆炸巨响后，随即山顶火焰万丈。

根据消息，李人士等特务专程去出事现场岱山查看。到岱山，需要经过一段艰难的跋涉：先要坐车到江宁县板桥镇，然后步行前往板桥镇以南 5 公里的岱山。由于当天下雨，寻找戴笠遗体的特务们在泥泞的道路中前行了一个多小时才到达岱山。

特务们到达现场时，看到这一片令人窒息的景象：飞机坠落时狠狠地在地上撞了个大坑，随即燃烧的火焰将机上的乘客烧得像黑炭一般，又加上雨水的浇淋，被烧焦的残肢断体恐怖地与飞机残骸交织在一起。

由于现场已经被连日的暴雨冲刷得七零八落，什么证据都已经被冲散，机上物品也被这几日猎奇的附近村民掳走，南京办事处主任李人士便请当地农民将坑里的那些残肢断体一块块挖出来，拼在一起，用白布裹好，排成一排。经清理后，果然是 13 具尸体。

机上 13 人全部遇难，无一幸免，他们分别是：

戴笠，国民党军委会军事调查统计局局长，陆军少将领中将衔；

龚仙舫，军统局本部人事处长，军统少将；

金玉波，军统局特务，杜月笙徒弟；

徐焱，戴笠副官；

马佩衡，戴笠的英文秘书，香港大学文学学士，英语口语水平很高；

黄顺柏，被戴笠保释的汉奸，此次赴上海与杜月笙谈筹备军统北洋保商银行计划；

曹纪华，戴笠警卫；

何启义，戴笠警卫；

冯振忠，上尉，正飞机师，飞行经验丰富；

张远仁，中尉，副飞机师；

熊冲，少尉，飞机师；

李齐，通讯员；

李开慈，机工长。

但所有尸体都成了一块块“黑炭”，无从辨认。经过匆忙赶来的跟随戴笠十多年的勤务兵和副官贾金南的线索：戴笠左边臼齿上下镶嵌六颗金牙。同时根据羊毛内衣残片以及梅乐斯4年前在重庆送给他的38口径的短管自动手枪，众人终于确认了其中的一具“黑炭”正是戴笠残骸。而这具“黑炭”只能拼凑起头颅、躯干、一条胳膊、两条大腿，其余部分都找不到了。

事隔六十多年，年过七旬的原板桥中学教师、老板桥人戴榉回忆，戴笠尸体找到后，国民党军人雇佣当地农民从岱山上把尸体抬下来，到了板桥街上再装上汽车运回南京。戴榉亲眼目睹了全部过程，那恐怖的一幕幕使他至今难忘。

不久之后，为了哀悼戴笠的罹难，蒋介石特意下令在岱山上找到戴笠尸体之处，立上一块石碑，刻上“戴雨农将军殉难处”的碑文。

事发后的第四天，3月21日，国民党《中央日报》以官方的口吻，对这起空难盖棺定论：军委会军事调查统计局局长戴笠于3月17日乘坐222号专机从青岛去上海途中，因遇大雨，飞至在南京江宁县上空时，飞机失控撞山，戴笠及机上12人全部遇难。

天气原因说，对于当时国民党和军统来说，都是一个显然可以接受的解释。因为恰好在3月17日及以后的两天，上海、南京地区有暴雨。飞机在恶劣的气候条件下失事是常有的事：雨天因为导航失效、视野不清，撞到前方的山上是完全有可能的。并且在事发现场，没有找到任何可以怀疑的证据。首先 222 号专机携带有 800 加仑之多的汽油，失事时这些汽油经过熊熊燃烧将飞机上大部分东西都化为灰烬了；其次就算没有被烧毁，剩下的一些东西经过连日的雨水冲泡，已经面目全非了；第三，飞机失事两天后，现场才被军统找到，这两日里有很多猎奇的村民已经来过此地，他们把现场破坏得一塌糊涂，很有可能有许多极其重要的证据被捡走或践踏了。因此军统特务们并没有找出任何可以怀疑的证据来。

后来，听了很多谣传的胡宗南向军统总务处长沈醉问及好友死因时，沈醉确定地告诉他："经过多方调查，证实没有什么人对他进行谋害，的确是由于气候关系，驾驶员不慎撞在山上失事。"可见飞机撞山失事说，普遍被国民党以及军统上下接受。

多版本的"坠机事件"

而在事情真相未被权威官方机构公布之前，媒体大众各自发挥了自己丰富的想象力。

南京《中央日报》报道说，这次空难造成的原因是不久前被释放的重要共产党领导人叶挺和戴笠在飞机上争执起来，二人各拔出手枪射向对方，随即导致了飞机着火。不过不久之后，这家党国报纸郑重其事地向社会大众发布了官方说法，飞机失事是气候原因。

天津《大公报》不敢妄加猜测，只是就已知情况进行报道，并且选择了回避戴笠死亡的消息：本月 17 日一军用飞机从青岛起飞后，在南京附近被发现坠毁。就此事，参谋长李崇诗将军昨日已从上海到达南京调查飞机失事原因。另悉，军事委员会调查统计局局长戴笠将军也在该飞机上，有关部门还未对他的生死给予确定的消息。

上海《申报》则大胆地报道了戴笠的死亡消息：据调查，军事委员会调查统计局局长戴笠将军乘坐从北平途经青岛飞往上海的飞机，在南京西南郊外撞山坠毁，戴将军已罹难。据悉，经过多方确认，戴将军的尸体被找到并已于 22 日装殓。

除了各大媒体，社会上也广为流传着多个版本的戴笠坠机真相。其中有说是共产党的所为，这也是对他多年反共的最大惩罚；有说是陈立夫兄弟所为，多年的仇恨终于爆发；更有人说是委座蒋介石所为，因为功高震主……

另外，对这位“中国的希姆莱”十分感兴趣的美国人也对戴笠之死进行了更加荒诞的猜测。美国人斯坦利·拉维尔，美国中央战略情报局的间谍用品专家，认为是美国战略情报局特工杀害了戴笠，因为他们的死对头美国海军支持戴笠就任海军司令。拉维尔认为他们在飞机上安置了炸弹，并在飞机的气压机上动了手脚，只要飞机一飞上 5000 英尺的高度，炸弹就会感应，然后立即爆炸。

还有位美国人发挥了自己天马行空的想象力——那天戴笠根本就没有上那架飞机，这只是他制造的假象。将戴笠作为“中国的间谍王”介绍给美国公众的作家莱司特·沃克写道：“这个故事天衣无缝，但没人相信。新闻简报是 4 月 1 日发出的，也就是愚人节。那天你只要问任何一个中国人他今天的看法，他只会笑着说‘这不可能’。也就是说，中国人认为这不可能。相反，他们相信，这位世界上最大的‘间谍王’仍在享受着迷人的生活，而不可能被杀死。”

疑点丛生的空难

官方发布了天气恶劣造成飞机失事这个理由后，很多人并不接受这个说法。

第一个疑问：天气恶劣？

戴笠在 17 号上飞机前，已经考虑到万一上海龙华机场天气条件恶劣，不便降落，那么可以考虑在南京转机或者直飞重庆。因此，起飞前他就叫飞行员多加了油。这样戴笠根本就不需要在南京复杂的气象条件下强行着落。

第二个疑问：飞机故障？

显然这个猜测是站不住脚的。戴笠当时乘坐是 DC—47 型 222 号飞机。这架飞机是美国导航最先进的，可以适应全天候飞行的军用运输机。其最大时速为350公里，最大航程为4900公里（平常2500公里），持续时间为19小时24分（平常8小时），可载重2270公斤，号称空中列车，是20世纪40年代世界一流的飞机。二战期间，美国和欧洲盟军普遍使用这种飞机执行军事任务，极少有飞机失事的情况发生。因此飞机故障说，可能性很小。

第三个疑问：驾驶操作失误？

首先，国民党的空军人员，都是经过选拔的优秀人员，完全在美国接受了全面技能训练；其次，他们能够作为戴笠座机的驾驶员，那么应该是具备了并且有着在各种气候条件下飞行的能力，正机长冯振忠是飞行员上尉，有着丰富的飞行经验，其余的副机长和机员也应该同样有着丰富的经验；第三，这三人之前的飞行记录都是十分良好的，没有发生过操作失误等情况，因此发生操作失误、导致飞机坠毁的可能性也很小。

第四个疑问：机舱内的争斗？

当时机舱内有12人，都是戴笠的手下。有军统的官员龚仙舫和金玉波、徐炎，有他的警卫曹纪华和何启义及通讯员李齐，有他的随行翻译马佩衡，还有他的好朋友黄顺柏。这些人不是戴笠忠诚的下属就是他的至交好友，他们无缘无故，怎么会去刺杀戴笠，然后还跟他同归于尽？

有了这些疑点，人们又迷茫了：到底是谁杀了戴笠呢？

蒋介石杀之？

如果考虑下哪些人有杀人动机和条件。首先无疑是他的顶头上司——蒋介石。

戴笠最开始只是黄埔军校一个小小的第六期学员，只能在每次开学典礼或者重大纪念活动上远远地聆听校长蒋介石的训话，对蒋介石可以说是可望而不可及。机缘巧合之下，戴笠做了胡靖安安插在黄埔学生中的耳目，才开始一步步地靠近蒋。

戴笠为人低调，手腕灵活，处理事情干净利落，交游广阔，最重要的是表现出了对校长蒋介石的赤胆忠心，“西安事变”挺身赴险等等。蒋介石渐渐注意到了他。蒋有意扶植戴笠成为特工

戴笠和美国海军在重庆合影（1944）

头子，成为自己四通八达的耳目。不过蒋介石一直给他以重权，但不给重位。戴笠至死也不过是个军委会下属的调查统计局局长，在国民党众多高级官员和高级将领之中，仅仅获得一个区区的少将军衔。

但是到后来，蒋介石却发现戴笠的势力越来越大。军统情报网络无所不在，蒋介石甚至不知道自己身边的侍从是不是军统收买的耳目。军统特务们，只听“戴老板”的，唯老板之命是从，任何人都不放在眼里。抗战期间，戴笠掌握的忠义救国军、别动队等武装力量已达到数十万之众；并且掌握了中美合作所，以美式设备和训练方式培养了一大批的军事精英，而且精英们清一色美式装备，所向披靡。不仅如此，戴笠多年为蒋介石卖命，深知许多蒋不为外人所知的黑幕。而戴笠和美国人的关系，更是蒋介石的一块心病。

而且恰好在这个时候，矛盾终于激化了。抗战胜利，全国要求废除特务机构，倒戴风潮骤然涌起。蒋介石乘机以大局为重，打算取消军统，化整为零。而戴笠自然不甘心自己创造的特工王国就这样被摧毁，一方面他加紧了谋取警政局长一职，蒋介石却另派他人。然后蒋又将戴笠亲信唐纵扶植起来，准备取而代之。戴笠为了自保，通过梅乐斯与美国海军保持着友好联系，并想通过美国海军施压蒋政府，为他谋取海军司令一职。戴笠的强大实力和勃勃野心，确实让疑心很重的蒋介石忧心忡忡。一旦这个焦虑被无限想象，那么任何极端的行为都可能发生。戴笠也感觉到了蒋介石对自己的不满，所以他有一句话：“如果不死在共产党的手里，早晚会死在委员长手中。”尽管戴笠利用各种手段力图改变自己的被动局面，但是他的努力并没有收到明显的效果，反而随着时局的发展，导致了矛盾的激化。

蒋介石多次催促在外巡查的戴笠返渝参加八人小组会议，事实上是讨论军统撤销方案。戴笠迟迟不归，反而飞到青岛与美国海军第 7 舰队司令柯克商谈海军事宜。此时的蒋介石深深感到，戴笠的存在，已经对他构成了严重的威胁。于是干脆制造一起天衣无缝的飞机坠毁事故，让戴笠永远地消失。这是一种看似合理的解释。

戴笠死后，他的儿子多次上书，要求追查谋杀戴笠的凶手，但每次上书都被蒋介石挡了回去。更是引起了世人的怀疑，为何蒋介石要一再拒绝追查凶手这个合理的提议呢？

回应：蒋介石杀之这个解释，看似合理。其实还是有很多疑问的。

其一，当时蒋介石已经有内战的打算。《双十协定》签订后，蒋介石又马上重新印发了《剿匪手本》分发给国民党军统各级军官，并下达了剿匪命令，内战一触即发，他的关注重点应该在这上面，而不是处心积虑地自减党羽。

其次，蒋介石一生靠特工起家，特工的重要性，相信没有人比他更清楚了。内战一触即发，到时用人之事定是万万也少不了的，特别是军统强大的基层情报站。

第三，当时美国海军推荐戴笠为海军司令的计划已经被美国国务院否决。而且美国国务院和陆军对这个军统头目是相当地厌恶，梅乐斯也即将被押回国。戴笠的美国靠山也不在了。

因此不存在蒋介石担心戴笠的美国背景。他撤销军统，实际上是想削弱戴笠的权利，让戴笠的权势、地位、荣华富贵随着军统撤销而消失。军统还是要化整为零，继续为蒋介石的内战服务的，因此没有非杀戴笠不可的理由。

手下特务杀之？

根据最新的资料显示，戴笠是被手下特务马汉三所杀。

军统高级特务马汉三，时任北平肃奸委员会主任。他到任后，雷厉风行，大力抓捕汉奸，一时北平政商界草木皆兵，人人自危。但马汉三并不是清正廉洁的，他抓奸目的在于敛财。北平特务站内流传着这么一种说法就是马汉三收了一巨商的 18 尊金罗汉，之后那名巨商便被无罪释放了。

戴笠虽人不在北平，但对此事早有耳闻，并通过内线掌握了实情。戴笠于1946年3月9日，乘专机来到北平检查工作。他让马汉三呈上北平肃奸名单，在翻阅名单时，戴笠居然不见臭名昭著的日本特务金璧辉的名字，不由勃然大怒，遂追问马汉三："这个举国公认的大汉奸，怎么不在名单上？"一连串追问，让马汉三哑口无言，吓得大汗淋漓。

川岛芳子

戴笠所说的这个金璧辉，就是大名鼎鼎的川岛芳子。她是清皇室的格格，年幼时被过继给日本浪人川岛浪速做继女。在养父的培养下成了日本特务，日军侵占中国时，她来到中国从事谍报工作，盗取了许多军事情报直接为日军服务，并且还组织了傀儡军队为日军作战。

日本投降后，川岛芳子被抓，为了保命，秘密把许多书画古玩和一把宝剑交给马汉三以求买命。而这把宝剑，并非一般宝物，而是1928年孙殿英盗窃清东陵时，在乾隆帝的棺木中得到的。

这个宝剑在世上的流传又有一段故事：当年孙殿英为了巴结蒋介石，托马汉三将此宝剑转交给蒋介石。谁知马汉三起了贪念，私自吞下占为已有。七七事变后，北平沦陷，马汉三在平津做地下情报工作时，被日军侦破而抓进监狱。马汉三献上宝剑，买通日军司令福田隆吉，得以释放。后来福田又将剑转赠给川岛芳子。没想到宝剑失而复得，马汉三随即答应川岛芳子将她送回日本。

做贼心虚的马汉三在戴笠逼问下只好供出事实。戴笠亲自审问川岛芳子，将事情的来龙去脉弄得一清二楚，之后他又厉令马汉三"把一切赃物上交国库，不然以贪污罪处死"。马汉三连忙把赃物交出，又将宝剑交给了戴笠。戴笠拿到宝剑，想试试宝剑的削铁为泥之功，于是将30个银元叠起来，一剑砍下去，只见那些银元顿时成了两半。戴笠大喜，一时免了马汉三的渎职罪。

马汉三知道戴笠深不可测，想着想着觉得夜长梦多，等他处理完这一大堆事情后难保不会再责难自己，横竖一个死，现在自己大不了孤注一掷。经过反复思考对策后，他决定抓住机会除掉戴笠，当夜就与机要秘书刘玉珠商量行动方案。

1946年3月16日，戴笠从北平飞往青岛，面晤美军司令柯克上将，马汉三特意安排如花似玉的刘玉珠随行。坊间传言，刘玉珠是如花似玉的女特工，其实刘是军统北平站的男特务。因柯克上将已去了上海，戴笠临时决定3月17日飞回南京。刘玉珠以军统华北督导员的身份在戴笠登机之前登上飞机对飞机作了一番布置，偷安了定时炸弹，预定在中午12点半爆炸。

炸弹安装之后，戴笠又临时改主意，提早上机。刘玉珠心中大叫“不好”，如果戴笠下机之后爆炸了，怎么办？一时急得六神无主。谁知当日南京、上海大雨滂沱，不能降落，飞机在空中多飞行了一个小时，恰好正合爆炸时间。

马汉三知道戴笠已死，将川岛芳子偷偷从牢中放出，然后用一个与其相似的假川岛芳子代替，杀死在狱中。

戴笠意外之死震动南京，蒋介石自然不会放过，指定专人对此进行调查，终于得以水落石出。办案人员首先查出川岛芳子没有死，那个顶替的死者叫刘凤玲，其家属提供了可靠的证据。从这一线索追查下去。后来青岛站站长梁若节交代，刘玉珠曾在戴笠上飞机前和他研究过炸弹爆炸时间。梁若洁是马汉三部下，被马收买，也就参与进来了。马汉三终于不得不承认自己安排刘玉珠暗杀戴笠的情况。

马汉三、刘玉珠对谋杀戴的事实供认不讳。1948年9月，蒋介石下令将马汉三、刘玉珠等人以“贪污罪”枪毙于北平城郊。

戴笠“宿命”!?

戴笠之死，本来有很多蹊跷，但是由于国民党内众人和戴笠生前对风水、算命等等这些东西十分相信，许多人就将他的死归结为宿命。这不奇怪，戴笠一生不怕牛鬼蛇神，但对风水、算命和看相却敬畏三分。连他开办的训练班都要设置风水课程，用人也根据人的相貌来决定是否可靠。

有种说法是戴笠一生深信水能给他带来幸运。原来，戴笠原名戴春风，年轻时，他曾找人算命，算命先生说他“八字双凤朝阳，上好，但缺水，故早年命运坎坷，难登仕途。”为了早登仕途，他连忙改了个有“水”的名字——戴笠，字雨农，意思是雨中戴笠的农夫。他第一次报考黄埔军校失败后，第二次以此名字报考，最终得以考上。因此戴笠终其一生对“水能带福”一说笃信不移。据说从此以后戴笠如果要出门做特工工作，都会起一个带水字旁的，如“涂清波”、“沈沛霖”、“洪淼”等，取洪水滔滔之意，总之是水越大越好，用这些名字他一向平安无事。

恰好，1945年底在重新拟定化名时，毛人凤考虑洪淼的化名使用太久，不利于保密和安全，于是决定更换。当时戴笠不在，他新来的秘书袁寄滨不相信“风水命理”，偏要给戴笠起了个山多无水的化名“高崇岳”。果然，不久之后，戴笠飞机失事，撞死在山上。

更为巧合的是，戴笠座机失事的地点叫岱山，不但与戴笠的姓同音，而且戴笠尸体在一个沟中找到，有条沟正叫做“困雨沟”，正与“雨农”暗合。这一切还用说吗？命定的啊！此处不葬戴，何处再葬戴？

还有一种说法是，认为戴笠的死和数字13有关，这种说法也带有着一种强烈的宿命论论调。

据说戴笠生平最讨厌的数字就是13。为何呢？原来，在戴笠出生的那一年，农历五月十三日，其父在家乡做关帝会时，一把火不小心烧着了堂屋。而此刻乌云骤起，很快下了一场暴雨，才浇灭了这场大火。于是，戴笠的父亲深以为水能给家族带来福气，于是便给儿子取名戴笠，避阳求水，号也为“雨农”，戴笠的弟弟亦随之取名为“云霖”。从此，戴笠对“13”这个数字相当敏感，十分忌讳。

后来戴笠但凡遇到“13”，便远远绕行。

连打牌遇上“13”这个数字，戴笠都要疑神疑鬼一阵。一次戴笠在西安与胡宗南打牌，打到第12圈时，戴笠就不想再打13圈了，佯装肚痛。胡宗南赶紧找来军医诊治，戴笠见到军医的药箱上印有“13”的数字，连忙将他骂走。

戴笠的住处更不能和“13”挂上钩。在西安时他霸占了杨虎城将军的军需长王维之的一幢花园别墅。一天他去查看时，猛然发现门牌竟是13号，火冒三丈地命人将负责市政的地方官员叫来，劈头怒斥:“这门牌号码是谁定的?”那个官员丈二和尚摸不着头脑，只得诺诺回答:“主任，玄枫桥13号确实就是您这栋房子啊!”戴笠见他笨拙，直接喝道:“你给我改为甲14号!”可见戴笠对“13”这个数字的忌讳太深。

而戴笠出事的那天，却命定地和“13”分不开。

1946年3月，戴笠去北方巡视，由青岛准备起飞时，发现竟是3月13日，于是便借故牙痛，推迟到3月17日。到了3月17日这一天，晴空万里，戴笠心情极好地登机离开。可后来竟然出事了。出事后，他的秘书袁奇滨偶然翻查皇历，一看老板启程的3月17日竟然是农历二月十三日!

即使再不相信命运的人，对于这种冥冥之中的巧合，也不由得信了三分。久而久之，这种宿命论的流言就在国民党内流传，大家一致认为戴笠之死就是命定。

自此以后，关于宿命的这种流言不禁流行起来。有人传，命相家早就送给戴先生两句偈言：谓之“遇山即止，逢桥必回”，果不其然，飞机撞岱山。而岱山属板桥镇，又应验了“逢桥必回”。

还有人又自己凭空想象了一种神秘力量将戴笠推入深渊：飞机到达南京上空后，突然风雨大作让驾驶员顿时不辨机场方向，而这时一股神秘的引力将222号专机从东边拉向了西南方，于是飞机鬼使神差地被拉走直冲撞上西南方的岱山。

第二节　死后荣辱

全国公祭

1946年4月1日，军统局在重庆举行隆重的戴笠追悼会。追悼会由蒋介石亲自主持，所有军统内外勤的大特务全部到会。

在为戴笠悼念时，蒋介石难得地流了泪，参加追悼会的特务们见领袖哭了，也大都失声痛哭。之后蒋介石走下主祭台，同在空难中失去亲人的亲属握手安慰，含泪以泣。众人见戴笠已死，军统面临解散，前景黯淡，竟然毫无顾忌地大哭起来，引得会场一片狼嚎。追悼会就在这一片凄凉的气氛中结束。

从4月中旬开始，按照蒋介石的指示，国民党各大城市军政最高主管纷纷在自己辖区内举行盛大的公祭戴笠仪式。

6月11日，南京国民政府发布命令，追授戴笠为陆军中将。

6月12日，蒋介石亲率南京政府数百名军政大员及数万军民为戴笠举行隆重的葬礼。上午九点，蒋介石身穿特级上将的军服，由南京中山路357号军统办事处内的戴笠灵堂，亲自护送戴笠灵柩至钟山灵谷寺志公殿。送葬队伍一律素衣白马，由陆军第51师师长邱维连为指挥官。

出席的重要人物有行政院长宋子文，国防部长、一级上将白崇禧，参谋总长兼海军总司令、二级上将陈诚，国民参政会秘书长邵力子，教育部长陈立夫等人。

戴笠葬礼

这次葬礼收到的花圈、挽联数以万计。在数以万计的挽联中，其中，得到各界一致公认，被认为是上上之联的，是章士钊先生所写的一首挽联：

“生为国家，死为国家，平生具侠义风，功罪盖棺犹未定。誉满天下，谤满天下，乱世行春秋事，是非留待后人评。”

章士钊同杜月笙是好友，与戴笠关系不错，自然了解戴笠，这番评价倒是很公允。既没有捧他也没有贬他，而是寥寥数十字以“曲笔”手法入木三分地刻画了戴笠一生。这首挽联博得了各路名流欣然赞赏，他们无不感叹章翁的点石成金之笔，连军统特务们私下也频频点头，一致认可。

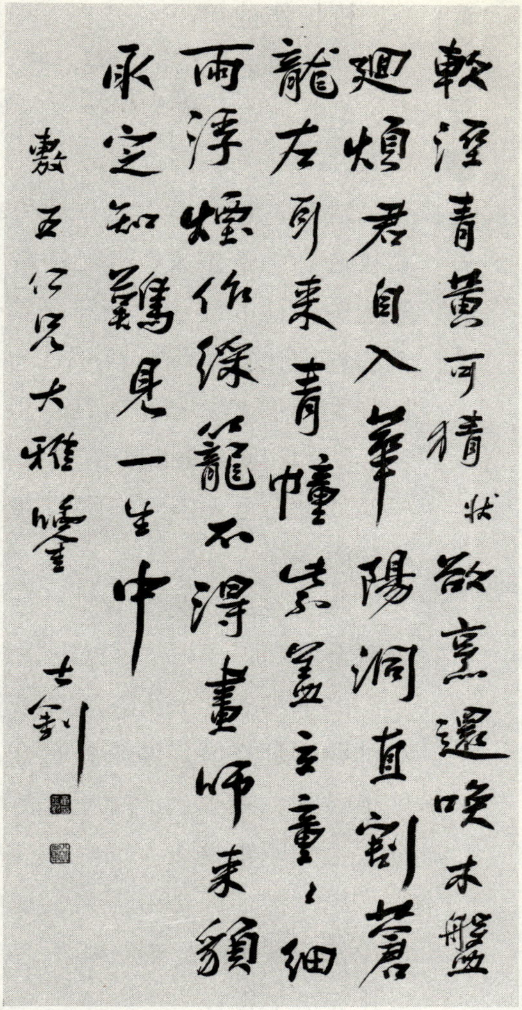

章士钊书法作品

这副对联写出后，很快被社会各界的许多人奉为最贴切戴笠身份的名联，一时传为佳作，众人争相传诵。

当天，报纸报道：“南京万人空巷，痛哭戴将军。”

一年后，1947 年 3 月 17 日，改名为“保密局”的军统旧人，在南京新落成的洪公祠新楼大礼堂隆重召开了戴笠逝世 1 周年纪念会。会上，选定了吉日安葬戴笠。国民党元老吴稚晖为戴笠墓碑书写了“故戴笠中将之墓”几个大字，章士钊先生所撰写的墓志也被刻在碑面上。

安葬时，蒋介石亲派陈布雷代表他去致祭。毛人凤也邀请了国民党的许多军政大员参加葬礼。毛人凤与沈醉商定，戴笠的棺木入穴后，用水泥炭渣搅拌灌注，将棺木与整个墓穴凝结成一个整体，以防风云不测。

校长伤神

戴笠死后的第15天，蒋介石在重庆军统主持了隆重的追悼会。3个月后，戴笠尸体又被运回南京，再次举行了盛大的公祭仪式。

这时，蒋介石已经从欣慰戴笠之死给他解决了不少难题这种窃喜心态中走出来，开始冷静下来，往事一幕幕又浮上心头，戴笠也曾为他的江山立下汗马功劳，失去这一功臣，恐怕以后没有人能够取代得了了。蒋介石为表哀悼亲自附上题为“碧血千秋”，挽联文为：“雄才冠群英山河澄清仗汝迹，奇祸从天降风云变幻痛予心”的花圈。同时，在当天的公祭仪式上，含泪亲读长篇祭文，一句“唯君之死不可补偿！”更加增添了戴笠死后蒋介石面临的凄凉局面。

两个月后，美国特使马歇尔将军及美国驻华大使司徒雷登发表联合声明，宣布“调处”失败，国共内战开始全面爆发。

战争关头，一天，埋葬戴笠的灵谷寺志公殿里突然出现了一对神秘的拜祭者。原来是蒋介石与宋美龄！战争关头他们却突然抽出时间，乘车到此凭吊戴笠。据说，蒋介石进入灵堂后，立即把头上的草帽摘下，面对戴笠的遗像默默地凝视着，许久不着一声。凭吊完后，在毛人凤、沈醉的陪同下蒋和宋美龄走向灵谷寺后山。因宋美龄的高跟鞋不适于走崎岖山道，蒋只得对毛人凤说，过几天再来看看。

果然，仅隔半个月，蒋介石又在毛人凤、沈醉的陪同下来到灵谷寺，看望戴笠。他沿着后山走到山顶，然后绕着烈士公墓顶转了一圈，才顺道下山。蒋介石指着一处小水塘对毛人凤说：“我看这块地方很好，前后左右都不错，将来安葬时要取子午向。”接着，他又要毛人凤找人算算下葬时间，报给他。做完这些，蒋已经被骄阳晒得满头大汗，在场的特务们无不感念他对戴笠的关怀备至。后来沈醉请来风水先生一算，果然发现蒋介石所指之处是个好位置，子午向亦是好取向。

曾经视戴笠为威胁的蒋介石，在戴笠死后，也渐渐释怀了。

他想到了戴笠生前的种种好处，忠诚，隐忍，细心，谙熟人性等等。在今天的台北市区，还有专为纪念戴笠而命名的雨农街、雨农小学等，可见蒋介石对他的怀念。

戴笠墓（1947）

1949 年，全国山河一片红，蒋介石不得不败退台湾地区，面对一片惨淡的光景，蒋曾经无限感慨地对高层官僚说："戴雨农同志不死，我们今天不会撤退到台湾！"当然，这只是蒋介石一厢情愿的一个说法，是蒋介石推卸自己失败责任的一种托词。

后戴笠时代的军统

戴笠死后，军统自然再也没有敢于与蒋介石公开叫板的领头人物了。军统上下一时群龙无首。原本计划肢解军统，化整为零，蒋介石的本意就是要夺去戴笠的权。如今，戴笠本人既然已经横死岱山，军统缺了强有力的首脑人物，不可能再成什么潜在的威胁了，便没有必要再为难军统了。

这个时候，蒋介石不但决定把军统完完整整地保留下来，继续发挥军统的作用，而且指示将军统留在军委会系统内部。在军委会改为国防部时，军统局则改为保密局，挂靠在国防部治下。宣布由郑介民代理军统局长，由唐纵、毛人凤同时出任军统副局长，由此形成了三驾马车并驾齐驱、分而治之的局面。

但后戴笠时代的军统，衰落是必然的。各路猛虎开始对军统进行打击压制。军统的规模大大不如从前。

军统人员一下子就精简了四分之三左右。局本部只保留下情报处、行动处、人事处、电讯处、司法处、经理处、总务处、局长办公室、督察室、总稽核室。其余的机构合并的合并，撤销的撤销；在外勤机构方面，保密局在人事上进行了自成立特务处以来的最大规模的调动。军统手中掌握的许多公开单位也逐渐被划出了保密局，警察系统和军令二厅谍报系统脱离保密局掌握，各自形成独立的部门：全国警察总署和军令部二厅。一些机构也下令撤销，诸如战时货运局水陆交通统一检查处、经济检查队等。而后军统大批老将纷纷离开，副局长唐纵调任全国警察总署总署长，局长郑介民兼任军令部二厅厅长，后郑介民升任国防部次长，更多人开始自谋生路。这时候，保密局的力量受到很大削弱，走上了一蹶不振的道路。

戴笠死后，军统内部的派系斗争日趋激烈，形成了以广东、湖南、浙江三大派别的斗争，权利倾轧更加加剧了军统的衰落。

其中以毛人凤为首的浙江派和以郑介民为首的广东派斗争最为激烈。毛因为长期从事内勤工作，对军统组织比较熟悉，他开始拼命培植自己的亲信、同乡，培养学生，抓紧基层工作。特别是到了保密局时期，黄埔出身的大特务大部分离开军统后，毛人凤便将自己培养的学生安插进去填补空白以加强自己的力量，同时他又笼络其他各训练班毕业的特务，共同对付广东派。一时间，保密局以毛人凤代表的浙江派势力最为强大，疯狂向广东派进攻，以至连郑介民的老婆利用保密局公款吃珍珠粉都能很快传到蒋的耳中。

不久之后，湖南派头子唐纵调离保密局，任警察总署署长；广东派头子郑介民也出任国防部次长，专门与美国军方接洽。毛人凤则如愿升任保密局局长，毛派势力占据主要地位。

毛人凤阴狠的性格在这时充分暴露出来。在国共内战期间，他积极组织反共活动，疯狂程度甚至超过了戴笠时期。他组织了多次反共暗杀、屠杀。1947 年，以毛为首的保密局破获了北平、保定、兰州、西安等地的中共秘密电台，逮捕了以保定绥靖公署参谋处长谢士炎、丁行为首的几十名中共地下党员。

1948 年，毛人凤命令分布在上海、南京、重庆、成都、长沙等大城市的特务，变本加厉地逮捕、屠杀中共地下党员、爱国民主人士及进步学生。保密局在西南地区破坏了中共重庆市委及其创办的《挺进报》，逮捕了包括许晓轩、江竹筠在内的100余名中共地下党员和进步人士。特务们还在昆明大肆镇压学生运动，打死打伤30多名爱国青年，并逮捕了300多名游行的学生。

1949年9月，毛人凤命令周养浩把杨虎城将军及宋绮云夫妇还有3个尚未成年的孩子骗到重庆，暗杀于杨家山松坡。与此同时，徐远举等奉命对白公馆、渣滓洞监狱的“人犯”分批进行大屠杀。仅白公馆、渣滓洞两处，就秘密屠杀了300多名中共产党员和进步人士。毛人凤的所作所为，令人发指，也是国民党南京政府彻底覆亡之前的最后的丧心病狂之举。

但是伴随着国民党内战的败定，保密局已经成了昔日之鹰，人丁凋落。许多能力强、资历老、经验丰富的大特务们纷纷自谋出路，当年群英走上了不同道路。

他们有的早就想好了退路——与中共合作，解放后投奔共产

渣滓洞岗哨

刘人爵

党的，如在上海创办东方经济研究所的邓葆光、救济总署上海汽车管理处处长余乐醒、保密局北平站站长徐宗尧等；有的迷途知返，在关键时刻弃暗投明，如保密局云南站站长沈醉、国民党湖南省政府办公厅副主任张严佛、湖南省长沙市警察局长刘人爵等（刘人爵当时被毛人凤派特务暗杀）；有的遭毛人凤疑忌，被密捕枪杀，如交通警察总局局长周伟龙等；有的脱离组织，另谋出路，如请长假去台湾经商的保密局情报处长何芝园、保密局东北区长文强等；更多的军统将军级特务则在解放战争中成了俘虏。其中，比较著名的有：财政部缉私署副署长、后任内警总署主任秘书马策，保密局西南特区区长徐远举、副区长周养浩，浙江站站长章微寒，湖南站站长李人士、黄康永，兵工署稽查处处长廖宗泽，军统上海实验区区长王一心等。还有一部分老军统及以毛人凤为核心的浙江派特务仓皇逃往台湾。

文强

戴笠一手创建的庞大的军统特工王国，18 年后，随着国民党政权的彻底溃败，消失在中国内地。

第三节　名将子孙安在

不争气的儿子

戴笠死后，戴家也开始走下坡路。1949 年 5 月，戴笠的母亲蓝月喜病亡，戴笠的儿子也在解放后被逮捕枪毙。

戴笠与元配毛氏育有一子，名为戴藏宜。戴藏宜一直跟着母亲住在江山乡下，戴笠发达后，将家中老母妻子儿子一块接到南京。戴藏宜依靠父亲的权势，吃喝玩乐，无所不作。只读过高中，便再也无心学习了，后在上海大同大学肄业。

戴笠和儿子关系不亲密，父子极少见面和通信。戴笠在世时，戴藏宜十分惧怕他，因为戴笠经常用鸡毛掸子教训他。而戴笠对他也无可奈何，特别是在婚姻问题上。原来戴笠为了加强与十人团成员王天木的关系，曾希望儿子与王天木的女儿结婚。但被戴藏宜坚决地拒绝了。戴笠把他软禁在南京，后来还是戴笠的母亲出来调解，戴笠才同意让儿子回江山老家。藏宜回去后便与一位叫郑锡英的女子结婚，并在当地开办了一所“树德小学”，自任校长。全面抗日战争爆发后，戴藏宜又依赖父亲势力，取得了一系列挂名职位：江山县参议会员、江山县银行董事长、交通总局少将专员。

戴笠死后，戴藏宜的境遇十分凄惨。戴笠在世时，还能得到点荫庇。戴笠死后，不仅无人荫庇，连财产也被人刮走了。据说不但郑介民、毛人凤等同他发生冲突，连军统南京办事处长李人士也为了争夺一部别克牌跑车差一点就把他扣起来了。当时，戴笠的棺材还停在中山路灵堂，他跑去扶棺痛哭。最后只得由沈醉另外给他找了一部别克车了事。但他舅舅毛宗亮抢夺汪伪分子周佛海送给戴笠的贿赂品100根金条却未能得逞。

宋子文视察蓝伽驻印军整训时留念

之后，戴藏宜又利用以父亲名誉建起的一所学校大赚了一笔。当时，蒋介石、宋子文、孔祥熙和梅乐斯送了他1万美元，在衢州前国民党机场宿舍建立一个雨农中学来纪念戴笠，戴藏宜则任校务主任。他利用该职位从中国银行杭州分行又榨取了5万元。

三年后，就在解放前夕，戴藏宜想逃到台湾去，把学校的财物、家具，装了满满三只船，打算沿着衢江运回江山县保安镇。戴藏宜的船刚靠岸，船上的物品就被国民党的残余部队洗劫一空。他只得跑回家乡躲避。在家与叔叔一起组织了一个1000人左右的大队，其中大多数是当地的土匪。在共产党解放江山时，这支大队分成两股力量试图阻击解放军。最后戴藏宜于1949年9月9日在大溪滩乡刘家山被解放军抓获，戴云霖也于12月在江西广丰鳌峰乡被捕。于是，戴笠的弟弟和儿子都被带回到江山的三卿口，解放后在当地的群众大会上公审后被处决。

子孙今何在?

有人谣传戴笠死后断子绝孙，果真如此吗？

戴笠儿子戴藏宜与妻子郑锡英共育有三男二女。戴笠有三个孙子两个孙女，他们分别叫戴以宽、戴以宏、戴以昶、戴眉曼和戴璐璐。

藏宜被处死后，妻子及子女未受株连。郑锡英将两个女儿戴眉曼和戴璐璐托交给戴家仆人汤好珠收养，戴璐璐在寄养时夭折了。郑锡英则带着三个儿子戴以宽、戴以宏、戴以昶迁往上海市隐居。

1953年末，蒋介石念及戴笠当年的功勋下令保密局局长毛人凤想办法将戴笠后人接到台湾，好生照顾。于是毛人凤派遣军统特务黄铎装扮成渔民，偷渡进入上海。黄铎混进上海后，连同暗藏在上海市公安局的国民党特务黄顺发、陆秉章一起策划接郑锡英母子去台湾。

最后三人决定，将郑锡英改名沈凤英，由陆秉章去偷开公安局出口证，由黄铎冒名顶替戴以宏，然后偕郑锡英、戴以宽、戴以昶回台湾，而二儿子戴以宏则被留在了上海。1954年1月7日，他们四人乘坐由上海到广州的快车前去广州，取道香港然后转去台湾。

于是，戴笠的一个孙女和一个孙子就留在了中国大陆。

戴眉曼被收养后改名为廖秋美。她仅读完小学，便开始工作赚钱。成年后，她认识了江西省上饶市汽车保修厂的修理工谢培流。谢培流的诚恳和踏实打动了戴眉曼，两人于1960年10月，结为连理。

"文革"开始后，戴眉曼怕受到冲击，把家迁往上饶市汽车保修厂里。同时也隐姓埋名，低调生活。但是时间一长，人们还是从不同渠道探得她就是戴笠孙女，准备对她采取行动。不过，好在谢培流在厂里工作表现特好，她本人也勤奋踏实，总算没有遇上大的麻烦，顺利地躲过了那场浩劫。

"文革"后戴眉曼因工厂倒闭一直当家庭主妇。她育有二子一女：大儿子谢明是火车司机，二儿子谢平是个体运输户，女儿谢佳丽在一家纺织厂当统计员。生活平淡，家庭美满。

戴眉曼的二弟戴以宏被留在上海后，一直由潜伏在上海市公安局内的特务陆秉章托人照料。三年后，陆秉章的特务身份败露，被公安机关逮捕入狱。戴以宏便被陆秉章的妻子送进上海一家由宋庆龄资助开办的孤儿院。

戴以宏虽然在孤儿院，但也得到很好的照顾。他上完小学后便被分配到安徽省合肥市棉纺厂工作，之后又报名去支援农业第一线，来到安徽枞阳县农场普农三分场，并当上了一名拖拉机手。"文革"期间，戴以宏也在别人口中得知了自己的身世。不过他由于从小在孤儿院长大，工作能力出众，人缘好，也没有受到太大的刁难。在安徽时，他与同厂一位普通女工组成了一个小家庭，生活过得也平淡而充实。

在台湾的戴笠子孙，长孙戴以宽大学毕业后去美国留学，获企业管理学士学位，并供职于美国。幼孙戴以昶毕业于台湾东吴大学，在台北创办了一家公司，后又在厦门、福州等地投资办合资企业，生意兴隆。

1991年5月，戴眉曼、戴以宏姐弟专程赴台湾看望母亲郑锡英，母子5人40多年来终于团聚了。此时的郑锡英年事已高，又患有风湿性心脏病，只能在床上躺着，她含泪对子女们说："如果有机会，我真想回去看一看。"

戴笠年表

1897 年（清光绪十九年） 1 岁

5 月 28 日，生于浙江省江山县仙霞乡保安村，字子佩，号芳洲，又号雨农。

1900 年（清光绪二十五年） 4 岁

弟云霖生。云霖（1899—1950），字维屏。1937 年任甘肃省景泰县县长，军统少将专员。

1903 年（清光绪二十八年） 7 岁

十月初三，父戴士富卒。

1904 年（清光绪二十九年） 8 岁

入学乡塾，师从毛逢乙先生。

1906 年（清光绪三十一年） 10 岁

在乡塾读完《四书》、《五经》。

1909 年（清光绪元年） 13 岁

参加江山县文溪高等小学入学考试。

1910 年（清宣统二年） 14 岁

考入江山县立文溪高等小学。

1912 年（民国元年） 16 岁

在文溪高小发起“青年社”。

1914 年（民国三年） 18 岁

毕业于文溪高小。

娶本县凤林乡毛应升之女毛秀从为妻。

9 月，考入杭州省立第一中学。

1915 年（民国四年） 19 岁

子善武出生，名藏宜。

1916 年（民国五年） 20 岁

被省立第一中学开除。

1919 年（民国八年） 23 岁

考取衢州师范。

退学，投入浙江第 1 师潘国刚兵营。

1920 年（民国九年） 24 岁

奔波于上海、杭州、金华、衢州等地。

1921 年（民国十年） 25 岁

“打流”上海。结识杜月笙。

1922 年（民国十一年） 26 岁

蛰居老家江山。

1924 年（民国十三年） 28 岁

结识、拜师“民国特工王”王亚樵。

1926年（民国十五年） 30岁

改名戴笠。考入黄埔军校第六期，编入入伍生第1团第17连。

1927年（民国十六年） 31岁

成为胡靖安手下，开始从事情报工作。

入选骑兵营。

4月12日，国民党清党。戴笠揭发黄埔同学中70余名共产党员。

当选为骑兵营党部执行委员。

9月，追随胡靖安前往上海成为密查组一员。

来往于奉化和上海之间，为蒋介石传递情报。

1928年（民国十七年） 32岁

蒋介石东渡日本，密查组解散，戴笠失业。

投靠胡宗南，成为胡宗南护卫官。

就职于黄埔校友会毕业学生调查处。

蒋介石复出，成立联络组。为联络组上尉联络参谋，直接受命于蒋介石。

北伐军攻克徐州，以徐州戒严司令部少校副官名义，从事情报工作。

1929年（民国十八年） 33岁

潜入郑州、汉口、太原等地了解冯玉祥、李宗仁、阎锡山等地方军阀的北伐动向。

蒋介石赴北平视察，与阎锡山会谈，戴笠以参谋名义随行。

12月，军阀唐生智叛乱，潜入其势力范围内收集情报的戴笠被下令通缉。后经策反而脱险。

1930年（民国十九年） 34岁

与助手王孔安秘密赴北平参加“北平扩大会议”，搜集情报。

9月，受命再次前往北平，与张学良结拜为兄弟。

1931年（民国二十年） 35岁

成立“十人团”。

12月，蒋介石再次下野。继续组织领导联络组，向蒋介石汇报消息。

1932年（民国二十一年） 36岁

蒋介石复出，由黄埔精英组成的复兴社及其核心组织力行社成立。

3月，在南京中山陵被蒋介石召见。

4月，在南京鸡鹅巷成立复兴社特务处。

6月，创办南京特训警察训练班，也称洪公祠训练班。

10月，奉命出任浙江警官学校政治特派员。

1933年（民国二十二年） 37岁

5月7日，指示暗杀湖南军阀张敬尧。

6月18日，在上海威吓宋庆龄，杀害杨杏佛。

11月，分化瓦解19路军参谋总长李济深和广东省主席陈铭枢联闽反蒋势力。

12月，戴笠增设电讯处，由魏大铭任电讯处处长。

1934年（民国二十三年） 38岁

6月9日，日本制造藏本英明“失踪”事件。13日，戴笠把藏本找回，粉碎日本阴谋。

11月9日，派人将吉鸿昌刺伤。

11月14日，主持刺杀上海市参议会会长、《申报》主办人史量才。

1935 年（民国二十四年） 39 岁

2 月，任南昌行营调查科科长。

5 月 4 日，调查统计局正式成立，任二处处长。

1936 年（民国二十五年） 40 岁

11 月，筹备组织中华警察协进会，收买国民革命抗日救国军总司令陈济棠的空军。

派郑介民、史可斯，刺杀民国暗杀大王王亚樵。

12 月 12 日，“西安事变”。

12 月 22 日，随宋美龄去西安。

1937 年（民国二十六年） 41 岁

戴笠派人负责看守被囚禁于奉化县雪窦寺张学良。

8 月，“八一三”淞沪会战爆发。组织苏浙行动委员会。

11 月，软禁杨虎城。

12 月，韩复榘秘密反蒋。受蒋介石指派率王兆槐设计将韩复榘捕获。

1938 年（民国二十七年） 42 岁

春，南京沦陷。在日战区开始了地下情报活动以及锄奸活动

5 月，将苏浙行动委员会别动队改名为忠义救国军，任总指挥。

派人斧砍唐绍仪。

6 月，任“军事委员会调查统计局”副局长。

1939 年（民国二十八年） 43 岁

部署刺杀汪精卫，后派陈恭澍、余乐醒等军统干将前往河内行动。行动组夜闯汪寓所，打死汪精卫亲信曾仲鸣。

8 月，元配毛秀从病逝上海。

10 月，升毛人凤为军统局秘书主任。

1940 年（民国二十九年） 44 岁

兼军事委员会运输统制局监察处处长及财政部缉私署署长。

在上海暗杀维新政府军政部部长周凤岐，外交部长陈箓，伪上海市长傅筱庵，投日帮会头目张啸林。

1941 年（民国三十年） 45 岁

侦破日本偷袭珍珠港的企图，向美国海军部报告。

12 月 7 日，珍珠港事变，美国对日宣战。

1942 年（民国三十一年） 46 岁

会见美国海军中校梅乐斯，洽谈情报合作事宜。

接替何应钦，兼任水陆交通统一检查处处长。

1943 年（民国三十二年） 47 岁

春，奉蒋介石之命将叶挺将军押回重庆。

4 月 15 日，“中美特种技术合作协定”在美国华盛顿签字，戴笠兼任中美合作所主任。

7 月 1 日，中美特种技术合作所定址重庆磁器口杨家山缫丝厂。

与胡蝶同居。

11 月，美国总统罗斯福向蒋介石提出希望会见戴笠。

1944 年（民国三十三年） 48 岁

3 月中旬，美国决定在中国沿海登陆。

5 月，与梅乐斯、杜月笙一行至福建省建瓯视察。

1945 年（民国三十四年） 49 岁

5 月 5 日，被提名为国民党第六届中央委员候选人，未就。

8 月 29 日，开始在重庆负责保卫毛泽东等中共谈判代表。

9 月，军统成立“肃清汉奸案件处理委员会”。

蒋介石成立“五人秘密小组”，以胡宗南为核心，监视戴笠行动。

1946年（民国三十五年） 50岁

3月，蒋介石成立新的“八人小组”，讨论军统撤销问题。戴笠前往北平处理汉奸案件。

3月17日，乘飞机从青岛到上海，失事于江苏省江宁县板桥镇岱山。

6月11日，国民政府发布命令，追赠戴笠为陆军中将。全国开始悼念戴笠的活动。

6月12日，其葬礼在南京举行，蒋介石亲自主持。

1947年（民国三十六年）

春，吴稚晖为其撰写墓碑，蒋介石为其选定墓址，葬于南京市灵谷寺旁。

军统改名为保密局，把每年一次的“四一”大会改为“三一七”大会，以示对戴笠的纪念。

1949年（民国三十八年）

南京解放前夕，保密局随国民政府迁往台湾，分布在各地的下属特务组织纷纷解体。

12月，保密局在大陆的最后一个据点投降。

1962年

在台北芝山岩建立了一座“戴雨农先生纪念馆”，塑像，设祀。

1979年

12月，雨农国小成立。设立雨农街，在芝山岩上设立雨农阅览室。

1980 年

军统前北方区区长、少将特务文强撰写《戴笠其人》。

军统原总务处处长、少将特务沈醉撰写《我所知道的戴笠》。

1982 年

军统原人事处长、少将特务黄康永撰写《我所知道的戴笠》。

军统原副局长、全国警察总署署长、中将特务唐纵撰写《从结识戴笠到任职侍从室》。

1986 年

军统前经济科长、东方经济研究所所长邓葆光撰写《我所知道的戴笠和军统》。

1989 年

台湾地区几百名特工成立“三十七联谊会”，以此纪念戴笠并打击“反革命势力”。

2008 年

戴笠后人戴奕烨声讨蒋介石事件轰动海内外。事件一度成为现代人了解戴氏家族的话题。

军统大事记

1931 年

12 月，蒋介石成立联络组，戴笠被任命为联络组上尉联络参谋，直接受命于蒋介石。

建立以黄埔毕业生为主的“十人团”，其正式名称为“调查通讯小组”，工作地点为南京鸡鹅巷 53 号。

1932 年

2 月，复兴社及其核心组织力行社成立，下设特务处。戴笠任特务处处长助理。不久，蒋介石任命戴笠为特务处处长。

4 月 1 日，特务处在南京正式成立，这天为军统创业纪念日。

6 月，特务处开办第一个特务训练班——洪公祠训练班，受训学员大部分为黄埔生。

1933 年

5 月 7 日，特务处北平区行动处暗杀湖南省督军、汉奸张敬尧。

6 月 18 日，特务处上海区行动组赵理君等暗杀中国民权保障同盟会总干事杨杏佛。

11 月，第 19 路军参谋总长李济深和广东省主席陈铭枢联闽反蒋，特务处派大量特务前去分化瓦解。

1934 年

11 月 3 日，特务处派王克全等人暗杀上海《申报》主办者、反蒋民主人士史量才。

11 月 9 日，特务处华北区行动组陈恭澍等人暗杀察哈尔“抗日同盟军”第 2 军军长、共产党员吉鸿昌。

12 月，特务处北平站站长陈恭澍奉命刺杀准备投日的西北军阀石友三，行动失败。

1935 年

2 月，特务处兼并南昌行营调查科，将调查科 1722 名特务纳入门下。

5 月 4 日，建立军事委员会调查统计局。戴笠任二处处长。

1936 年

6 月，李宗仁、白崇禧、陈济棠联合反蒋，在广州成立“国民革命救国军军事委员会”，戴笠派人策反成功，两广兵变平息。

9 月 20 日，民国著名刺客、爱国人士王亚樵被特务处暗杀于广西梧州。

12 月 12 日，“西安事变”发生。

12 月 20 日，戴笠跟随宋美龄赴西安，营救蒋介石。

1937 年

7 月，特务处华北区特务张庆余、张砚田发动“通州起义”，逮捕“冀东防共自治政府”汉奸殷汝耕，打死 200 多名日本人。

八一三淞沪会战以来，戴笠与杜月笙成立“苏浙行动委员会”和行动别动队，在上海投入抗日战斗。

9 月，军统在湖南临澧开设“临澧特别训练班”。

11 月，开办青浦技术训练班、松江特训班以及佘山教导团三个机构，大力培训别动队各种人才。

12 月，特务处逮捕反蒋势力第三集团军总司令韩复榘、毒死四川军阀刘湘。

1938 年

春，南京沦陷。戴笠军统在日战区开始地下情报活动以及锄奸活动。

3 月，军统天津站枪击汉奸王克敏。

6 月，复兴社解散。戴笠任“军委会统计调查局”副局长。

8 月，军统迁往重庆。

9 月，军统派人暗杀唐绍仪。

1939 年

3 月，戴笠派陈恭澍等人前往河内，刺杀汪伪精卫，开枪打死汪精卫亲信曾仲鸣。

军统破获“军统电台案”，抓获隐藏在军统的中共地下党员张蔚林、冯传庆等人。

10 月，毛人凤为军统局秘书主任。

1940 年

3 月，军统逮捕中共四川省委负责人罗世文、车耀先等 7 人。

大肆破坏在重庆的《新华日报》的发行。暗杀日伪诸汉奸周凤岐、陈箓、傅筱庵、张啸林。

1941 年

侦破日本偷袭珍珠港的企图，向美国海军部通报情报。

1942 年

戴笠会见美国海军中校梅乐斯，洽谈中美情报合作事宜。

1943 年

中美签订了中美技术合作合同，成立“中美特种技术合作所”。

年底，中美合作所成立重庆特种高技术警察训练班（简称重庆中美特警班）。

军统策反周佛海，杀投伪叛徒李士群。

1945年

8月，国共重庆谈判期间，被迫保护中共领袖毛泽东等。

9月，军统成立肃清汉奸案件处理委员会；在上海设立东方经济研究所；在北平成立北方经济建设协会，开展有关经济调查方面的活动。

1946年

1月，蒋介石下令改组军统，化整为零。

3月17日，222号专机在南京郊区坠毁，戴笠身亡。

3月23日，郑介民担任军统局长，唐纵、毛人凤为副局长。

7月1日，军统正式改组为保密局，郑介民担任局长，毛人凤为副局长。

7月11日，暗杀中国民主同盟中央委员李公朴。

7月15日，军统特务开枪杀害中国民主同盟中央委员闻一多。

1947年

12月，毛人凤出任保密局局长，大力改组保密局，命令各站站长加大反共力度。

保密局破获了北平、保定、兰州、西安等地的中共秘密电台，逮捕了几十名中共地下党员。

1948年

春，保密局破坏《挺进报》，逮捕了许晓轩、江竹筠等100余名中共地下党员和进步人士。

在昆明大肆镇压学生运动，打死打伤30多名爱国青年，逮捕了300多名游行学生。

11月，蒋介石派保密局特务沈醉刺杀李宗仁，行动失败。

1949 年

5 月，保密局在上海杀害了 130 多名革命人士，暗杀在长沙正在酝酿起义的程潜、唐生明等，未得逞。

9 月，于杨家山松坡暗杀杨虎城将军一家。

分批屠杀白公馆、渣滓洞监狱的“人犯”。

12 月，保密局随国民政府迁往台湾，分布在各地的下属特务组织纷纷解体。

12 月，保密局在大陆的最后一个据点——云南站投降。

1950 年

朝鲜战争爆发，保密局向内地派遣了大批特务。

秘密策划暗杀叶剑英，失败。

1954 年

保密局改为国防部情报局，局长毛人凤，主要负责针对大陆工作。

该局日本东京组（代号 1020）、南朝鲜第四工作指挥站（代号 1012）是专门对大陆东北及山东地区进行情报、派遣机构。

1955 年

4 月 11 日，特务金建夫等人阴谋暗杀周恩来总理，任务失败。

1956 年

10 月，毛人凤去世。

1984 年

发生江南案，情报局长汪希苓亦被捕入狱，情报局再次大改组。

1985 年

7 月，国防部情报局与国防部特勤室合并成军事情报局，由参谋总长直接指挥。主要任务和活动是：搜集大陆政治、军事、经济情报；策划破坏、暗杀，对沿海地区进行袭击、骚扰、心理战等活动。

参考文献

1. 沈美娟主编:《我所知道的军统内幕》,《沈醉回忆作品全集》第 1 卷,九州图书版。

2. 沈美娟主编:《戴笠其人》,《沈醉回忆作品全集》第 1 卷,九州图书版。

3. 沈美娟整理:《沈醉自述》,北京十月版,1997 年。

4.[美] 魏斐德:《间谍王——戴笠与中国特工》,团结版,2004 年。

5. 游国立、席晓勤:《戴笠全传》,吉林人民版,1999 年。

6. 马振犊:《国民党特务活动史》,九州版,2008 年。

7. 沈醉:《军统内幕》,中国文史版 1984 年。

8. 郭旭:《军统和杜月笙的关系》

9. 沈醉、文强:《戴笠其人》,文史资料版,1980 年。

10. 沈醉:《唐纵其人》,文史资料版,1980 年。

11. 沈醉:《国民党特务活动史》,《军统内幕》,中国文史版 1984 年。

12. 潘家钊:《蒋介石特工密档及其他》,群众版,1993 年。

13. 沙平:《戴笠与三个女人的情缘》,《文史博览》,2002 年第 3 期。

后 记
吹散迷雾见庐山

读完《黄埔名将戴笠》一稿，最深刻的感受就是全书以相当客观、公允的史传笔法描述了戴笠这位黄埔名将真实的一生，做到了历史性、故事性与结构性的完美统一。

过去五六十年来，在我国内地几代人的心目中，戴笠就是一位十恶不赦的“杀人魔王”，是屠杀共产党人的“刽子手”，是缔造军统“魔窟”的始作俑者。的确，戴笠站在以蒋介石为首的代表大资产阶级利益的南京国民政府立场上，不遗余力地反共反人民，所以，他的双手沾满了革命人民的鲜血，沾满了共产党人的鲜血。这一点，是不容置疑的，也是新中国人民不可忘记的。忘记历史就意味着背叛历史。

然而，拨开历史尘封的迷雾，尽可能地回复到历史的真相时代，那么，我们可以客观而公正地说，戴笠是一位复杂的民国风云人物，他在民国历史的舞台，尤其是在民国中晚期情报战线发挥了重要的作用。除了反共反人民这一点，戴笠在北伐统一中国、中国的抗日战争、世界反法西斯战争、民国特工体系的建设等方面都做了许多工作。

为了帮助蒋介石统一中国，戴笠在情报战场南征北战，纵横捭阖，分化、瓦解、离间旧军阀，充当蒋介石1928年一统中原的马前卒。

为了抵御外侮，保家卫国，戴笠坚决主张武力抗日，而且相信中国抗日必胜。他刺探情报，保护领袖，组建敌后抗日武装力量，铁血锄奸，诛杀日寇，为正面战场的抗日发挥了重要作用。

历史本不可以假设，但是，如果1941年美国人重视了戴笠军统捕捉、分析得出的“日本将偷袭珍珠港”这一重大情报，或许珍珠港事件就可能是另外一个版本，第二次世界大战的走势又会是另外一种格局，世界历史或许会因戴笠的情报成果而改写。而且，后来军统的情报成果的确为同盟国尤其是美军在太平洋战场的最后胜利立下了汗马功劳。

1946年，戴笠摔死岱山，军统顿时群龙无首，四分五裂，而国民党作为执政党，由于丧尽民心，而只不过三年的时间就满盘皆输，在国共内战战场一败涂地了。即便戴笠不死抑或重生，也不可能改变时代前进的步伐。得道多助，失道寡助。国民党政府的惨败是国民党的阶级局限性所导致的，代表广大劳动人民利益的共产党必然要成为中国的主人。

再说戴笠个人作为名将的成长历程，的确也是一个民国传奇。他是一个早慧的少年，十岁就立志希圣希贤，渴望建功立业，兼有过目不忘的记忆本能，好打抱不平，在中学即被差生、优等生称为“老大”；18岁考入杭州省立一中，20岁被开除，23岁考入师范，旋主动退学；此后七八年颠沛流离，“打流”上海滩，不务正业，寄人篱下，几无所成；30岁才考入黄埔军校，又不务学业，跻身特务工作，充当“秘密眼线”，最后肄业。直到36岁才开始发迹，算得上是出道很晚。

戴笠属于大器晚成的风云人物，他只用了十年的时间他就打造了一个庞大的军统特工集团，为蒋介石国民政府打工，而他手下有数十万人为他卖命，组织遍布东南亚地区，涉及的行业无所不包。戴笠是名副其实的“特工王”。他的无师自通的“特工天才”，他的惊人的组织能力，他的对领袖的绝对忠诚，的确与众不同。

戴笠是无愧于“黄埔名将”这一历史性的界定的。撇开意识形态的分野，在“黄埔风云榜”上，戴笠是情报战线上才能杰出、成绩卓著的一位名将。

本书在著述与编辑过程中，参考了诸多历史文献和相关作品，并列出了“参考文献”，特此致谢。文中插入的历史人物和事件图片，大多是从军事博物馆、红楼、展览馆等处直接翻拍下来的，只有少量的是公共版权图片。鉴于作者、编辑水平有限，文中或有乖误之处，敬请读者、学者、专家不吝赐教。

德玄馨

2010 年 5 月 4 日

于信愿堂